Primera edición: abril 2006

Documentación: Pilar Garrido
Artistas: Alfonso Azpiri y Antonio González
Producción: Nuria García
Fotografías: «Oronoz Fotografos» y archivo propio

© A. Fraguas «Forges». Cedido el derecho de reproducción para
la presente edición a Espejo de Tinta S.L.

© Espejo de Tinta, S.L., 2006

Obra declarada como texto de apoyo para Bachillerato
por el Ministerio de Educación para el área de Historia.

Todos los derechos reservados. No está permitida la reimpresión de parte alguna de este
libro, ni tampoco su reproducción, ni utilización, en cualquier forma o por cualquier medio,
bien sea electrónico, mecánico, químico o de otro tipo, tanto conocido como los que puedan
inventarse, incluyendo el fotocopiado o grabación, ni se permite su almacenamiento en un
sistema de información y recuperación, sin el permiso anticipado y por escrito del editor.

ISBN (obra completa): 84-96280-61-6
ISBN (del presente volumen): 84-96280-62-4
Depósito Legal: V-1820-2006

Ediciones Espejo de Tinta
C/ General Arrando, 40 B – 28010 Madrid
Teléfono: 91 700 00 41
e-mail: editorial@espejodetinta.es
www.espejodetinta.es

Impresión: Nexográfico (Paterna) Valencia

Printed in Spain - Impreso en España

(DESDE EL DESASTRE DEL 98 Y LA II REPÚBLICA)

Espejo de tinta

ÍNDICE

capítulo		página
I	«EN EL BARRANCO DEL LOBOOO...»	5
II	LA GENERACIÓN DEL 98	25
III	LA «DICTAPLASTA»	45
IV	«LA 2.ª ESO»	65
V	«LA SANJURJADA»	85
VI	«CASAS VIEJAS»	105
VII	«CARA AL SOL...»	125
VIII	EL «STRAPERLO»	145
IX	«LA GUERRA INCIVIL»	165
X	«¡NO PASARÁN!»	185
XI	«¡AY CARMELA!»	205
XII	«¡HEMOS PASAO!»	225

Capítulo I

"EN EL BARRANCO DEL LOBOOO..."

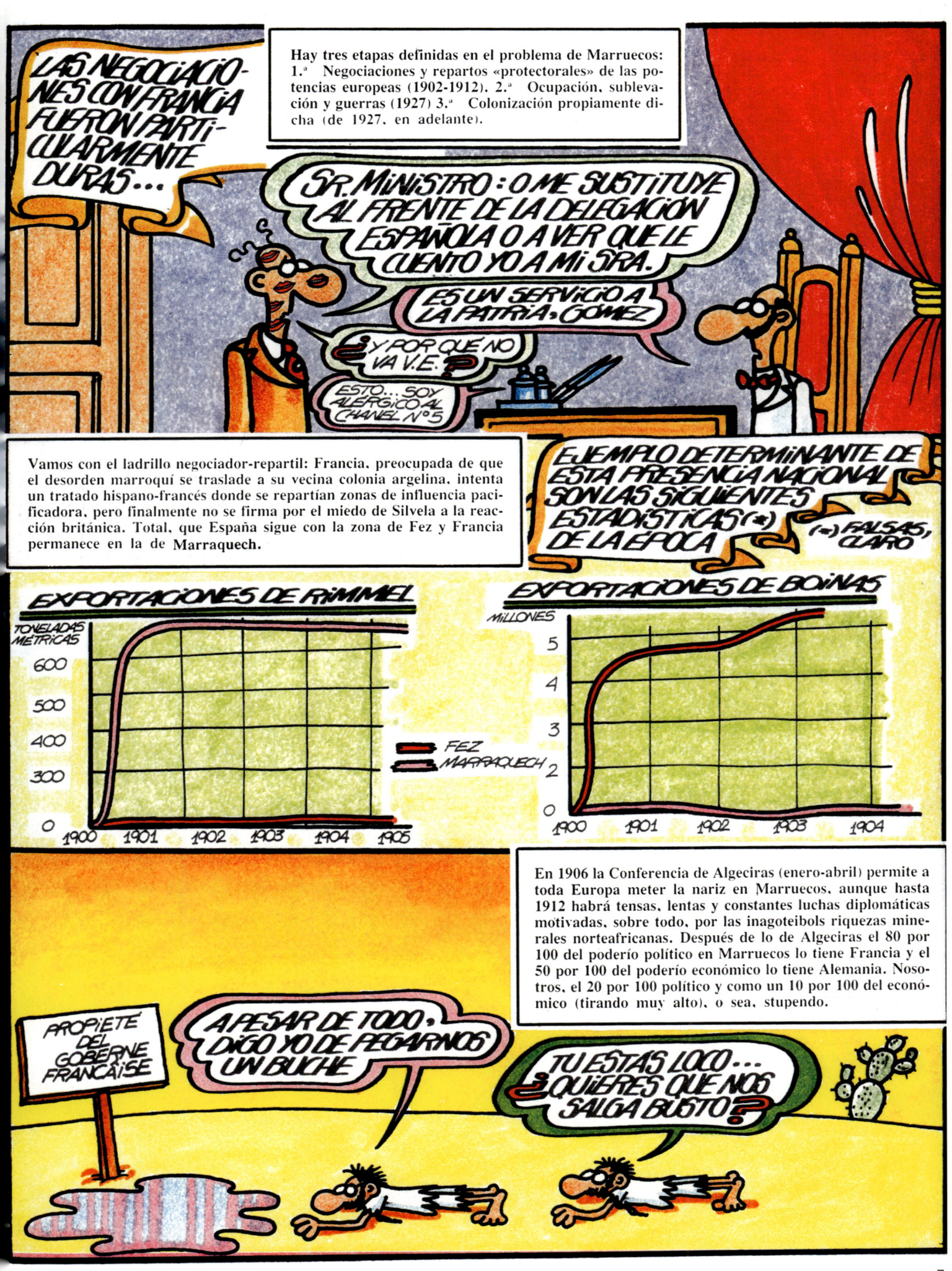

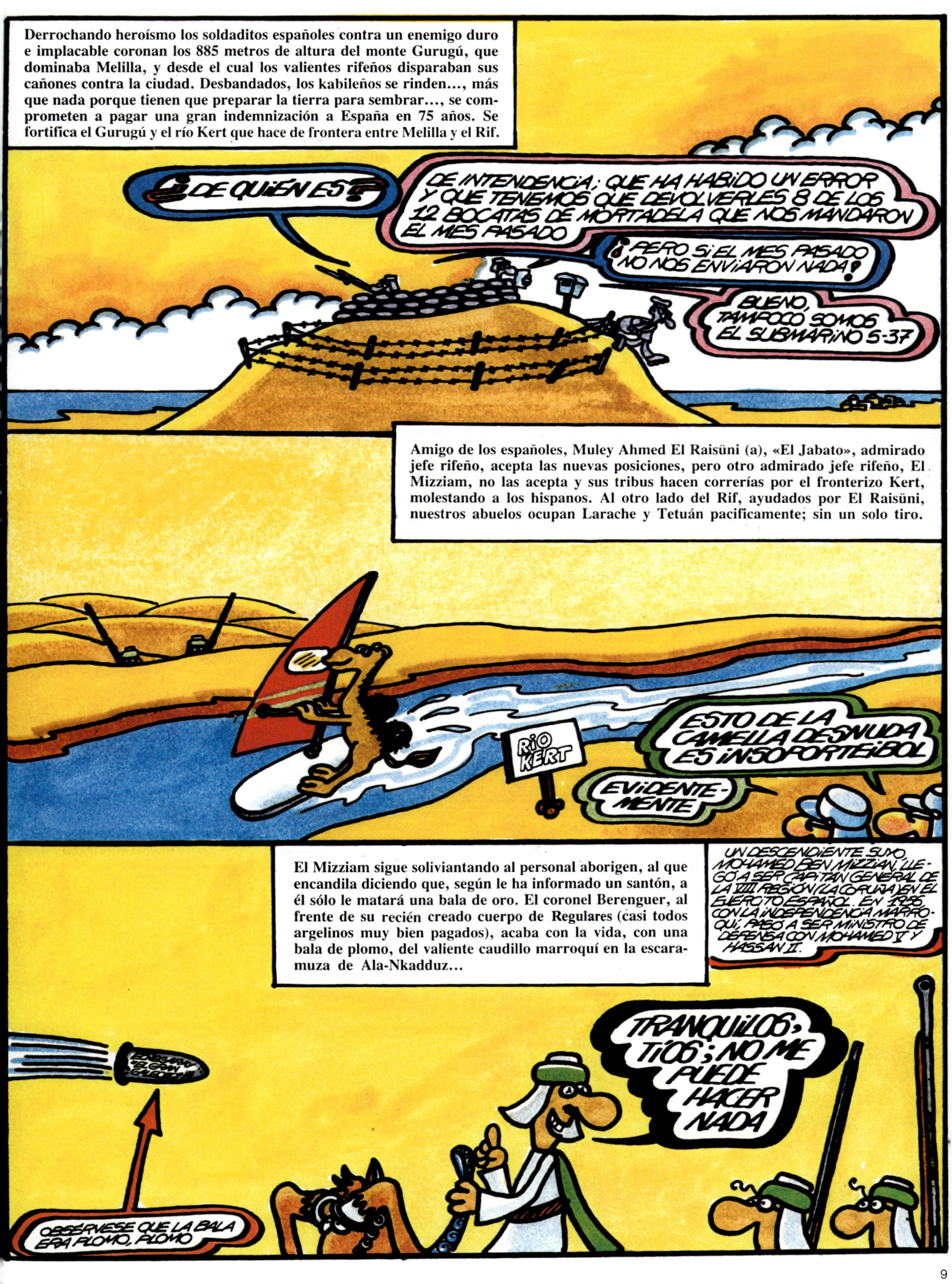

ARGELINO, REGULAR DE MELILLA (1927)

OFICIAL DE REGULARES (1927)

LANCERO DEL TERCIO (1925)

INFANTE DE LÍNEA

UNIFORMES DE GUERRA DE ÁFRICA

CABALLERO DEL TERCIO (1924)

CAZADOR DE INFANTERÍA (1909)

OFICIAL DE INFANTERÍA (1908)

3.000 supervivientes son reorganizados por el general Navarro en el monte Arruit. Tras doce días sin comida, agua, ni municiones, con 2.600 heridos, los españoles se rinden ante las promesas de Abd-el-Krim de respetar sus vidas..., son degollados todos excepto el general Navarro y un reducido grupo de oficiales y soldados.

CUANDO MONTE ARRUIT SEA RECONQUISTADO UN MES DESPUÉS, EL MACABRO ESPECTÁCULO QUE OFRECÍAN LOS CUERPOS TORTURADOS DE LOS PRISIONEROS ESPAÑOLES ERA TAN BRUTAL QUE DOS OFICIALES DE LOS QUE PARTICIPARON EN LA RECONQUISTA SE VOLVIERON LOCOS PARA SIEMPRE

El Tercio Extranjero se fortifica a un paso de la desguarnecida Melilla y los cañones de la flota española detienen a los enardecidos rifeños; Abd-el-Krim aprovecha y exige un fuerte rescate por Navarro y los suyos; cuatro millones de pesetas y todos sus hombres en libertad. Oteyza, periodista del «Libertad», entrevista al cabecilla rifeño. Este no acepta a negociar con el ejército y sí con un industrial vasco, Horacio Echevarrieta, que tiene intereses en la zona.

EL RIDÍCULO ESPAÑOL ANTE EL MUNDO LLEGÓ A SER DE TAL MAGNITUD QUE EN EL FAMOSO ANUARIO GENEALÓGICO Y DIPLOMÁTICO QUE SE PUBLICA EN LA CIUDAD ALEMANA DE GOTHA (DESDE 1763) LLAMADO VULGARMENTE "GOTHA". EN SUS EDICIONES DE 1922, 23, 24 Y 25 HIZO CONSTAR LA EXISTENCIA DEL "REINADO DEL RIF", CON ABDEL-KRIM EN PLAN BARANDÓN.

Y AHORA VAMOS A DECIR ALGO MUY DURO: EL "DESASTRE DE ANNUAL" OCURRIÓ POR LA HUÍDA DESORDENADA DE LAS TROPAS ESPAÑOLAS, INCLUÍDOS SUS JEFES Y OFICIALES. LOS RIFEÑOS SE LIMITARON A APROVECHARSE DE LA DESBANDADA. Y PRUEBA DE QUE ESTO ES ASÍ, ES QUE LAS POCAS UNIDADES EN QUE SUS JEFES Y OFICIALES MANTUVIERON LA CALMA Y SE RETIRARON ORDENADAMENTE, COMO EL BATALLÓN DE CABALLERÍA DE ALCÁNTARA, LLEGARON A MELILLA CON ESCASAS BAJAS.

PARA HACERNOS UNA SOMERA IDEA DE LA MAGNITUD DE LA DERROTA, DIREMOS QUE, TRAS "LO DE ANNUAL" LOS RIFEÑOS DE ABDEL-KRIM SE APODERARON DE UNA INGENTE CANTIDAD DE MATERIAL, POR EJEMPLO: ¡117 CAÑONES!

SALIERON A RELUCIR TODA CLASE DE INCREÍBLES CORRUPCIONES Y COBARDÍAS: DESDE MUNICIONES DESTINADAS A LAS TROPAS ESPAÑOLAS EN...

El gobierno del señor Maura encarga al laureado general Picasso la investigación de responsabilidades. El Senado autoriza el procesamiento del general Berenguer. Es nombrado comisario superior de Marruecos el señor Silvela; los militares se revuelven al tener que ponerse a las órdenes de un civil. Los liberales piden un voto de censura para el gobierno; los conservadores consideran que la situación estaba lejos de todo control humano; los socialistas dan nombres concretos y piden responsabilidades.

...MARRUECOS QUE ERAN VENDIDAS DIRECTAMENTE A LOS RIFEÑOS, HASTA LA UTILIZACIÓN DE LOS FONDOS PÚBLICOS EN LA ADQUISICIÓN DE COSAS TAN PEREGRINAS COMO UNA PARTIDA DE 300 GUITARRAS PARA LOS SOLDADOS.

FIR-ES ¡AR! NSULUGAR... ¡FANDANGO!

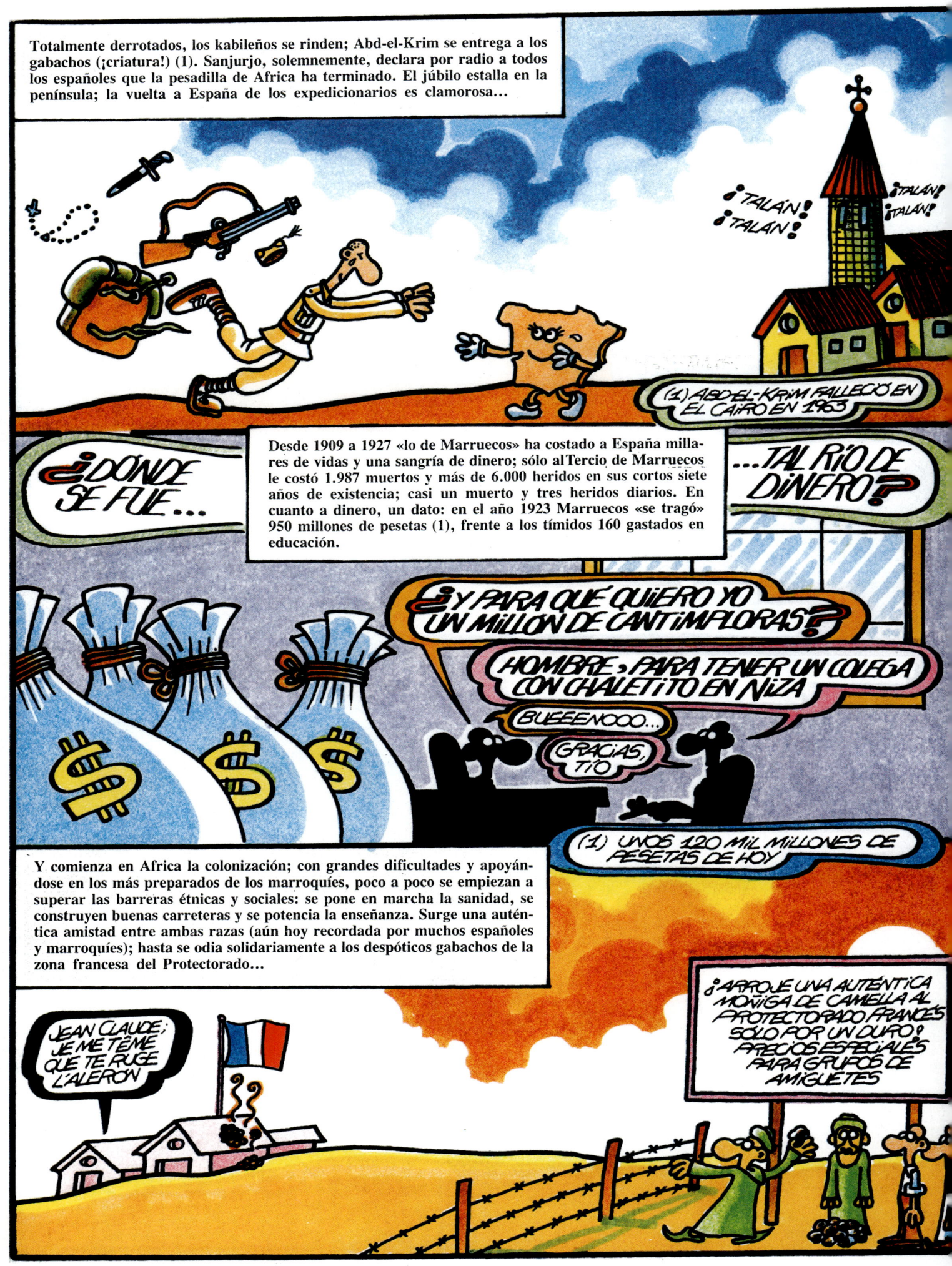

NIÑOS MARROQUIES HOY, GRACIAS A TVE CONOCEN A ARCONADA... Y A "BOTILDE" (FOTO FORBES)

EL INMENSO DESIERTO DE PIEDRA, ANTESALA DEL SAHARA (FOTO FORBES)

Capítulo II

LA GENERACIÓN del 98

Rubén Darío, "padre" del Modernismo.

Los "Machado Brothers" en plan posantes. Manolo es el que está de pié.

Juan Ramón Jiménez pintado por Echevarría hacia 1928.

ANGEL GANIVET, EL ARRANQUE ESPIRITUAL DEL 98

VALLE-INCLÁN, EN PLAN HIPPIE, SEGÚN EL PINTOR ECHEVARRÍA.

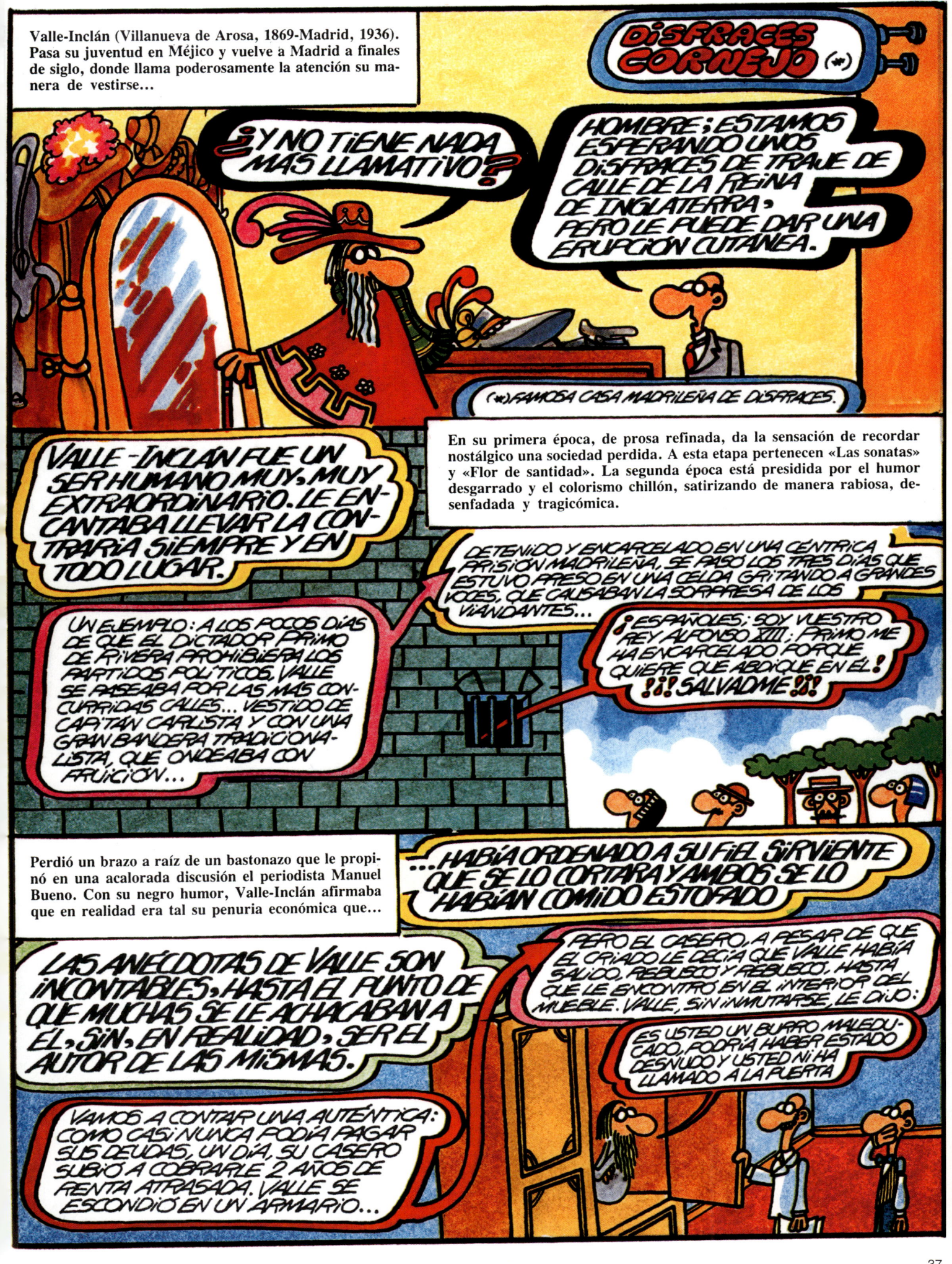

Valle-Inclán (Villanueva de Arosa, 1869-Madrid, 1936). Pasa su juventud en Méjico y vuelve a Madrid a finales de siglo, donde llama poderosamente la atención su manera de vestirse...

DISFRACES CORNEJO (*)

¿Y NO TIENE NADA MÁS LLAMATIVO?

HOMBRE, ESTAMOS ESPERANDO UNOS DISFRACES DE TRAJE DE CALLE DE LA REINA DE INGLATERRA, PERO LE PUEDE DAR UNA ERUPCIÓN CUTÁNEA.

(*) FAMOSA CASA MADRILEÑA DE DISFRACES.

VALLE-INCLÁN FUE UN SER HUMANO MUY, MUY EXTRAORDINARIO. LE ENCANTABA LLEVAR LA CONTRARIA SIEMPRE Y EN TODO LUGAR.

En su primera época, de prosa refinada, da la sensación de recordar nostálgico una sociedad perdida. A esta etapa pertenecen «Las sonatas» y «Flor de santidad». La segunda época está presidida por el humor desgarrado y el colorismo chillón, satirizando de manera rabiosa, desenfadada y tragicómica.

UN EJEMPLO: A LOS POCOS DÍAS DE QUE EL DICTADOR PRIMO DE RIVERA PROHIBIERA LOS PARTIDOS POLÍTICOS, VALLE SE PASEABA POR LAS MÁS CONCURRIDAS CALLES... VESTIDO DE CAPITÁN CARLISTA Y CON UNA GRAN BANDERA TRADICIONALISTA, QUE ONDEABA CON FRUICIÓN...

DETENIDO Y ENCARCELADO EN UNA CÉNTRICA PRISIÓN MADRILEÑA, SE PASÓ LOS TRES DÍAS QUE ESTUVO PRESO EN UNA CELDA GRITANDO A GRANDES VOCES, QUE CAUSABAN LA SORPRESA DE LOS VIANDANTES...

¡ESPAÑOLES! ¡SOY VUESTRO REY ALFONSO XIII! ¡PRIMO ME HA ENCARCELADO PORQUE QUIERE QUE ABDIQUE EN ÉL! ¡¡¡SALVADME!!!

Perdió un brazo a raíz de un bastonazo que le propinó en una acalorada discusión el periodista Manuel Bueno. Con su negro humor, Valle-Inclán afirmaba que en realidad era tal su penuria económica que...

...HABÍA ORDENADO A SU FIEL SIRVIENTE QUE SE LO CORTARA Y AMBOS SE LO HABÍAN COMIDO ESTOFADO

LAS ANÉCDOTAS DE VALLE SON INCONTABLES, HASTA EL PUNTO DE QUE MUCHAS SE LE ACHACABAN A ÉL, SIN, EN REALIDAD, SER EL AUTOR DE LAS MISMAS.

PERO EL CASERO, A PESAR DE QUE EL CRIADO LE DECÍA QUE VALLE HABÍA SALIDO, REBUSCÓ Y REBUSCÓ, HASTA QUE LE ENCONTRÓ EN EL INTERIOR DEL MUEBLE. VALLE, SIN INMUTARSE, LE DIJO:

ES USTED UN BURRO MALEDUCADO, PODRÍA HABER ESTADO DESNUDO Y USTED NI HA LLAMADO A LA PUERTA

VAMOS A CONTAR UNA AUTÉNTICA: COMO CASI NUNCA PODÍA PAGAR SUS DEUDAS, UN DÍA, SU CASERO SUBIÓ A COBRARLE 2 AÑOS DE RENTA ATRASADA. VALLE SE ESCONDIÓ EN UN ARMARIO...

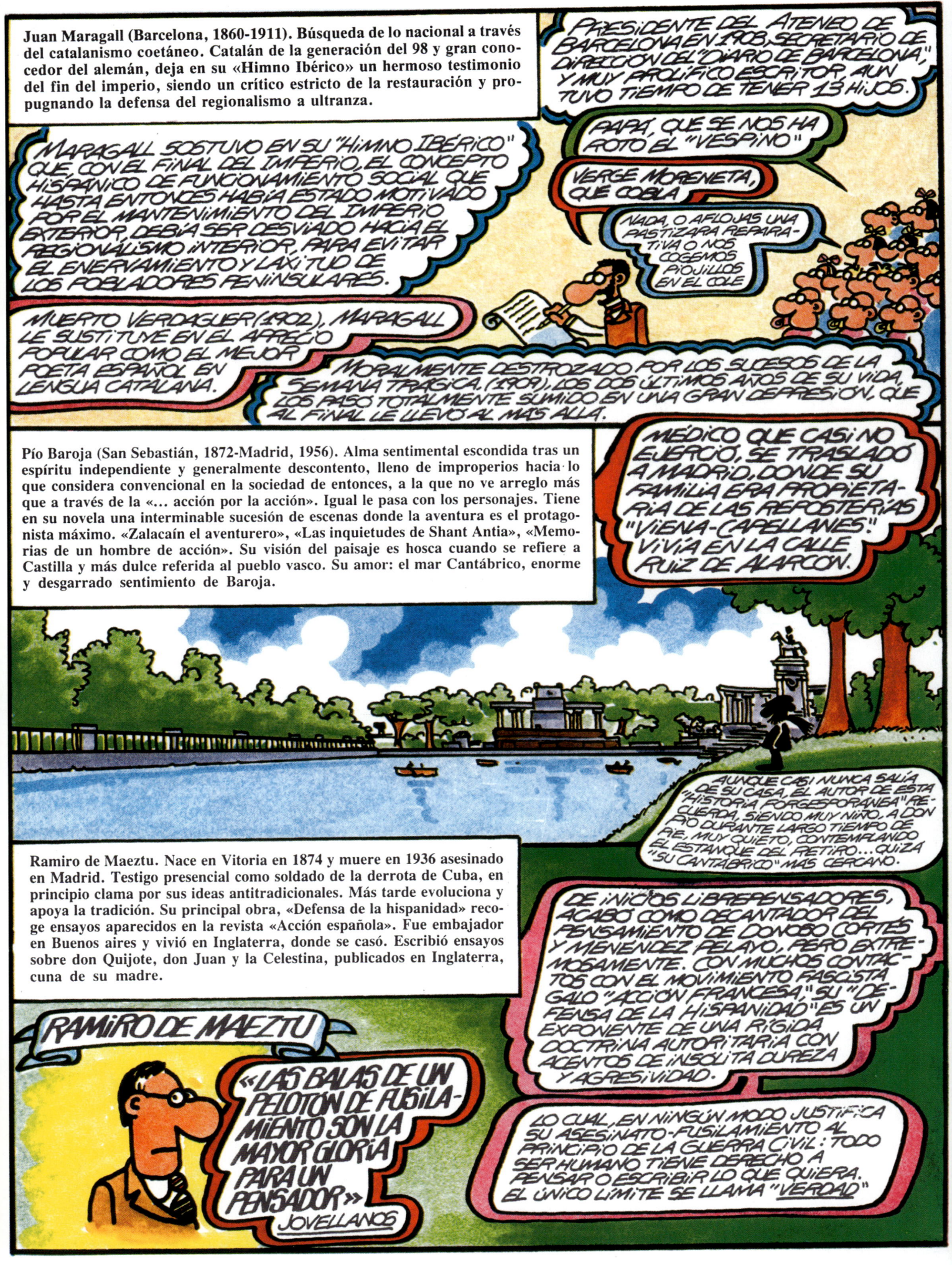

Juan Maragall (Barcelona, 1860-1911). Búsqueda de lo nacional a través del catalanismo coetáneo. Catalán de la generación del 98 y gran conocedor del alemán, deja en su «Himno Ibérico» un hermoso testimonio del fin del imperio, siendo un crítico estricto de la restauración y propugnando la defensa del regionalismo a ultranza.

Presidente del Ateneo de Barcelona en 1903, secretario de dirección del "Diario de Barcelona", y muy prolífico escritor, aún tuvo tiempo de tener 13 hijos.

Maragall sostuvo en su "Himno Ibérico" que con el final del imperio, el concepto hispánico de funcionamiento social que hasta entonces había estado motivado por el mantenimiento del imperio exterior, debía ser desviado hacia el regionalismo interior, para evitar el enervamiento y laxitud de los pobladores peninsulares.

Papá, que se nos ha roto el "Vespino".

Verge Moreneta, que cobla.

Nada, o aflojas una pastizara reparativa o nos cogemos piojillos en el cole.

Muerto Verdaguer (1902), Maragall le sustituye en el aprecio popular como el mejor poeta español en lengua catalana.

Moralmente destrozado por los sucesos de la Semana Trágica (1909), los dos últimos años de su vida, los pasó totalmente sumido en una gran depresión, que al final le llevó al más allá.

Pío Baroja (San Sebastián, 1872-Madrid, 1956). Alma sentimental escondida tras un espíritu independiente y generalmente descontento, lleno de improperios hacia lo que considera convencional en la sociedad de entonces, a la que no ve arreglo más que a través de la «... acción por la acción». Igual le pasa con los personajes. Tiene en su novela una interminable sucesión de escenas donde la aventura es el protagonista máximo. «Zalacaín el aventurero», «Las inquietudes de Shanti Andía», «Memorias de un hombre de acción». Su visión del paisaje es hosca cuando se refiere a Castilla y más dulce referida al pueblo vasco. Su amor: el mar Cantábrico, enorme y desgarrado sentimiento de Baroja.

Médico, que casi no ejerció, se trasladó a Madrid, donde su familia era propietaria de las reposterías "Viena-Capellanes". Vivía en la calle Ruiz de Alarcón.

Aunque casi nunca salía de su casa, el autor de esta "Historia Forgesporánea" recuerda, siendo muy niño, a Don Pío durante largo tiempo de pie, muy quieto, contemplando el estanque del Retiro... Quizá "su Cantábrico" más cercano.

Ramiro de Maeztu. Nace en Vitoria en 1874 y muere en 1936 asesinado en Madrid. Testigo presencial como soldado de la derrota de Cuba, en principio clama por sus ideas antitradicionales. Más tarde evoluciona y apoya la tradición. Su principal obra, «Defensa de la hispanidad» recoge ensayos aparecidos en la revista «Acción española». Fue embajador en Buenos Aires y vivió en Inglaterra, donde se casó. Escribió ensayos sobre don Quijote, don Juan y la Celestina, publicados en Inglaterra, cuna de su madre.

De inicios librepensadores, acabó como decantador del pensamiento de Donoso Cortés y Menéndez Pelayo, pero extremosamente. Con muchos contactos con el movimiento fascista galo "Acción Francesa" su "Defensa de la Hispanidad" es un exponente de una rígida doctrina autoritaria con acentos de insólita dureza y agresividad.

RAMIRO DE MAEZTU

«Las balas de un pelotón de fusilamiento son la mayor gloria para un pensador» Jovellanos

Lo cual, en ningún modo justifica su asesinato-fusilamiento al principio de la Guerra Civil: Todo ser humano tiene derecho a pensar o escribir lo que quiera. El único límite se llama "VERDAD".

Otra característica de los noventayochistas y de algunos modernistas es su amistad con su eminente coetáneo Jacinto Benavente, quien nació y murió en Madrid (1866-1954). Al principio es un comediante de salón que en las tertulias mordisqueaba constantemente un enorme cigarro puro.

ESTANCO

¡DON JACINTO, QUE SE DEJA LAS CERILLAS!

FUME "FLOR DE ALGARROBA" TOS FINA Y FATAL

De ademanes delicados, hablaba siempre en voz baja..., tenía la cara demacrada, morena, con perilla y bigote mefistofélicos; pronto fue calvo. Es fecundo y serio. Estrena «El nido» en 1894 y no dejará, desde «Rosas de otoño», de utilizar la sátira social. Era muy mordaz.

UNA VEZ, UN AUTOR NOVEL, PRETENDÍA QUE DON JACINTO LEYERA, Y OPINARA, SOBRE UNA COMEDIA ESCRITA POR ÉL. TRAS PERSEGUIRLE POR MADRID UN PAR DE MESES, CONSIGUIÓ QUE BENAVENTE SE LA LEYERA...

¿QUE LE HA PARECIDO, MAESTRO?

ESTUPENDA; HE LLEGADO A LLORAR

¡PERO SI ES DE RISA!

SI QUIERE, LE DOY MI OPINIÓN SIN EUFEMISMOS, PERO A LO MEJOR ES VD. EL QUE LLORA

Nos quedan sus «Intereses creados» en años de tardía añoranza. Fue premio Nobel en 1922 y colaboró con jóvenes y carrozas en «Vida nueva», «Juventud» y «Germinal», revistas de corta e intensa vida en la época.

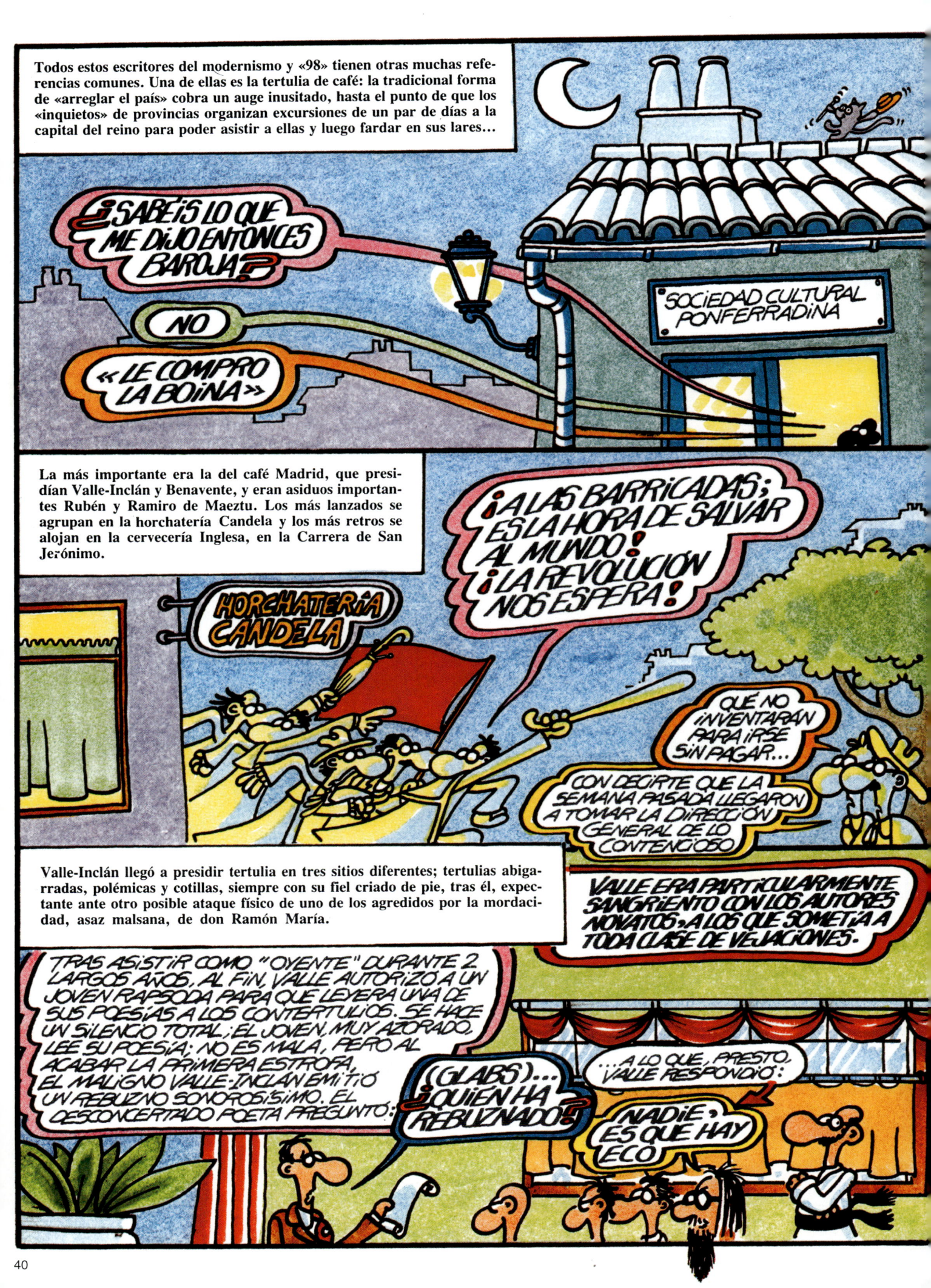

Todos estos escritores del modernismo y «98» tienen otras muchas referencias comunes. Una de ellas es la tertulia de café: la tradicional forma de «arreglar el país» cobra un auge inusitado, hasta el punto de que los «inquietos» de provincias organizan excursiones de un par de días a la capital del reino para poder asistir a ellas y luego fardar en sus lares…

¿SABÉIS LO QUE ME DIJO ENTONCES BAROJA?

NO

"LE COMPRO LA BOINA"

SOCIEDAD CULTURAL PONFERRADINA

La más importante era la del café Madrid, que presidían Valle-Inclán y Benavente, y eran asiduos importantes Rubén y Ramiro de Maeztu. Los más lanzados se agrupan en la horchatería Candela y los más retros se alojan en la cervecería Inglesa, en la Carrera de San Jerónimo.

¡A LAS BARRICADAS, ES LA HORA DE SALVAR AL MUNDO! ¡LA REVOLUCIÓN NOS ESPERA!

HORCHATERÍA CANDELA

QUÉ NO INVENTARÁN PARA IRSE SIN PAGAR…

CON DECIRTE QUE LA SEMANA PASADA LLEGARON A TOMAR LA DIRECCIÓN GENERAL DE LO CONTENCIOSO

Valle-Inclán llegó a presidir tertulia en tres sitios diferentes; tertulias abigarradas, polémicas y cotillas, siempre con su fiel criado de pie, tras él, expectante ante otro posible ataque físico de uno de los agredidos por la mordacidad, asaz malsana, de don Ramón María.

VALLE ERA PARTICULARMENTE SANGRIENTO CON LOS AUTORES NOVATOS, A LOS QUE SOMETÍA A TODA CLASE DE VEJACIONES.

TRAS ASISTIR COMO "OYENTE" DURANTE 2 LARGOS AÑOS, AL FIN, VALLE AUTORIZÓ A UN JOVEN RAPSODA PARA QUE LEYERA UNA DE SUS POESÍAS A LOS CONTERTULIOS. SE HACE UN SILENCIO TOTAL; EL JOVEN, MUY AZORADO, LEE SU POESÍA: NO ES MALA, PERO AL ACABAR LA PRIMERA ESTROFA, EL MALIGNO VALLE-INCLÁN EMITIÓ UN REBUZNO SONOROSÍSIMO. EL DESCONCERTADO POETA PREGUNTÓ:

(GLAPS)… ¿QUIÉN HA REBUZNADO?

…A LO QUE, PRESTO, VALLE RESPONDIÓ:

NADIE, ES QUE HAY ECO

HAY MIL ANÉCDOTAS DE SAWA, EN LAS QUE DEMOSTRÓ SU INGENIOSO DESPARPAJO. ESTA ES UNA DE ELLAS.

A las tertulias asistían los más insospechados personajes, como Alejandro Sawa, que presumía de no haberse lavado la frente desde que, en su infancia, el poeta Verlaine le había besado.

UNA VIDA SINGULAR DE 47 AÑOS DE DURACIÓN: SAWA, MALAGUEÑO DE ORIGEN GRIEGO, SU AVENTURERO PASO POR LA TIERRA FUE DE TAL IMPACTO QUE AÑOS DESPUÉS DE SU MUERTE, CIEGO Y LOCO, VALLE-INCLÁN LE CONVIRTIÓ, CON EL NOMBRE DE MAX ESTRELLA, EN EL PROTAGONISTA DE SUS "LUCES DE BOHEMIA"

NO LE PUEDO DAR MÁS ANTICIPOS, SAWA; LE HE DADO MÁS DE 9 DUROS Y AÚN NO HE VISTO UNA SOLA CUARTILLA SUYA...

GÓMEZ EDITOR

PASO TANTA HAMBRE, QUE NADA MÁS ESCRIBIRLA, ME LA COMO

NO DESTACÓ COMO ESCRITOR, PERO SUS NOVELAS FEMENINAS TUVIERON UNA CIERTA POPULARIDAD EN LA ÉPOCA

O el célebre Cornuty, francés picante que junto a Valle coreó con furiosos maullidos su desprecio para la «Gata de Angora», de Benavente, y que cascó atropeshado por un coche.

AUTOESCUELA "LA VELOZ DIOSA"

AHORA VAYA FRENANDO UN POCO...

¿SE CREE QUE NO SÉ LO QUE TENGO QUE HACER, SO MACHISTA?

VEAMOS... "HORÓSCOPO" AQUÍ ESTÁ... "GÉMINIS: ¡CUIDADO, A SU DERECHA!"

... O Pedro Barrantes, contratado por un periódico con el exclusivo fin de cumplir las condenas de cárcel, en lugar de su director, que los jueces dictaban por editoriales injuriosos sin firma.

«EL INTRANSIGENTE EN GENERAL» DIARIO LARGÓN Y CONTUMAZ

OYE BARRA, EN CUANTO SE PONE EL TITULAR "EL MINISTRO TÍA BORRACHA"?

¿LETRAS GORDAS?

DEL 20

EN... TRES MESES Y UN DÍA

VALE; PUES COGE EL CEPILLO DE DIENTES Y VETE YENDO PARA LA MODELO

AL PARECER, EL POBRE BARRANTES, HIJO DE UN BUEN NOVELISTA EXTREMEÑO QUE EN 1875 FUE ACADÉMICO DE LA REAL DE LA LENGUA, NO TUVO TANTO ÉXITO COMO SU POPÓ

Como el invento de la República del Cunaní, que pertenece a Sarrión Herrera, quien, a cambio de un precio muy módico, repartía deslumbrantes cargos, como rey de Armas y ministro de Estado de la República del Cunaní...

A VER, EL SIGUIENTE ¿QUE DESEA?

SERVIDOR QUERRÍA LA SECRETARÍA DE ESTADO DE ROSCAS COTIDIANAS DIFERENTES

SON 80 DUROS, MÁS I.T.E.

VALE

O un conocido catedrático de literatura que para aseverar rotundamente sus afirmaciones golpeaba fuertemente en la mesa de mármol del café con su reloj de bolsillo hasta destrozarlo totalmente.

...LO CUAL PRODUCÍA ESPANTO ENTRE LOS CONTERTULIOS, QUE NO SE ATREVÍAN A CONTRADECIRLE.

HASTA QUE UN DÍA FUE DESCUBIERTO POR UN AMIGO EN LA SECCIÓN DE RELOJERÍA DE LOS GRANDES ALMACENES "MADRID-PARIS" (LUEGO "SEPU") EN SU POPULAR "VENTA DEL DURO".

"VENTA DEL DURO" OFERTA DE HOY: 1 KG. DE RELOJES DE BOLSILLO, SISTEMA "ROSKOF", POR SÓLO 4 DUROS

OJO: ESTA OFERTA ERA AUTÉNTICA, NO ES BROMA

¿CUÁNTOS LE PONGO HOY?

1/4 Y MITAD, PERO MUY TIERNOS

¡AJÁ!

ESTE MISMO CATEDRÁTICO, EN UNA CLASE EN LA VIEJA UNIVERSIDAD MADRILEÑA DE SAN BERNARDO, ANTE EL FOLLÓN QUE ESTABAN ARMANDO UN GRUPO DE ESTUDIANTES, ORDENÓ AMPULOSAMENTE: "¡EL 6º BANCO, A LA CALLE!" LOS ESTUDIANTES DEL 6º BANCO... LO ARROJARON POR EL BALCÓN. ¿AH? NO DECIMOS EL NOMBRE DEL INTERFECTO, PORQUE ES EL PADRE DE UN POPULAR, Y AMIGO, ESCRITOR DE HOY.

Además de en los cafés, se reunían en el Negociado de Prensa del Ministerio del Interior, donde estaba destinado J. Ignacio Alberti, apasionado de Tolstoi, y en aquel lugar se discutía libremente, aunque nadie se figurara semejante cueva para una tertulia literaria política.

PUES ME HAN DICHO QUE A LÓPEZ-POYALES LE HAN VISTO SALIR DE LA REDACCIÓN DE LA "HOJA PARROQUIAL DE SAN GINÉS"

ESE, CON TAL DE PUBLICAR...

...Y ADEMÁS TIENE RAMALAZO

...Y UN CUTIS FATAL

ES INÚTIL QUE SE RESISTAN, LO SABEMOS TODO, ASÍ QUE CANTEN YA ¿QUIÉN HA PEDIDO EL CARAJILLO?

También el editor Ruiz Contreras reunía a los amigos en su casa de la calle de la Madera, entre los cuales se encontraba Pío Baroja, Benavente, Unamuno, Valle, Azorín y Rubén. Presidía las reuniones una enorme heladera manual que los contertulios accionaban continuamente, engolosinados por el rico postre.

PERO VALLE, SUPONTE QUE NO NOS GUSTA ESE INVENTO TUYO DEL HELADO DE CHORIZO

NO OS PREOCUPEIS; MI CRIADO Y YO TENEMOS BUEN SAQUE

En una famosa tertulia de médicos barceloneses se llegó a tal paroxismo discutidor entre dos eminentes cirujanos sobre la bondad de sus respectivos sistemas para operar de apendicitis que todos los contertulianos se trasladaron al Hospital de San Pablo, donde ambos cirujanos, con anestesia local, se operaron a sí mismos, confrontando los diferentes pasos cirujánicos ante sus asombrados amigos del café, que, ejerciendo de jurado, resolvieron en empate tan peculiar lid.

VAMOS, QUE SI ESTE COSIDO CON BODOQUE DEL PERITONEO ESTÁ MAL, QUE VENGA HIPOCRATES Y LO VEA

NADA, MACHO; UNA HORTERADA FARFÓLLICA... FÍJATE QUE DOBLADILLO DE COLON... Y CON UNA MANO, TÍO.

Todos en las farándulas de «... chambergo mugriento de la chalina deshilachada y del sablazo», que, entre otras actividades, asistían al cementerio madrileño de Vallehermoso en el aniversario de la muerte de Larra para testimoniar su admiración por el escritor romántico.

... PRECURSOR, DECÍAN ELLOS EN «LA DESESPERANZA EN LAS ESPAÑAS»

¡"ESTO" SANTO!

¿QUE PASA?

QUE MARQUINA HA SACADO UN FAJO DE FOLIOS MÁS GRANDE QUE LA MISERICORDIA DEL JEFE!

JO

EN NUESTRO PRÓXIMO CAPÍTULO "LA DICTAPLASTA" UN GENERAL SE PONE A "SALVAR AL PAÍS" Y LA FASTIDIA TOTALMENTE.

MARAGALL, EL GRAN POETA CATALÁN, EN UNA PLACA DE AUTOR DESCONOCIDO, HECHA EN 1908

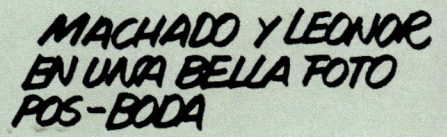

MACHADO Y LEONOR EN UNA BELLA FOTO POS-BODA

ASÍ VIO EL PINTOR HERNÁNDEZ, EN 1974, A MACHADO, SEGÚN UNA FOTO TOMADA EN EL EXILIO DÍAS ANTES DE SU MUERTE... MIREN BIEN SU ROSTRO, POR ÉL HAN PASADO 900 DÍAS DE GUERRA CIVIL...

Capítulo III
LA "DICTAPLASTA"

El fin de la primera guerra mundial produce una enorme crisis comercial en España, donde los olipastas no reinvierten los chorros de dinero que la guerra del 14 les proporcionó, y lo hacen volar alegremente entre otras cosas, en casinos y juegos de azar. La casta olipástica española vuelve a dar ejemplo de inconsciencia, estupidez y cerril-egoismo.

RÍOS DE MILLONES DILAPIDADOS EN ESTUPIDECES, MIENTRAS EL HAMBRE ACECHA POR DOQUIER

CASINO SDESPLUMAN

—¡ONCE, NEGRO, IMPAR Y FALTA!

—LA MADRE QUE ME PARIÓ, NI UNA.

Y para acabar de arreglarlo, observen voacés, en plan ejemplo, la distribución de la pasta presupuestaria en un año cualquiera de este período, verbi gratia: 1922...

TOTAL DEL PRESUPUESTO: 3.044 MILLONES DE PTS.

EJÉRCITO Y MARINA: 956 MILLONES

EDUCACIÓN: 166 MILLONES

TRABAJO Y COMERCIO: 16 MILLONES

LOS 1.906 MILLONES RESTANTES PARA OBRAS PÚBLICAS, JUSTICIA, ESTADO, GOBERNACIÓN, ETC... COMO DATO APORTANTE DE LOS 95 MILLONES QUE TENÍA JUSTICIA, 61 ERAN PARA LOS SUELDOS DE LOS RELIGIOSOS, O SEA, CASI 4 VECES MÁS QUE PARA TRABAJO Y COMERCIO.

CURIOSAMENTE, ALGO TAN ÁRIDO COMO EL PRESUPUESTO DE UN ESTADO ES LO MÁS DEMOSTRATIVO DEL MOMENTO SOCIAL DE UN PUEBLO. LAS FRÍAS CIFRAS VALEN POR MILES DE LIBROS HISTÓRICO-EXPLICATIVOS: CASI NO HACE FALTA PRECISAR NADA.

Además está la cosa política; en apenas 10 años (1912-22), ha habido 19 presidentes de Gobierno (media de mandato: 6 meses y 12 días), corrupción enorme, mangoneos caciquiles increíbles... en suma: malísimo ejemplo de aquella corrupta clase política, que hace que el pueblo cada vez menos identificado con ella, se aleje airado «... a las montañas de la desesperación».

—¡¡CHORIZOOOS...!!

—HAGA EL FAVOR SIN OFENDER

En esta misma fecha la sociedad española tiene tres follones fundamentales: A) Marruecos, B) la descomposición del ejército y C) el obrerismo. Y ahora viene la fórmula matemático-enlazativa del cacao: *El Ejército* se nutre de los *obreros* que van a luchar a *Marruecos* (¿Lo van comprendiendo?).

FÍJENSE EN ESTE DATO: EN 1920 FUERON LLAMADOS A FILAS 217.000 MOZOS; BUENO, PUES DE ELLOS...
65.000 FUERON DECLARADOS NO APTOS O PRÓFUGOS.
28.000 FUERON EXENTOS POR PAGAR "CUOTA".
QUEDARON SÓLO 124.000, DE LOS CUALES CASI 35.000 ERAN ANALFABETOS.

LA NEGATIVA A LUCHAR EN MARRUECOS ERA MUY GRANDE; HACER LA "MILI" ERA AÚN MUCHO PEOR QUE LA MISERIA DE LO COTIDIANO; HASTA TAL PUNTO QUE OBSERVEN, OBSERVEN VOACÉS...

1600
DIETA OBLIGATORIA DE UN SOLDADO ESPAÑOL DE LOS TERCIOS: AL DÍA PODÍA EXIGIR COMO MÍNIMO
1 KG DE PAN
1/2 KG. DE CARNE
1 L. DE VINO

1920
DIETA OBLIGATORIA DE UN SOLDADO ESPAÑOL EN MARRUECOS:
NO EXISTÍA: SE COMÍA LO QUE HABÍA Y SI NO HABÍA NADA, NO SE COMÍA. NO SE PODÍA PROTESTAR

CLASIFICACIÓN GRAL. DE PRÓFUGOS (DE 100 LLAMADOS A FILAS, NO SE PRESENTABAN...)
1º) ISLAS CANARIAS 59 %
2º) ASTURIAS 41 %
3º) LA CORUÑA 32 %
4º) MADRID 29 %
LOS ÚLTIMOS PUESTOS LOS OCUPABAN LAS PROVINCIAS CATALANAS, CON UN TOTAL CONJUNTO DEL 11 %, Y LA ÚLTIMA SEGOVIA CON SÓLO UN 3 %

Ya dijimos en un capítulo anterior que ante el cúmulo de arbitrariedades de la guerra africana, implicada inclusive la Corona en ella, y a punto de descubrirse por el «Expediente Picasso», el Capitán General de Cataluña, Miguel Primo de Rivera, destinado allí precisamente por su oposición a los «halcones» africanistas, y partidario de una solución política al problema marroquí, el 13 de septiembre de 1923 va y monta un clásico golpe de estado o cuartelazo (el 82.º desde 1814, oiga).

...O SEA; A UNA MEDIA DE UN GOLPE CADA AÑO Y 4 MESES

GIMNASIO "SALVAPATRIA" CLASES DE GOLPE-BIC

¡¡AL SUELO, SE SIENTEN, COÑO!!

NO, NO, NO, MUCHO MÁS SUELTOS... CON MÁS SWING, Y EL RICTUS MÁS FEROCHE... VAMOS, OTRA VEZ

Sin reacción al golpe dado con el real patronazgo, sólo el ministro de Estado, Santiago Alba, adopta medidas ante él, pero el rey le llama a San Sebastián «... donde toma los baños»; le disuade y le aconseja que emigre; Alba váse indignado a Gabacholandia... cuando llegue la República será uno de los presidentes de las Cortes...

¡ESTÁ BIEN; ME VOY A FRANCIA, PERO COMO ME INTENTEN PONER UN PISO, SU MAJESTAD ME VA A OÍR!

¡CUIDADO, MI RELOJ!

SEIKO "FONSOTREC"

Curiosa y mussoliniana pintura de Primo de Rivera, en plan «Salvador de la Patria». Sin comentarios.

Primer despacho entre el Rey y el Dictador (foto: Alfonso).

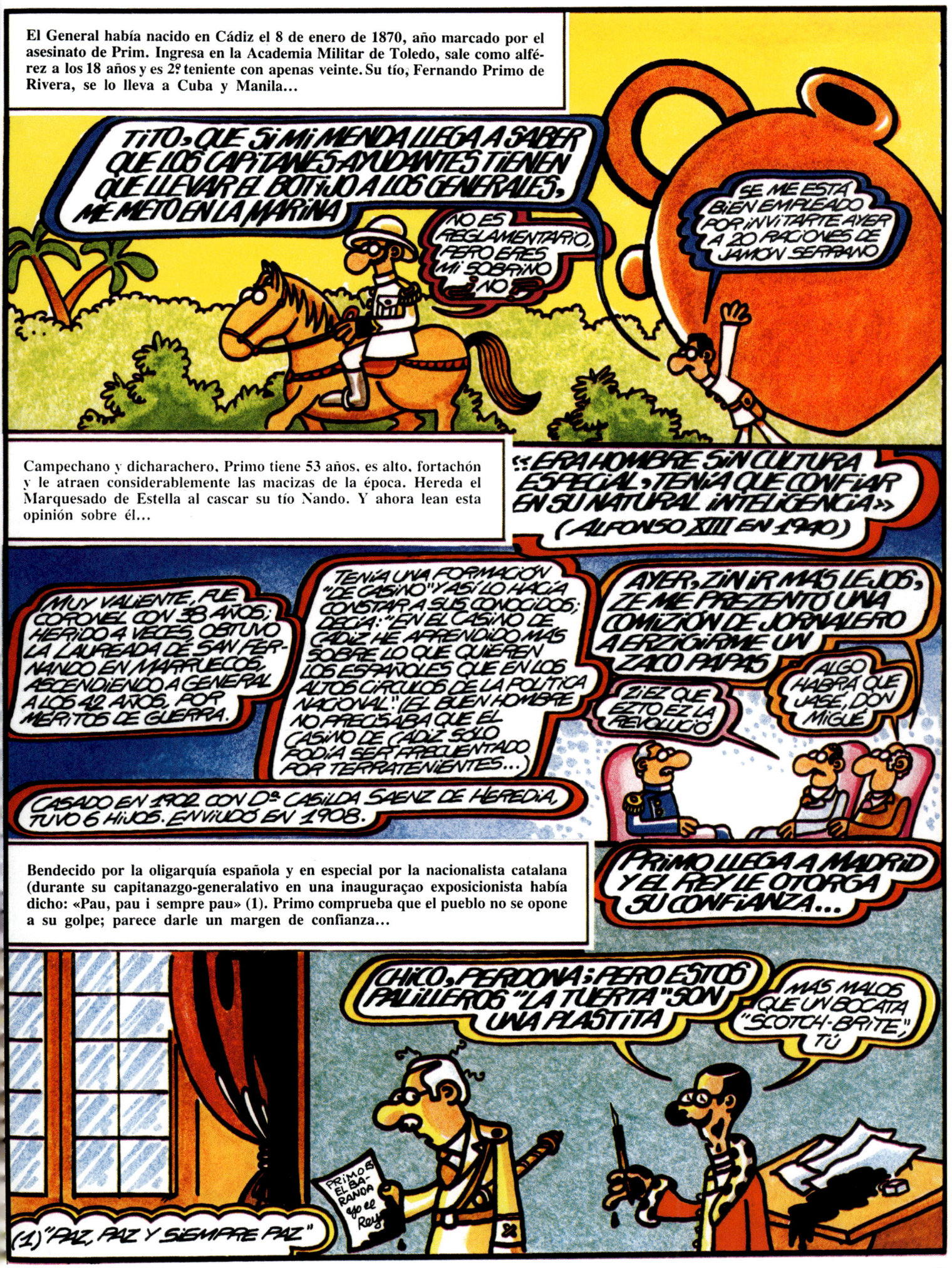

El General había nacido en Cádiz el 8 de enero de 1870, año marcado por el asesinato de Prim. Ingresa en la Academia Militar de Toledo, sale como alférez a los 18 años y es 2º teniente con apenas veinte. Su tío, Fernando Primo de Rivera, se lo lleva a Cuba y Manila...

TITO, QUE SI MI MENDA LLEGA A SABER QUE LOS CAPITANES AYUDANTES TIENEN QUE LLEVAR EL BOTIJO A LOS GENERALES, ME METO EN LA MARINA

NO ES REGLAMENTARIO, PERO ERES MI SOBRINO ¿NO?

SE ME ESTÁ BIEN EMPLEADO POR INVITARTE AYER A 20 RACIONES DE JAMÓN SERRANO

Campechano y dicharachero, Primo tiene 53 años, es alto, fortachón y le atraen considerablemente las macizas de la época. Hereda el Marquesado de Estella al cascar su tío Nando. Y ahora lean esta opinión sobre él...

«ERA HOMBRE SIN CULTURA ESPECIAL, TENÍA QUE CONFIAR EN SU NATURAL INTELIGENCIA»
(ALFONSO XIII EN 1940)

MUY VALIENTE, FUE CORONEL CON 38 AÑOS; HERIDO 4 VECES, OBTUVO LA LAUREADA DE SAN FERNANDO EN MARRUECOS, ASCENDIENDO A GENERAL A LOS 42 AÑOS, POR MÉRITOS DE GUERRA.

TENÍA UNA FORMACIÓN "DE CASINO" Y ASÍ LO HACÍA CONSTAR A SUS CONOCIDOS; DECÍA: "EN EL CASINO DE CÁDIZ HE APRENDIDO MÁS SOBRE LO QUE QUIEREN LOS ESPAÑOLES QUE EN LOS ALTOS CÍRCULOS DE LA POLÍTICA NACIONAL" (EL BUEN HOMBRE NO PRECISABA QUE EL CASINO DE CÁDIZ SÓLO PODÍA SER FRECUENTADO POR TERRATENIENTES...

AYER, ZIN IR MÁS LEJOZ, ZE ME PREZENTÓ UNA COMIZIÓN DE JORNALEROZ A ERZIGIRME UN ZACO PAPAZ

ZI EZ QUE EZTO EZ LA REVOLUCIÓ

ALGO HABRÁ QUE JASÉ, DON MIGUÉ

CASADO EN 1902 CON Dª CASILDA SAENZ DE HEREDIA, TUVO 6 HIJOS. ENVIUDÓ EN 1908.

Bendecido por la oligarquía española y en especial por la nacionalista catalana (durante su capitanazgo-generalativo en una inauguraçao exposicionista había dicho: «Pau, pau i sempre pau» (1). Primo comprueba que el pueblo no se opone a su golpe; parece darle un margen de confianza...

PRIMO LLEGA A MADRID Y EL REY LE OTORGA SU CONFIANZA...

CHICO, PERDONA; PERO ESTOS PALILLEROS "LA TUERTA" SON UNA PLASTITA

MÁS MALOS QUE UN BOCATA "SCOTCH-BRITE", TÚ

(1) "PAZ, PAZ Y SIEMPRE PAZ"

49

Da idea de la descomposición política de la época el que, curiosamente, el manifiesto de Primo de Rivera por medio del cual este explica al país sus proyectos y pretensiones, tiene, en general, buena acogida; hasta el entonces revolucionario Lerroux escribe al exiliado Blasco Ibáñez palabras esperanzadas y el ínclito Ortega publica en «El Sol» un artículo de conformista tono.

LA EXPLICACIÓN DE ESTE TÁCITO CONSENTIMIENTO DE UNA PARTE DE LOS "PENSANTES" PUEDE ESTAR MOTIVADA EN LA CONFIANZA QUE LES DABA LA INCUTA Y ACRISOLADA HONRADEZ DEL DICTADOR, Y EN SU PROMESA FORMAL DE QUE, A LO SUMO, ESTARÍA EN EL PODER UNOS 3 MESES...

PUEDEN DECIR A SUS LECTORES QUE UN MANDADOR,(1) EN CUANTO LOGRE QUE TODOS LOS ESPAÑOLES COMPRENDAMOS EL RECIBO DE LA LUZ, ME DOY EL QUEO

(1) LO CONTRARIO DE "SERVIDOR" ¿COMPRENDEN?

JUMILLA NEWS

PERO EL CASO ES QUE A LOS POCOS DÍAS DE BARANDEAR EL COTARRO, PRIMO EMPIEZA A DICTATORIZAR EL EVENTO PATRIO, Y CASI NO HAY RINCÓN "DO SU MANO NO LLEGUE..."

Total, que Primo suspende el régimen constitucional, nombra a militares para gobernadores civiles de provincias e implanta una férrea censura de prensa... (todo, según el dictador «... durante el breve tiempo necesario para enderezar la lánguida España»).

El Eco de Tafalla

SOIS UNOS INCURTOS; QUIERE DECIR «ESPATULADO, CON FORMA DE ESPÁTULA»

NO SEÑOR; ES «ACCIÓN O EFECTO DE SOSLAYAR LOS OBENQUES DE UN CATAMARÁN»

NO TIENES NI IDEA, TIJEREZ; ES «PARTE ALÍCUOTA DE UN PROINDIVISO PASIVO»

ESTO ES GUAY: TE INVENTAS LA PALABRA "PROTIBLOPIO" Y EL CENSORAMEN SE ENZARZA CANTIDAD

Se forma un Directorio, en plan Gobierno, constituido por 9 generales y un contraalmirante, a saber:

INFANTERÍA: GENERALES ALONSO CELADA, NAVARRO, MUSLERA, Y RODRÍGUEZ PEDRÉ

ARTILLERÍA: GENERAL HERMOSO

CABALLERÍA: GENERAL RUIZ DEL PORTAL

MARINA: CONTRALMIRANTE MARQUÉS DE MAGAZ

INGENIEROS: GENERAL MAYANDÍA

ESTADO MAYOR: GENERAL GÓMEZ JORDANA

CUERPO JURÍDICO: GENERAL VALLESPINOSA

Amén de la censura feroz a Primo se le ocurre hábilmente al objeto de una astuta manipulación de la opinión, las famosas «Notas de Inserción Obligatoria», que, como su propio nombre indica, tenían los periódicos obligación inexcusable de dar en lugar destacado… Se formó tal lucha continua Prensa-Primo, que como ejemplo les presentamos 3 «rounds»…

A "EL IMPARCIAL" UN DÍA PUBLICÓ TODA LA SECCIÓN DE ANUNCIOS POR PALABRAS, CON TACHADURAS EN CADA TEXTO DE ANUNCIO, COMO SI HUBIERA INTERVENIDO LA MANO CENSORERA EN ELLOS.

PÍLDORAS DEL DOCTOR ROUSS LA SOLUCIÓN A SU PROBLEMA DE IMPOTENCIA ~~Y ESTERILIDAD~~ EN ENVASES DE 20 ó 40 UNIDADES DEPÓSITO EN MADRID: ~~IRLANDESAS~~ Nº 8

VENDO CUARTO SOLEADO CÉNTRICO

B A UNA "HOJA PARROQUIAL" DE LA CIUDAD DE EIBAR, LA CENSURA OBLIGÓ A TACHAR LAS PALABRAS "GENERALES PEDRISCOS" QUE FIGURABAN EN UN SUELTO SOBRE UNA IMPORTANTE GRANIZADA ACAECIDA EN LA COMARCA.

¿Y "SARGENTOS PEDRISCOS"?
QUE NO, REVERENDO, QUE SE LA CARGA

C UN TIPÓGRAFO, QUE NO PUDO SER DESCUBIERTO, DEL PRESTIGIOSO DIARIO "LA VANGUARDIA" DE BARCELONA, "COLÓ" UNA LÍNEA EN EL TEXTO DE UNA NOTA DE INSERCIÓN OBLIGATORIA ESCRITA POR PRIMO, LA CUAL QUEDÓ ASÍ…

«… UNA REVISIÓN A FONDO DE LOS HECHOS, PARA EVITAR QUE EN LO SUCESIVO ME VUELVA A QUEDAR SIN ORUJO Y SE REPITAN TALES DEFICIENCIAS.»

Alargada indefinidamente la inicial provisionalidad, Primo monta un a modo de partido (único, of course), que bajo el nombre de Unión Patriótica agrupaba…

«… A UN PISTO DE HOMBRES DE LAS MÁS VARIADAS TENDENCIAS Y SIN UN IDEAL COMÚN.»
FRASE DEL FUTURO GOLPISTA DE 1936 GENERAL MOLA

UNIÓN PATRIÓTICA AFILIACIÓN

ME APUNTO, PERO ME PIDO LA SECRETARÍA GENERAL DE ALFALFA
BUEEENO…
SLURP

Bajo los "ideales" de «… orden y Justicia» y bajo la divisa solemne de «Patria, Religión y Monarquía», pretenden atraerse a los españoles, alejándolos de los antiguos partidos políticos; no lo consiguen y la Unión Patriótica será un reducido grupo de radicales ultraderechistas…

LOOR Y GLORIA A LOS FARIAS DE 0'25

MARIANO, QUE BAJAS A POR EL PAN Y TE LLEVAS EL ESTANDARTE DEL TABACO

El Partido Socialista, mantuvo su organización durante la Dictadura primorriverista. Incluso colaboró en los Jurados Mixtos, que eran una especie de tribunales de trabajo formados por obreros y patronos, presididos por un funcionario del Ministerio de Trabajo para dilucidar asuntos laborales. El líder socialista Largo Caballero, formó parte del Consejo de Estado de Primo, designado por el Instituto de Reformas Sociales. En la foto vemos al Comité Nacional Socialista en pleno, con Largo Caballero, Cordero, Besteiro, Wenceslao Carrillo, etc.

Aquí vemos, en la Casa del Pueblo de Madrid, a Largo Caballero recibiendo al socialista americano, Albert Thomas durante su gira europea (foto Alfonso).

Unamuno, declarado enemigo de la Dictadura, a la que pone «... de hoja de perejil», con su aguda pluma y sólido e indiscutible prestigio oratorio, es desterrado por el dictador a la canaria isla de Fuerteventura...

...de la que se escaquea a los pocos meses a bordo del yate "L'Anglión", fletado por su amigo gabacho Dumay, director del diario parisién "Le Quotidien", estableciéndose en Hendaya, desde donde seguirá fustigando a Primo con panfletos, escritos y acciones.

Primo recrea el Somatén, que desfila en Madrid, totalmente encorbatados y ensombrerados sus miembros. Tan carcas y "de orden de toda la vida" que pronto la "vox populi" declama...
"LLEVARÁN LAS NIÑAS BIEN ZAPATITOS DE TACONES Y ENTRARÁ EN EL SOMATÉN EL CONDE DE ROMANONES"

—Si usted detiene a mi cuñada Ascen, yo le apreso a su señora y así usted se va a los toros tranquilo y yo puedo leerme el periódico tan pancho.
—Okey.

—¡Primo, Tonito! ¡Haba, cañaviο, cazalla, peluca, etc.!
—El alijo aquel de aspirinas ¿dónde estará?
—Es inútil, sólo eran 100 kilos.
ADUANA DOUANE

El 14 de noviembre de 1924 a la caída de la tarde se emite la primera emisión de radio en España por EAJ1 Radio Barcelona. El primer locutor español fue José María Guillén García. Poco tiempo después se inaugura EAJ2 Radio España, en Madrid...

PRIMER PROGRAMA DE RADIO MADRILEÑO

—...Por aparcar en doble fila: 2 duros; 5 duros por pasarse un semáforo en verde...
—(Será en rojo)
—(No, en rojo son 20 duros)
EAJ 2

En febrero de 1925 es tal la batalla con la prensa, que Primo funda el periódico «La Nación», para «despacharse» a su gusto...

—Lo que no me explico es como le da tiempo a hacer la crítica de cine, la de toros, la de música; escribir los editoriales, hacer las fotos, los chistes y los crucigramas...
—Sí, pues fíjese en esto: "Severas disciplinas inglesas. Estricto gobernante. Tlfno: 2177"
—Jope, lo que nos faltaba.
LA NACIÓN PRIMO DE RIVERA: "AFÉRRATE, ESTOY"

Mientras un coche nacional vale la friolera epocal de 12.400 pts., hacer una película en la incipiente industria cinematográfica española se pone en 100.000 pelas, costo de la celebrada producción "Edurne, la nudista bilbaína."

—Pues lo exigirá el guión, pero esto no es serio.
—Sabrás tú del "nuevo cine del bocho".

Y ahora les vamos a contar un sucedido del inolvidable payaso Ramper...

...A PROPÓSITO DEL ULTRADERECHISTA DIARIO "LA NACIÓN", ÓRGANO, COMO YA HEMOS DICHO, DEL DICTADOR PRIMO DE RIVERA.

EN UN REPLETO TEATRO DE BARCELONA, APARECE RAMPER EN EL ESCENARIO LLEVANDO BAJO EL BRAZO UN EJEMPLAR DEL ALUDIDO PERIÓDICO; TODO EL PÚBLICO INICIA UN ESTRUENDOSO PATEO, CON ATRONADORES GRITOS EN CONTRA DEL DICTADOR.

ENTONCES, EL PAYASO DICE:

GRITE LA IZQUIERDA O LA DERECHA, LA NACIÓN ESTÁ CONMIGO

RAMÓN ÁLVAREZ ESCUDERO (a) RAMPER (1893-1952), EL PRIMER "CLOWN" ESPAÑOL MUNDIALMENTE FAMOSO, PASÓ UNA SEMANA EN LA CÁRCEL POR ESTO.

Acosado por los intelectuales, artistas y periodistas, con los estudiantes ebullendo cantidad, Primo «civiliza» el Directorio: «Sólo» serán militares el Presidente (él), el Vicepresidente, Martínez Anido que conllevará también Gobernación, y los Ministerios Militares.

MUCHO ANTES QUE LOS JAPONESES, LLEGA LA PRIMERA OLEADA ASIÁTICA A ESPAÑA...

LA VIEJA IBERIA SE INUNDA DE CHINOS, QUE EN TODAS PARTES GRITAN A LOS RECIOS ÍBEROS...

¡COLALES, COLALES! ¡A CUATLO PESETAS!

DEBE SER LA MODA, PORQUE MIS CHOTAS SE LOS HAN COMPRADO

GOLFAS, ESO ES LO QUE SON: UNAS GOLFAS

LAS PERLAS CULTIVADAS HAN EMPEZADO A SER PRODUCIDAS INDUSTRIALMENTE

Mientras el nuevo gobierno tecnocrático «toma tierra», el torero Nacional II muere de un botellazo arrojado al ruedo; Paulino Uzcúdun vence por K. O. al gabacho Nilles, en París; Victoria Kent se convierte en la primera abogado española; Ricardo Zamora, el ídolo mundial-guardamético es multado por tener dos fichas: nada menos que con el Barça y el Español.

EL LEGENDARIO ZAMORA, EL MEJOR GUARDAMETA QUE VIERON LOS SIGLOS, INVENTÓ EL DESPEJE, LLAMADO LÓGICAMENTE, "ZAMORANA"

LA "ZAMORANA": DESPEJAR CON EL CODO

¡ÑOSKL!

LOS BALONES DE ENTONCES, CON CÁMARA DE GOMA EN EL INTERIOR SE CERRABAN CON UNA TIRA DE CUERO COMO UN CORDÓN DE ZAPATO. UN BALONAZO CON DICHA TIRA ERA DOLOROSÍSIMO.

ESTUPENDO, EN LA VISTA; ASÍ NO VEO A MI CONCHA EN VARIOS DÍAS

ADEMÁS, FUE EL PRIMER PORTERO QUE USÓ RODILLERAS, GUANTES, GORRA Y JERSEY DE LANA GRUESA

Allá va: los atentados terroristas disminuyen en picado, durante la Primo-Era; en las 5 anteriores años al 13 de septiembre de 1923 hubo un total de 1.393; en el lustro hasta 1928, sólo habrá 51... claro, que suspendidos los derechos constitucionales, las fuerzas del orden público se «pasan» cantidad «... y así cualquiera».

COMO DATO, RECORDAREMOS EL FAMOSO "CRIMEN DE CUENCA", EJEMPLO DE COMO JAMÁS DEBEN ACTUAR LA JUSTICIA NI LAS FUERZAS DE ORDEN PÚBLICO.

¡TENGO DERECHO A SER INTERROGADO EN PRESENCIA DE MI ABOGADO!

SÍ HOMBRE, PARA QUE SE NOS DESMAYE CUANDO TE PONGAMOS EL PINCHA-UÑAS

Copiando totalmente la moda económica-totalitarista mussoliniano-fascista, el eficaz Ministro de Hacienda, Calvo Sotelo, coordina un vasto plan de obras públicas, en el que destaca la construcción de la red de carreteras de Firmes Especiales...

NUESTROS ABUELOS COMIENZAN A TENER CARRETERAS EUROPEAS, TRAS 100 AÑOS DE RETRASO, PERO EL COSTO FINANCIERO SERÁ TAN ALTO, QUE LOS CRÉDITOS INTERNACIONALES SERÁN LA CAUSA DEL DESMORONAMIENTO ECONÓMICO DE LA DICTADURA.

CON PRIMO DE RIVERA, LOS ADOQUINES DESAPARECEN DE LAS CARRETERAS ESPAÑOLAS

¿¿MENTIRA?? BUENO, SÍ

TRANSPORTES "THE MAFIA DESCARÁ"
TARA: 600 KGS.
CARGA MÁXIMA AUTORIZADA: 80.000 KGS.

Se crean las Confederaciones Hidrográficas, que sientan las bases para una labor coordinada de todas las partes interesadas en el aprovechamiento fluvial, tanto en regadíos como hidroeléctricos. Siguen las desgracias toreras: cascan los venerables ancianitos Litri, Curro Montes y el simpar Mazzantini...

CASINO TAURINO "El Eterno Bolillao"

PLAZA DE TOROS DE CARTAGO

CRAJK

OTRO

ESÚ, QUÉ AÑO

Las cabezas del delito

He aquí los protagonistas de la tragedia que horroriza á España

Los asesinos del asalto al expreso de Andalucía, tal como aparecieron en la revista «Nuevo Mundo», en bonita propia disposición. Fue el suceso más comentado.

Más horribles crímenes de 1926: es asesinado el verdugo de Barcelona y es asaltado el expreso de Andalucía... la gente dice que es un año gafe, dado que 13+13=26.

«LAS SUPERSTICIONES Y LOS REFRANES HAN IMPEDIDO LA FELICIDAD DEL HOMBRE, MÁS AÚN SI CABE QUE LAS ENFERMEDADES Y LAS GUERRAS» (BLASILLO)

VIAJE A MALLORCA PARA HOY MARTES 13 DE LOS CORRIENTES, ORGANIZADO POR LA AGENCIA "EL GATO NEGRO, TUERTO, TIRADOR DE TINTEROS".

¡CPUNJLES!

CIUDAD DE POYADES DEL HOYO

TRANSMAREODITERRÁNEA

LO SABÍA

El 24 de junio se produce (de ahí su nombre) la «Sanjuanada», intentona de vuelta a la normalidad democrática promovida por un grupo de militares de alta graduación (Generales Aguilera, Weyler, etc.) políticos republicanos y de la izquierda monárquica (Romanones, Barriobero, etc.). Fracasa; vamos, que ni se inicia. Primo detiene a los militares y a los civiles les pone fuertes multas...

AL, SEGÚN EL SABER POPULAR, MUY TACAÑO CONDE DE ROMANONES, PRIMO LE PONE UNA MULTA DE 500.000 PTS. DE LA ÉPOCA... PARECE SER QUE EL ARISTÓCRATA GUADALAJAREÑO HASTA LLORÓ AMARGAMENTE.

NEGOCIADO DE MULTAS

¡FLAP!

GENERAL; O LE QUITA LA MULTA O ME BUSCA V.E. UNA CAÑA DE PESCAR...

TRUCHAS DESCARADÍSIMAS, OIGA USTED

Follón de los artilleros: opuestos a los arbitrarios ascensos por «méritos de guerra» y partidarios acérrimos del riguroso orden de antigüedad, en bloque los oficiales de dicha Arma se niegan a acudir a los cuarteles; Primo suspende a todos los artilleros de empleo y sueldo, y disuelve el cuerpo de los militares «africanistas» que ven cómo, de un plumazo, tienen 40.000 opositores menos para ascender en «heroicas gestas».

...Y ASÍ, A LOS 34 AÑOS, FRANCO ASCIENDE A GENERAL, EL 3 DE FEBRERO DEL NEFASTO 1926.

¿CORONEL FRANCO; LE HAN ASCENDIDO A GENERAL!

6 AÑOS A UN CASTILLO POR DIRIGIRSE A UN SUPERIOR REBAJÁNDOLE UN GRADO

JOPÉ

Primo se empieza a encontrar delicado de salud; los comas diabéticos hacen que se desplome en su despacho varias veces... uno de sus apoyos iniciales, la Lliga, partido conservador catalán, le abandona totalmente: no sólo no habrá ninguna clase de la prometida autonomía, sino que, según una nota de inserción obligatoria «...no ve el gobierno con agrado el renacimiento de "tales tendencias" y "propagandas" por lo que las estorbará categóricamente». Confirmación. 1.º aviso: es desterrado el autor de un artículo aparecido en «El Correo Catalán», titulado «Elogio al agua» (1)... y eso que estaba admitido por la censura...

FÍJENSE COMO HILARIAN DE FINO LOS REPRESORES, QUE EN EL ARTÍCULO EN CUESTIÓN SÓLO APARECÍAN UNAS NOTAS SOBRE LA BONDAD DEL AGUA EN SUS MÚLTIPLES FACETAS; PUES NADA, SEGÚN ELLOS ERA UNA ACUSACIÓN AL DICTADOR, PORQUE SE DEJABA ENTREVER QUE EL AGUA NO SE SUBE A LA CABEZA COMO EL ALCOHOL...

EL AYUNTAMIENTO DE JUMILLA QUIERE IMPONERLE LA GRAN CRUZ DEL MÉRITO TRINQUIL

JUMILLA, CARIÑENA, TARRAGONA... ESTO VA A SER UN COMPLOT

JUDEO-COCIDÓNICO, SEGURO

(1) PRIMO TENÍA LA FAMA, AL PARECER INJUSTA, DE BORRACHÍN.

Presentado por Alfonso XIII al Rey Víctor Manuel en un viaje oficial a Italia como «... mi Mussolini», Primo observa asustado el nacimiento de la Federación Universitaria Escolar que, bajo la dirección del estudiante mallorquín, de Agrónomos, Antonio María Sbert, a la sazón con sólo 25 castañas, organiza tales follones que será un puntal decidido en el desplome final de la primorriverada...

VÍCTOR MANUEL III, UN REY DE 1.58 METROS, QUE TAMBIÉN PERDERÁ LA CORONA DE ITALIA POR CEDER A LAS PRETENSIONES DE OTRO DICTADOR: MUSSOLINI

(PUES SERÁ EMPERADOR DE LOS ROMANOS, PERO PARECE TALMENTE EL PITUFO CORISTONA)

(POR DIOS, PRIMO, QUE ME PIERDES)

Primo, que ve su follón asaz enfollonado, monta un a modo de seudoparlamento, formado por 400 «notables», nombrados a dedo loco. Su subordinación al Dictador lo hará tan ineficaz que un par de meses antes de que Primo «cayera», tenía preparado el decreto de disolución del mismo.

LA ASAMBLEA NACIONAL, ENSAYO GENERAL PARA FORRENTA AÑOS DE "CORTES ORGÁNICAS"

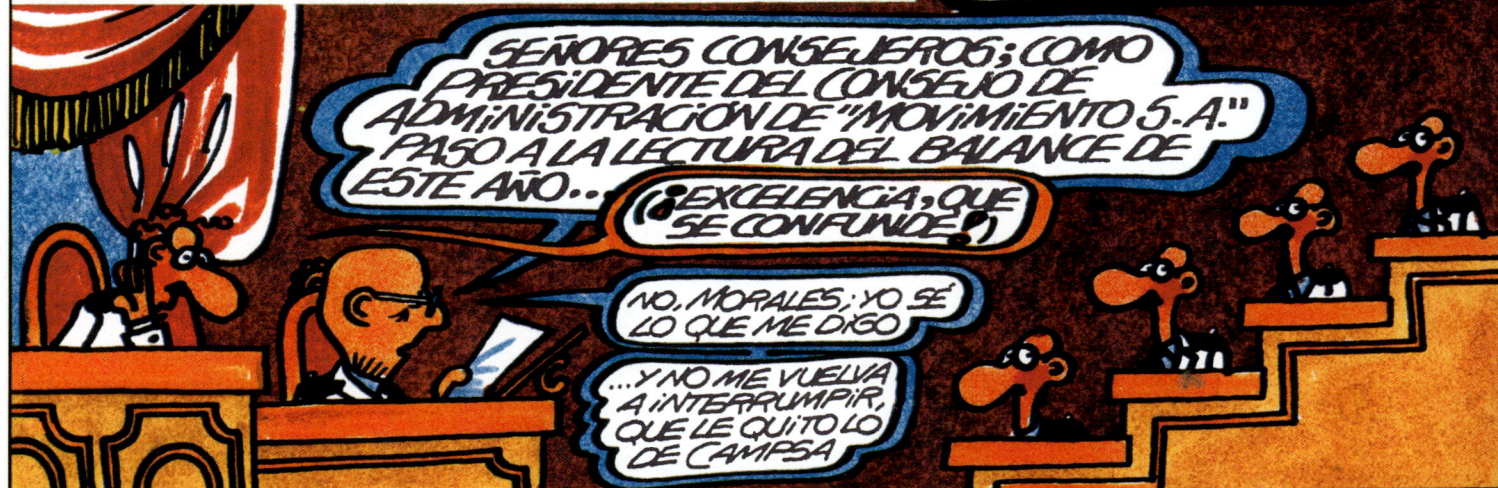

SEÑORES CONSEJEROS; COMO PRESIDENTE DEL CONSEJO DE ADMINISTRACIÓN DE "MOVIMIENTO S.A." PASO A LA LECTURA DEL BALANCE DE ESTE AÑO...

¿EXCELENCIA, QUE SE CONFUNDE?

NO, MORALES; YO SÉ LO QUE ME DIGO

...Y NO ME VUELVA A INTERRUMPIR, QUE LE QUITO LO DE CAMPSA

Su vida privada hace del General la comidilla de todas las tertulias y mentideros: no sólo no se cuida de su diabetes, sino que se «descuida» asazmente en los respectivos frentes gul eríticos and macizales. El sonado incidente con la prieta mollar, conocida como «La Caoba», es muy popular en la época.

"LA CAOBA", MUY FAMOSA EN MADRID EN LOS "FELICES" AÑOS 20, PARECE SER QUE HIZO VALER SU TEÓRICO ASCENDIENTE SOBRE EL DICTADOR, PARA LOGRAR DETERMINADOS FAVORES DE LA ADMINISTRACIÓN DEL ESTADO.

(DON MIGUEL, QUE DICE QUE USTED LE HA OFRECIDO UN PISO... QUE SI PUEDO YO OFRECERLE UNA CAZUELA Y A LO MEJOR CAE UN MUERDO... NI LOCO NI NADA; ESTÁ PARA MOJAR CAVIAR)

LLEGAN LOS RUMORES DEL HECHO A LA PRENSA, Y TODOS LOS PERIODISTAS ILUSIONADOS, SE LANZAN A LOS RUDOS ARTÍCULOS EUFEMÍSTICOS, CON TÍTULOS TALES COMO:
"LA CAOBA, UN LUJO EN SU VIDA"
"LA CAOBA, DESDE REMOTAS REGIONES A DESPACHOS IMPORTANTES"
"LA CAOBA: MADERA DE ROMPE Y RASGA"
Y CON CONTENIDOS METAFÓRICO-ALUSIVOS A LAS SUPUESTAS RELACIONES...

AL BUENO DE PRIMO NO SE LE OCURRE, NI MÁS NI MENOS, QUE ORDENAR LA PUBLICACIÓN OBLIGATORIA DE UNA NOTA DE INSERCIÓN PRETENDIENDO "DESFACER EL ENTUERTO"! IMAGÍNEN USTEDES LA QUE SE ARMÓ ENTONCES...

La Reina inaugura el III Congreso Internacional de Asociaciones Protectoras de Animales. Será el tema central del 1er Salón de Humoristas del madrileño Círculo de Bellas Artes...

LOS GRANDES HUMORISTAS GRÁFICOS DE LA ÉPOCA ERAN SILENO, XAUDARÓ, CASTANYS, BAGARÍA, MIHURA, TONO, CASTELAO, TISNER...

BAGARÍA DIBUJABA EL CHISTE DIARIO QUE PUBLICABA, EN LA SERVILLETA DE PAPEL DE UN CAFÉ SITO EN LA MADRILEÑA PLAZA DE SANTA ANA, ANTE LA IMPACIENTE ESPERA DE UN CICLISTA DEL PERIÓDICO QUE, AL RECIBIRLO, ENTREGABA AL GENIAL Y BOHEMIO DIBUJANTE 8 PTS., IMPORTE DE LA COLABORACIÓN. LUEGO SALÍA RASPANDO EN LA BICI HACIA LA ANHELANTE ROTATIVA.

DESE PRISA DON JOSÉ; QUE LLEVA USTED MÁS DE 10 SEGUNDOS PENSANDO

HAGA UNO DE NAÚFRAGOS AUNQUE SEA...

Gran follón nacional: Tras una imparable carrera pugilística internacional la mafia boxística-yanki escamotea al guipuzcoano Uzcúdum el título mundial de los grandes pesos, tras una bien montada campaña de desprestigio...

¡EXTRA, EXTRA!! ¡EL CAMPEÓN ESPAÑOL DE LOS PESOS PESADOS ROMPE UN COCHECITO DE JUGUETE A UN TIERNO NIÑO!

THE BOX UZCUDUM IS MARUSE

THE WORLD UZCUDUM IS ANIMAL!

EL «PLUS ULTRA» DESPEGA DESDE TENERIFE HACIA CABO VERDE

Es la primera travesía aérea trasatlántica en hidroavión de la Historia y llevada a cabo por los aviadores, comandante Ramón Franco, capitán Juli Ruiz de Alda, teniente de navío Durán y mecánico Rada. El 22 de enero de 1926, tras una misa en el colombiano santuario de la Rábida, partieron de puerto de Palos de Moguer, en plan totalmente «remember» del descubrimiento de América, acaecido 434 años antes. Su primera escala fue en tinerfeño puerto de La Luz; de allí a Cabo Verde, donde se quedó Durán por problemas de peso-combustible. De este portugués archipiélago, en 12 hora de vuelo, se me plantan en la solitaria isla atlántica de Fernando Noronha, teniendo que amerizar 20 kms. antes, cubriendo dicha distancia en plan yat por falta de gasolina. Repostado combustible, tras 6 horas de angustiosa tempestad, amerizan en Pernambuco, con una hélice rota y el motor asaz fan A Río de Janeiro, Montevideo y por fin Buenos Aires, fue pan comido: El recibimiento en la capital del Plata fue apoteósico; más de un millón d personas acudieron a recibirles en el estuario platense. Regalaron el «Plus Ultra» al gobierno argentino, siguiendo las instrucciones de Primo de River (Argentina lo devolvió en 1929, con motivo de la exposición de Barcelona). Los heroicos tripulantes volvieron a España en barco, siendo homenajeado en todas partes; fueron condecorados con los galardones del «Plus Ultra» y «Medalla Aérea», creados a tal efecto. Este vuelo contribuyó a robustecimiento político de la dictadura de Primo de Rivera, sobre todo en el área hispanoamericana. En plan aviación, batió el récord mundial d velocidad, distancia y carga para hidroaviones. Los tripulantes del «Plus Ultra» fueron, quizá, del mundo moderno, los españoles con más popularida internacional, hasta el punto de que el incipiente Hollywood les ofreció la interpretación de una película de la hazaña que, debido a su condición d militares no aceptaron. En otro orden de cosas es curioso constatar la ideología política de los cuatro aviadores, R. Franco se aproximaba a lo anarquistas, Ruiz de Alda fue uno de los fundadores de la Falange, Durán era de convicciones monárquicas...

El avión tal como se conserva en el madrileño Museo de Aire en la actualidad. Al fondo, en un panel, las fotografías de los tripulantes.

Por primera vez en muchos años se cierra con superavit el ejercicio presupuestario de 1927: Primo, que ve muy deteriorada su inicial «no oposición» popular, se tira un «demapliego» stupendo; suelta todo el excedente pastizárico para que los menesterosos desempeñen sus bienes empeñados, a razón de 25 pesetas lote-persona... gran publicidad para Primo... y vuelta a empeñar el material: ¡5 «pavos» de regalo, oyes!

EMPEÑOS GÓMEZ

BAR GÓMEZ

A FER, FONME FINCO LITROS DE FAZALLA, A LA SALUD DEL FRIMO DE FRIMO

Un suceso sonado en 1928: un toro que era trasladado a toriles se escapa el 3 de enero por la Gran Vía. Casualmente pasaba por allí el afamado diestro «Fortuna». Mientras le traen un estoque del hotel, el diestro con un sombrero entretiene y torea al animal, luego lo cuadra y estoquea impecablemente. Recibe la Cruz de Beneficencia.

LOS PERIÓDICOS DE NUEVA YORK DICEN QUE NO HUBO UNA DESGRACIA "GRACIAS A LAS CLASES DE TOREO QUE TODOS LOS ESPAÑOLES RECIBEN EN LA ESCUELA," Y UN DIARIO PARISIÉN, "LA AURORE," INFORMABA QUE EL FIERO TORO HABÍA SIDO APIOLADO "POR LA CUADRILLA DE TOREROS DE GUARDIA DEL AYUNTAMIENTO." ¿INCREÍBLE? PUES ES CIERTO

TU NO TE MUEVAS DE AQUÍ, QUE YO VOY A POR CHAMP... DIGO A POR TABACO

Prosiguen las desgracias nacionales: el 23 de septiembre arde en Madrid el Teatro Novedades mientras se representa un sainete. Hay más de 100 muertos. Nadie puede dar razón de un acomodador que, apellidado Carrasco, desaparece después de salvar a más de 30 personas. Monseñor Escrivá funda el Opus Dei.

Y SI ME HAGO DEL OPUS ¿PODRÉ CHUPAR LA PIEDRA?

EVIDENTEMENTE, HIJO MÍO

JOPE, QUÉ MONTAJE

Se aumenta en un año las carreras técnicas: es la ley de Reforma Universitaria, que ebullescenta totalmente a los estudiantes, ya muy quemados con el Dictaplastador. Recordado cuento oriental de nuestras abuelitas: la visita del Marahá de Kapurtala...

Es inaugurado el edificio de la Telefónica. Su arquitecto, Ignacio Cárdenas ha construido 682 ventanas, han sido contratados 1.000 obreros y ha costado 32 millones de pesetas. Con noventa metros de altura, es uno de los edificios más altos de Europa y España está orgullosa de la obra arquitectónica de Cárdenas, joven arquitecto español con aspecto inglés.

SE CORRIÓ EL RUMOR DE QUE EL RIQUÍSIMO MARAHÁ BUSCABA ESPOSA ESPAÑOLA... IMAGÍNENSE LA QUE SE ARMÓ...

ANDA, HIJA MÍA; RECÍTALE A ESTE SEÑOR LAS RIMAS DE BÉCQUER AL REVÉS...

VERÁ USTÉ QUE NIÑA TENGO, TÍO MORO

¿Y EN ESTOS 8 PISOS QUÉ PONEMOS?

LA SECCIÓN DE ENFOLLONAMIENTO DE LOS RECIBOS

VALE ¿Y LA DE LLAMADAS DE CLAVO?

LAS 14 PLANTAS INFERIORES

ES CIERTAMENTE PRODIGIOSO; ESTÁ PREVISTO TODO

CON DECIRTE QUE TENEMOS HASTA UNA SEÑORITA EN INFORMACIÓN QUE NO HAY QUE DELETREARLE "SEVILLA"...

A pesar de la creación de la CAMPSA y del indudable crecimiento económico inflaccionista-posterior, los inicios del «Crack» mundial de 1929, empiezan a notarse en el país. La Dictadura que ve una retracción (que diría Tamames) en las inversiones extranjeras prepara dos grandes exposiciones universales en Sevilla y Barcelona. Lilí Alvarez, gentil tenista española, gana en Wimblendon el primer campeonato femenino para España. Se escaquea a Acapulco, con más de 60 millones de pesetas afanadas en su cargo de la Delegación de Hacienda madrileña, el funcionario señor Gazapo (!).

Otra revuelta: el exilado político del viejo régimen, José Sánchez Guerra, monta una asonada en Valencia, sin efectos inmediatos, pero cuando juzgado sumariamente es absuelto, a Primo me le da tal frenesí-irasceibol que ordena a todos los miembros de su refundado Somatén «... llevar un registro de personas inclinadas a la difamación».

HOTEL CUATE HILTON

SEÑOR GAZAPO; LE HAN LLAMADO DE MADRID

¿QUÉ?

POS... DE TODO

PUES SÍ, QUERIDAS; ES UN CALZONAZOS TOTAL: CON DECIROS QUE HOY LE HE OBLIGADO A HACER TRES VECES LOS BAÑOS Y NO HA RECHISTADO...

PUES EL MÍO ES MUCHO MÁS CAPULLO: HE CONSEGUIDO APUNTARLE A UN CURSO DE CORTE Y CONFECCIÓN Y SE HACE SUS PROPIOS CALZONCILLOS

Es el final: Primo tiene al Rey asaz mosqueado; a pesar de que ha intentado matrimonio con la «... bella señorita del gran mundo a que por derecho pertenece, Niní Castellanos», siguiendo las reales instrucciones para acabar con las habladurías fáldicas, no hace caso a Alfonso que le exige el levantamiento de las sanciones a los artilleros: es el enfrentamiento entre ambos...

...Y ENTONCES, PRIMO HACE UNA DE SUS "HÁBILES" JUGADAS: ENVÍA UN TELEGRAMA URGENTE A LOS CAPITANES GENERALES; SI NO LE RATIFICAN LA CONFIANZA... "DIMITIRÉ EN EL ACTO" EXCEPTO LA DEL DE VALLADOLID, LAS RESPUESTAS DE LOS ALTOS MILITARES NO SON, EN ABSOLUTO, ADHESIVAS.

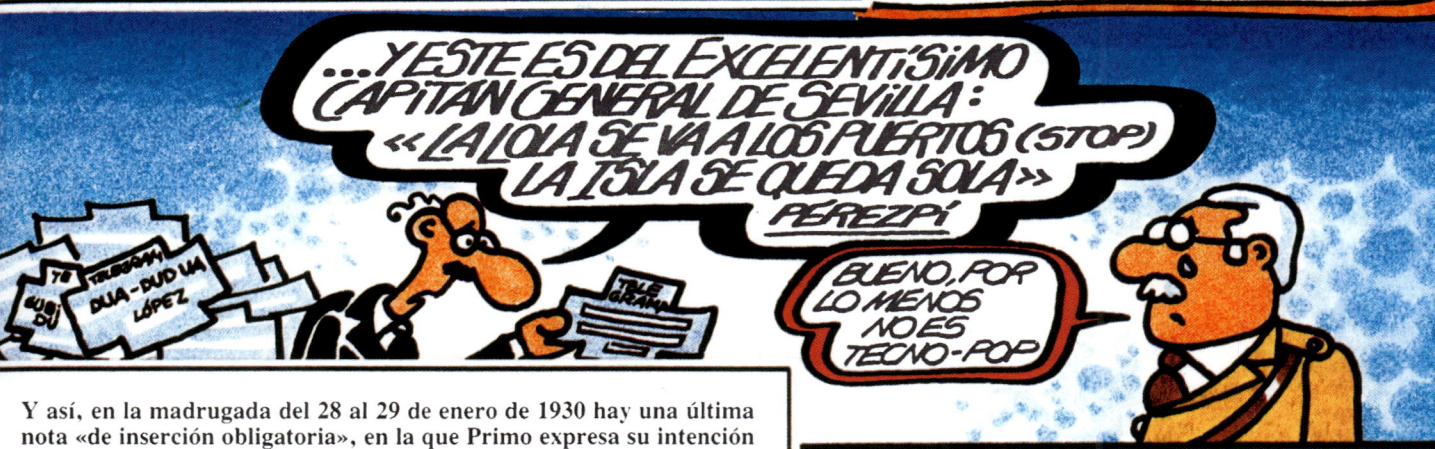

...Y ESTE ES DEL EXCELENTÍSIMO CAPITÁN GENERAL DE SEVILLA: «LA LOLA SE VA A LOS PUERTOS (STOP) LA ISLA SE QUEDA SOLA» PÉREZPÍ

BUENO, POR LO MENOS NO ES TECNO-POP

Y así, en la madrugada del 28 al 29 de enero de 1930 hay una última nota «de inserción obligatoria», en la que Primo expresa su intención de dimitir «... por motivos de salud». No fue necesaria la última maniobra del XIII de los Alfonsos para desengancharse de su, hasta entonces, apoyado Dictador: mantuvo conversaciones con el General Goded para que se sublevara en Cádiz.

PRIMO SE AUTOEXILIA A PARÍS, LLEGA EL 12 DE FEBRERO Y EL DÍA 17 DE MARZO, EN UN BANCO DE UN SOLITARIO PARQUE, SOLO, LE FALLA DEFINITIVAMENTE EL CORAZÓN. TENÍA 60 ENVEJECIDOS AÑOS.

SEÑOR: EL SINDICATO DE TRONOS Y POTESTADES HAN PUBLICADO UN PANFLETO EN SU PERIÓDICO "GLORIA NEWS" EN EL QUE DICEN QUE YO...

DESCANSA, MIGUEL; SON MUY BROMISTAS

SÍ, PERO ES QUE HAY OTRO ARTÍCULO SOBRE LA CONVENIENCIA Y UTILIDAD DE LAS ALAS DE CAOBA

Alfonso encarga a un amigo personal de Primo, el cultísimo general Berenguer formar un gobierno para volver a la normalidad constitucional (1); será inútil, el XIII ha perdido la confianza de un pueblo que si bien apoyó en un principio a Primo, pronto vio que las arbitrariedades y, el mangoneo a erradicar por el dictador no sólo no desaparecerían, sino que aumentaban con creces. Alfonso XIII había perdido el trono, como todos los reyes del mundo que en la Historia se han puesto al lado de las oligarquías.

(1) NO CONFUNDIR CON SU HERMANO FEDERICO, TAMBIÉN TTE. GENERAL. DÁMASO BERENGUER ERA, A DECIR DE SUS COETÁNEOS, "UN FILÓSOFO INTELECTUAL VESTIDO DE GENERAL."

EN NUESTRO PRÓXIMO CAPÍTULO: "LA 2ª ESO": EL SUEÑO DE UN PUEBLO QUE ACABÓ EN PESADILLA.

Curiosa fotografía del Dictador paseando en Jerez de la Frontera con su novia, la señorita Niní Castellanos.

El drama: Recién llegado a París, Primo se esconde tras el embajador español... las vueltas que da la vida, oiga usted.

Capítulo IV
"LA 2ª ESO"

"AFRICANISTAS" GRUPO DE MILITARES PARTIDARIOS DE LOS ASCENSOS POR MÉRITOS DE GUERRA.

La Dictadura no pudo solucionar gran parte de los problemas que se le plantearon y en especial no quiso acabar con la concentración de la riqueza y el super-amplio poder de la iglesia. De sus impotencias destacan: no contentar a los universitarios, el problema catalán y la crisis interna del ejército, con el enfrentamiento entre «africanistas» y «junteros».

"JUNTEROS" PROFESIONALES DE LA MILICIA QUE EXIGÍAN LOS ASCENSOS POR RIGUROSO ORDEN DE ANTIGÜEDAD

ACABADA LA GUERRA MARROQUÍ, LOS "AFRICANISTAS" BULLEN CANTIDAD: NECESITAN MÁS COMBATES PARA SUS ASCENSOS.

SE SENTÍAN POSTERGADOS POR LOS ASCENSOS FULGURANTES DE SUS COMPAÑEROS "AFRICANISTAS" Y POR LA REAL PREFERENCIA A LOS MISMOS.

1929: "AFRICANISTA" DE PAISANO TOMANDO EL TRANVÍA

CAPITÁN "JUNTERO" ECHANDO CUENTAS DE LO QUE LE FALTA PARA LLEGAR A GENERAL, EN EL SALÓN-COMEDOR DE SU CASA, SEGUNDOS ANTES DE TENER UNA PELOTERA CON SU SEÑORA.

Aprovechándose de la liberalidad de Primo de Rivera, socialistas y anarquistas se reorganizan y amplían sus zonas de influencia; las clases medias y la pequeña burguesía se arraciman en torno a los republicanos, cuya honestidad acrisolada destella ante los purulentos fulgores corruptos de los pocos monárquicos, poquísimos, que siguen fieles al XIII de los Alfonsos.

MAJESTAD: LLAMA EL CONDE SCAROINCREIBOL DESDE NIZA

¿QUÉ QUIERE?

QUE «TURURÚ TURURÚ Y TURURÚ» CON PERDÓN

STUPENDO DÍA

Tras la «dimisión» de Primo, Alfonso XIII nombra a Berenguer presidente de gobierno, con la misión de volver a la normalidad constitucional de 1876... ni flores; nadie, ningún grupo social, y menos el ejército, les apoya en su vulgarmente llamada «Dictablanda».

ESTOS DECRETOS ¿LOS TIRO A LA BASURA DIRECTAMENTE O LOS VA A PUBLICAR EN EL B.O.E.?

LA GALLINA

VALE, TOMISTA

ESTUDIANTES, CHATS NO SEÁIS ANTESOS HOMBRE
Dámaso

"DAS HEMÖRROIDEMP" KANT

Es tal el «descaro oposicional» que en agosto de 1930, en San Sebastián, se reúnen públicamente los representantes de todas las tendencias republicanas, que en número de 15, eligen un Comité Revolucionario para traer la República a España…

…Y AHORA VAMOS A DEBATIR EL PRIMER PUNTO DE LOS ACUERDOS ¿QUIÉN, PREGUNTO, PAGA LA CENA?

CREO QUE ANTES HAY QUE VOTAR UNA MOCIÓN PARA PREGUNTAR SI ADMITEN TARJETAS

¿ME PIDO LA FACTURA?

YA EMPEZAMOS CON LA FACTURA

Siguiendo con su política de «… todo es normal» y «aquí no pasa nada», Berenguer «… and your boys», siguen siendo ignorados por la gran mayoría de los españoles. Los republicanos editan un Manifiesto Revolucionario, cuyos firmantes son entrullados… la prensa de la época nos muestra, con el alarde tipográfico que merecen los que dentro de poco dirigirán el país, a los prisioneros tras las rejas…

EL COMITÉ REPUBLICANO PRESO, RETRATADO EN EL PATIO DE LA CÁRCEL, EN UN DESCUIDO DE LOS GUARDIANES (FOTO ALFONSO)

A pesar de la prisión los republicanos lo tienen todo preparado para efectuar la sublevación general que traerá la República; desde la cárcel el Comité Revolucionario fija la fecha para el 7 de diciembre de 1930; dificultades de última hora lo aplazan para el día 9, luego para el 11, más tarde para el día 15…

SE SUCEDEN MENSAJES EN CLAVE, ÓRDENES Y CONTRAÓRDENES; LOS CONSPIRADORES ESPERAN EL TELEGRAMA EN CLAVE QUE SERÁ EL DETONANTE REVOLUCIONARIO

EL TEXTO CONVENIDO ERA:

¿QUIÉN ES ESA LAGARTA, SO SINVERGÜENZA?

TELEGRAMA
MARUJA BIEN. STOP.
NIÑO PRECIOSO. STOP.
MANOLO

Los nervios se desatan en muchos conjurados y así en Jaca, en la madrugada del 12 al 13 del nevado mes de diciembre, los capitanes Galán, García Hernández y Sediles se sublevan al grito de: «¡Viva la República!»

PERO SE QUEDAN SOLOS: FUERZAS ENVIADAS EN MUY SUPERIOR NÚMERO CONTRA ELLOS, DESBARATAN LA COLUMNA DE LOS 200 ESCASOS SUBLEVADOS QUE SE DIRIGE A ZARAGOZA.

SEDILES TIENE TIEMPO DE PASAR A FRANCIA, PERO GALÁN Y Gª HERNÁNDEZ SON CAPTURADOS, JUZGADOS SUMARÍSIMAMENTE Y FUSILADOS AL AMANECER...

ALFONSO XIII COMETE SU ÚLTIMA EQUIVOCACIÓN: SI LOS HUBIERA INDULTADO, LOS REPUBLICANOS NO HUBIERAN TENIDO DOS MÁRTIRES, Y LO QUE ES MÁS IMPORTANTE: HUBIERA SALVADO MUCHAS MÁS VIDAS AÑOS DESPUÉS.

PORQUE LA MUERTE DE GALÁN Y Gª HERNÁNDEZ FUE LA DEMOSTRACIÓN INICIAL DE QUE EN EL PRÓXIMO ENFRENTAMIENTO DE LAS DOS ESPAÑAS, LA HASTA ENTONCES UTILIZADA DIALÉCTICA IBA A DEJAR PASO A LA VIOLENCIA Y A LA SANGRE.

Berenguer, aprisionado por las circunstancias, se dedica a decretar decretos de «indudable» utilidad, para encauzar la enorme marejada sociopolítica del país... para contentar a los inquietos estudiantes restaura una ley de 1859, por la que entre otras cosas fútil-baladís, autoriza a que los Rectores universitarios utilicen el adjetivo de «Magníficos»...

SANDRA CACHAGOLDEN
INGENIERA TÉCNICA MASAJISTA

LO DE "RECTOR" ES MENTIRA, PERO LO DE "MAGNÍFICO" YA ES DE CACHONDEO

QUE TIENES MENOS FUELLE QUE UN CHAMPIÑÓN ASMATIZADO, MI ROMEO

En este plan, Alfonso XIII se ve muy perdido; cesa al despistado Berenguer y pide a Sánchez-Guerra (padre, el hijo era republicano), monárquico-liberal, la formación de un gobierno que tenga el beneplácito de los prisioneros republicanos... inútil; el monárquico los visita en la prisión, pero nasti, no hay componendas: «O la República o el caos»...

¡NO NOS DA LA GANA!
¿SERÁ POSIBLE DESCARO MONARQUÍA?
¡SI ES QUE VAN COMO LOCOS!
PERO HOMBRE ¿CÓMO SE LE OCURRE TRAERLES CACAHUETES?
YO... NO SUPUSE...
TCH, TCH; QUÉ CENSO DE PADRES DE LA PATRIA

Ante tamaño «corte» y «quede», el XIII va y le encarga al Almirante Aznar la formación de un gobierno con el fin exclusivo de que convoque elecciones de dos clases: 1.º Municipales y 2.º de Diputados. Astutamente Alfonso intenta que con el indudable triunfo (caciquil) rural que espera en las Alcaldías, las del Parlamento, más difíciles de «manejar» sin los Alcaldes a su favor, serán más favorables para su causa...

ME HA DICHO EL SR. ALCALDE QUE SI VOTAMOS MONÁRQUICO NOS REGALA UNA CHOTA-TURBO

¿METALIZÁ?

...Y CON ELEVAOREJAS ELÉCTRICO

VELAY, LO QUE INVENTAN

Mientras se celebra el juicio para los barandas republicanos entrullados; el fiscal pide 9 años de cárcel para cada uno de ellos: el ridículo monárquico es espantoso: los jueces les condenan a sólo 6 meses. Alfonso XIII impide a su íntimo amigo el general de caballería Cavalcanti, que detenga y fusile a jueces y reos...

¡CRAJ!

TU TE VAS PALLÁ Y VAS PEGANDO UNOS MANDOBLES, QUE ENSEGUIDA VOY YO

SUSÓRDENES

PEPE, QUE ME PIERDES

MAJESTAD, EL BARGUEÑO DEL XVI HA PRECLUIDO

JESÚS, QUE REINADO

COTILLEO: CAVALCANTI ESTABA CASADO CON UNA HIJA DE D.ª EMILIA PARDO BAZÁN.

Fuera de los partidos políticos, un grupo de intelectuales funda una asociación, que titularán «Al servicio de la República». Al fijar para el próximo 12 de abril, domingo, las elecciones municipales, el débil gobierno aznarino ha dado el pistoletazo para la gran carrera hacia el dominio del Estado con, en realidad, dos únicos contendientes: las dos, secularmente, enfrentadas Españas...

LES VAMOS A CONTAR UNA ANÉCDOTA ELECTORAL DE LA ÉPOCA

UN IMPORTANTE Y YA MENCIONADO POLÍTICO-CACIQUE QUE "MANEJABA" GUADALAJARA COMO NADIE, PRESENTÓ, COMO SIEMPRE, UNA LISTA DE SUS PARTIDARIOS, PARA CUBRIR TODAS LAS ALCALDÍAS DE LA ALCARREÑA PROVINCIA

SU HERMANO Y CORRELIGIONARIO EMPEZÓ A "MOTIVAR" VOTOS PARA LAS ALUDIDAS CANDIDATURAS...

TOMA, TRES DUROS, Y YA SABES QUE NOS TIENES QUE VOTAR

DESCUIDE, SEÑORITO

EL FAMOSO Y TACAÑO CACIQUE APARECÍA HORAS DESPUÉS Y PREGUNTABA:

¿CUÁNTO OS HA DADO MI HERMANO?

TRES DUROS, SEÑOR CONDE

QUE POCO; DÁMELOS Y TOMA CINCO

69

Sin ninguna clase de civismo, ambas Españas se enfrentan en una movida campaña electoral. Sin voto femenino, sólo los varones con 23 castañas cumplidas, tendrán derecho a voto... pero las mujeres serán en la corta y fulgurante campaña, las más decididas propagandistas de ambos lados: Republicanas o Monárquicas, su entrega será total a sus respective-enfrentadas causas...

MUY CRECIDAS Y MEJOR ORGANIZADAS, LAS MONÁRQUICAS, TOCADAS CON BOINAS Y PRENDAS VERDES (VIVA EL REY DE ESPAÑA), SE ECHAN A LA CALLE CON INUSITADO DENUEDO...

(DON ONOFRE, AQUÍ HAY PLAN)

SÍ

Y la prensa: se me fijen en el monárquico «ABC» del momento y el anuncio-proclama que publicaba:

¡CATÓLICOS! EL PROGRAMA MÍNIMO DE LA COALICIÓN REVOLUCIONARIA ES LA LIBERTAD DE CULTOS, LA PERSECUCIÓN DEL CATOLICISMO Y DEL CLERO.

¡RENTISTAS! EL ÚNICO ESTADO EN BANCARROTA DE ESPAÑA OCURRIÓ BAJO LA REPÚBLICA...

ESTE ANSON SE ESTÁ PASANDO...

HOMBRE, TIENE QUE VENDER PERIÓDICOS COMO SEA

Mientras, el prestigioso diario republicano de Bilbao «El Liberal», cambia totalmente el tercio y, con algo menos de material ortográfico-exclamativo, va y dice:

Fundado por el líder socialista moderado Indalecio Prieto, con dinero de su amigo el financiero Echevarrieta, "El Liberal" de Bilbao fue un prestigioso diario hasta su desaparición en 1936 a causa de la guerra.

«ESPAÑOLES: LA REPÚBLICA VELARÁ POR LOS INTERESES SAGRADOS DE LA PRODUCCIÓN Y DEL COMERCIO...»

¿SEGURO QUE PONE ESO?

PALABRA; ASÓMESE Y VERÁ

Anécdota curiosa: Se autorizan las hasta entonces prohibidas encuestas pre-electorales; una de las más afamadas adelanta los siguientes resultados...

> CONCEJALES MONÁRQUICOS 14.018
> CONCEJALES REPUBLICANOS 1.832
> PARA MADRID 144 Y 10 RESPECTIVAMENTE

AGENCIA DE CONSULTING ELECTORAL "LA PARRA INQUISITIVA"

— HOLA, GEFE: AQUÍ TRAIGO LAS MUESTRAS-CONSULTAS QUE HE HECHO HOY.
— ¿ÁREA DE LA MUESTRA? HICKS
— PENEDÉS Y PRIORATO
— VALE; ÉCHALAS A PORRÓN PARA TABULARLAS

A LA VISTA DE LOS RESULTADOS REALES, SUPONEMOS QUE LA AGENCIA DE ENCUESTAS QUEBRÓ UN PELÍN.

Y llega el gran día que cambiaría la historia de España. Con una abstención de sólo 33 %, los electores se vuelcan en las urnas. Los partidarios de la República cantan el «Himno de Riego» a la puerta de los colegios electorales, los monárquicos acuden a misa antes de ir a votar, en las iglesias, desde el púlpito, muchos sacerdotes se encrespan...

¡TAL QUE ASÍ LES DABA YO A ESA CATERVA DE LIBREPENSADORES!

¡PLASFT!

(¡ÁNIMO, VICENTE, QUE SÓLO LE QUEDA UN ZAPATO!)

La debacle alfonsina es tremenda: a pesar de haber vencido por un estrecho margen en cuanto a número de concejales en toda España (2.024 concejales de diferencia), *sólo en 9 de las 50 capitales de provincia logran los monárquicos vencer...*

Y AHORA UNA PREGUNTA: SI LOS MONÁRQUICOS HABÍAN VENCIDO ¿POR QUÉ VINO LA REPÚBLICA? ¿EH?

LA VICTORIA MONÁRQUICA FUE EN: ÁVILA, BURGOS, CÁDIZ, GERONA, LUGO, PALMA DE MALLORCA, PAMPLONA, SORIA Y VITORIA.

LA ESTADÍSTICA EN LAS CAPITALES DE PROVINCIA DIO UN TOTAL DE
953 CONCEJALES REPUBLICANOS
605 MONÁRQUICOS
LOS MANEJOS CACIQUILES EN PUEBLOS Y ALDEAS, NO FUERON POSIBLES EN LAS CAPITALES. ALFONSO HABÍA PERDIDO.

POR UNA RAZÓN ELEMENTAL: CON TAN POCOS VOTOS DE DIFERENCIA Y LA CORONA SIN FUERZA MORAL, SABIENDO QUE UNA SOMERA INVESTIGACIÓN SOBRE EL CACIQUISMO DESPLEGADO HARÍA SU "VICTORIA" AÚN MÁS DUDOSA SI CABE, LOS MONÁRQUICOS "TIRAN LA TOALLA."

SU POSTURA POLÍTICA ERA INDEFENDIBLE; LAS URNAS SE LO CONFIRMARON.

...Y ASÍ, ALFONSO XIII PAGÓ EL GIGANTESCO CÚMULO DE ERRORES DE SU REINADO

La noche del Domingo al Lunes comienzan a extenderse las noticias sobre los resultados; casi nadie duerme en tensa vigilancia, a primera hora de la mañana el viejo y fiel Romanones, que en su feudo caciquil de Guadalajara ha sido «vapuleado urnísticamente», llega a palacio a largarle al Rey las últimas noticias…

COPLILLA DE LA ÉPOCA: "CAMPEÓN DE LOS TACAÑOS: EL CONDE DE ROMANONES SE HA HECHO UN ABRIGO DE PAÑO CON PELOS DE LOS C........."

¡ESPANTOSO, DESASTROSO, HORRIBLE!

¿TAN MAL HEMOS QUEDADO?

¡TOMA, A VER QUIÉN ME DEVUELVE A MÍ LOS 30.000 DUROS COMPRAVOTOS!

POR UNA LAMENTABLE MALA SUERTE, EL AYUDA DE CÁMARA DE S. M. SE EQUIVOCÓ DE IMAGEN Y PUSO EN REALIDAD LA DE SANTA CUCUFATA, MUCHO MENOS MILAGROSA QUE SANTA RITA A EFECTOS ELECTORALES.

Al mediodía del 13 ya hay grupos de entusiastas por las calles y plazas de las principales ciudades dando «¡Vivas!» a la República. Mientras, en el Palacio Real hay Consejo de Ministros. Juan de la Cierva, Ministro del Ejército, secundado por Cavalcanti, quiere sacar las tropas a la calle; Romanones encabeza el grupo de los que propugnan que todo se ha perdido…

ANTE TAMAÑO FOLLÓN, DECIDEN PREGUNTAR AL GRAL. SANJURJO, A LA SAZÓN DIRECTOR GENERAL DE LA GUARDIA CIVIL, SOBRE LA POSTURA QUE ADOPTARÁ EL BENEMÉRITO CUERPO.

¡NO SE HA IDO, QUE LE HEMOS BARRIDO!

¡NO SE HA "MARCHAO", QUE LE HEMOS "ECHAO"!

AUTÉNTICOS GRITOS QUE SE DABAN AQUELLOS EUFÓRICOS DÍAS

LO SIENTO, MAJESTAD; PERO LA GUARDIA CIVIL NO SE OPONDRÁ A LA VOLUNTAD EXPRESADA POR EL PUEBLO

CASI NADIE SABE ESTA CURIOSIDAD: 16 DÍAS ANTES, QUIZÁ ASTUTAMENTE, ALFONSO HABÍA CONDECORADO A SANJURJO CON LA GRAN CRUZ DE CARLOS III, MÁXIMA CONDECORACIÓN CIVIL ESPAÑOLA. NO LE SIRVIÓ, OIGA.

Ante el sanjurjeño corte, Alfonso intenta un último «borboneo treceño»: Hace llegar al prisionero (aún) gobierno provisional republicano, la sugerencia de formar un gobierno transitorio que prepare en 30 días unas elecciones constituyentes; en ellas se decidirá la forma de gobierno…

PERO NADA, ROMANONES LE CONVENCE DE QUE ES INÚTIL; EL MINISTRO GABRIEL MAURA HA REDACTADO UN BORRADOR DE LA CARTA DE DESPEDIDA DEL REY, AL QUE ALFONSO SÓLO TACHA LA FRASE "...ENCARGO A UN GOBIERNO QUE LA CONSULTE (A LA NACIÓN) CONVOCANDO CORTES CONSTITUYENTES".

«LAS ELECCIONES GENERALES CELEBRADAS EL DOMINGO ME REVELAN CLARAMENTE QUE NO TENGO EL AMOR DE MI PUEBLO… ESPERO A CONOCER LA AUTÉNTICA Y ADECUADA EXPRESIÓN DE LA CONVIVENCIA COLECTIVA Y, MIENTRAS HABLA LA NACIÓN, SUSPENDO DELIBERADAMENTE EL EJERCICIO DEL PODER REAL Y ME APARTO DE ESPAÑA, RECONOCIÉNDOLA COMO LA ÚNICA SEÑORA DE SUS DESTINOS»

A la salida del Consejo de Ministros, el jefe de gobierno, Almirante Aznar, al ser preguntado por los periodistas por la situación responde, asaz molesto…

¿QUE QUIEREN USTEDES QUE LES DIGA DE UN PAIS QUE SE ACUESTA MONARQUICO Y SE LEVANTA REPUBLICANO?

EL FAMOSO FOTOGRAFO CUENCA

…Y ADEMAS, LA GRUA SE LE HA LLEVADO EL SUBMARINO

YA EMPEZAMOS

Proclamados los resultados, el Gobierno provisional de la República es puesto en libertad a las 10 de la noche del lunes 13 de Abril: Romanones se reúne con el futuro Presidente republicano, Don Niceto Alcalá-Zamora, católico conservador, en casa del Doctor Marañón (1); llegan a la conclusión de que el Rey debe marcharse cuánto antes…

OTRA COPLILLA EPOCAL: "DON GREGORIO MARAÑON, AMEN DE GRANDE GALENO, ES AFAMADO ORADOR QUE TE CURA DE LOS NERVIOS LEYENDOTE A CAMPOAMOR, PERO SE TE CAE EL PELO A LA SEGUNDA SESION"

EN OTRO ORDEN DE COSAS ¿CUANTO ME DARIAN POR ESTE MAGNIFICO RELOJ?

¡PERO SI ES DE MADERA!

(MALDICION: SE HA LEVANTADO EL "TITANLUX GOLDEN")

(1) POR SU ACCION IMPULSORA DEL NUEVO REGIMEN LLAMADO POR LA PRENSA "EL COMADRON DE LA REPUBLICA"

El Gobierno provisional da la primera orden: un grupo de voluntarios civiles protegerá el Palacio de Oriente, donde la numerosa familia real hace las maletas, para evitar posibles asalto-desmanes…

¡ESTA PROHIBIDO PASAR!

SOY EL FONTANERO, ME LLAMARON EN 1926 PORQUE UN GATO NEGRO SE HABIA ATASCADO EN EL LAVABO DE SU MAJESTAD

SOLO 5 AÑOS PARA QUE VENGA UN FONTANERO: NO CABE DUDA: SER REY ES UN CHOLLO

EL AYUNTAMIENTO DE EIBAR

A las 6 de la mañana del martes 14 de Abril, en la guipuzcoana Eibar, los concejales electos son los primeros españoles que proclaman la República: izan la bandera tricolor en el balcón del ayuntamiento eibarrés ante los aplausos de cerca de 300 vecinos que, a pesar de lo temprano de la hora, allí se han congregado...

Amanece un día radiante; la República ha llegado sin apenas derramamiento de sangre (1). Madrid iza su primera bandera republicana en Correos; en Barcelona, Lluis Companys toma posesión del Ayuntamiento, mientras el venerable coronel retirado Francés Maciá proclamaba «... la República Catalana», «... como Estado integrante de la Federación ibérica».

GRAN FOLLÓN PRODUCEN LAS PALABRAS DEL ANCIANO MILITAR EN EL SENO DEL GOBIERNO PROVISIONAL REPUBLICANO. "YA EMPEZAMOS" SUPONEMOS QUE DIRÍAN MUCHOS.

(1) UN HERIDO POR ARMA DE FUEGO EN MADRID ES EL BALANCE DE TAL DÍA

A las 6,30 de la tarde, mientras Alfonso redacta su Carta de renuncia, asesorado por sus ministros —sensatos— el Gobierno Provisional republicano, en coches descubiertos y rodeados de una ingente masa popular (1) llegan al Ministerio de la Gobernación, entonces en la madrileña Puerta del Sol; desde el balcón principal, Alcalá Zamora pidió un minuto de silencio en memoria de Galán y García Hernández, para a continuación saludar a todos los españoles en nombre de la República...

ASPECTO DE LA PUERTA DEL SOL, ANTE GOBERNACIÓN

(1) DESDE LA PLAZA DE COLÓN A LA PUERTA DEL SOL TARDARON 2 HORAS Y MEDIA.

FOTO ALFONSO

En esos justos momentos, el ex-Rey, con deportivo traje a rayas y sombrero de entretiempo, sale de Palacio, conduciendo su querido coche «Dussemberg»; le acompañan su hijo Alfonso, el Duque de Miranda, y en otro coche el almirante Rivero y dos policías de escolta.

EL REY NO HA PERDIDO SU PECULIAR SENTIDO DEL HUMOR; EN UNA PARADA "FISIOLÓGICA", DICE A SUS ACOMPAÑANTES...

«MEATE FRATES, QUE EL AUTO ES MUY DIURÉTICO»

UN GUARDA-AGUJAS, EN UN PASO A NIVEL, DETIENE A LA COMITIVA Y DICE AL REY...

YO PODRÍA HABERLE DEJADO PASAR AHORA QUE VIENE EL EXPRESO DE BARCELONA, PORQUE SOY ANARQUISTA, PERO USTED LE CAE SIMPÁTICO A MI SEÑORA, Y NO QUIERO QUE ME ARME UN CISCO.

Al día siguiente, y acompañada por el General Sanjurjo, la Reina y sus hijos (1), llegaron a Galapagar (2), para tomar el tren que les conduciría a París, donde se reunirían con el ex-monarca... Esperando la llegada del tren, sentada en una piedra, mientras fumaba un cigarrillo, la inteligente y culta reina Victoria quizá pensara en muchas cosas... por ejemplo: en que apenas media docena de aristócratas había acudido a despedirle...

ALFONSO XIII, LLEGA A CARTAGENA, DONDE EMBARCARÁ EN EL CRUCERO "PRÍNCIPE DE ASTURIAS" HACIA MARSELLA.

EL COMANDANTE DEL BARCO TIENE LA GENTILEZA DE EFECTUAR LAS 25 HORAS DE TRAVESÍA CON LA BANDERA BICOLOR. CUANDO ALFONSO DESEMBARCA ES IZADA EN LA NAVE LA TRICOLOR REPUBLICANA. EL XIII PIDE LE DEJEN QUEDARSE CON LA ROJIGUALDA... NO SE LO PERMITEN. ES UNA ANÉCDOTA QUE NO NECESITA COMENTARIOS, PERO QUE RESUME EL SENTIMIENTO DE TODOS LOS ESPAÑOLES DE 1931 HACIA EL INCONSISTENTE ALFONSO.

(1) EL ENTONCES INFANTE DON JUAN, EMBARCÓ EN UN TORPEDERO EN LA CARRACA (CÁDIZ) CON DESTINO A GIBRALTAR.

(2) PARA EVITAR EL TOMAR EL TREN EN LA ESTACIÓN DE PRÍNCIPE PÍO DE MADRID, DONDE SE PRESUMÍAN INCIDENTES.

Dentro de la alegría resplandeciente de todo un pueblo, hay una noticia que hubiera entristecido a muchos españoles independientemente de su mentalidad política, pasa desapercibida para todos: La anciana Infanta Isabel, la por todos querida «Chata», restablecida del achaque que le había impedido acompañar a su familia al exilio, solicita el 19 de Abril permiso para viajar a París con los suyos... se le concede, llega a la capital francesa tras un infernal viaje de 3 días de automóvil y fallece el día 23 del mismo mes... sus últimas palabras dicen que fueron...

ALFONSO, ALFONSO... ¿QUÉ HAS HECHO CON ESPAÑA?

Los republicanos trabajan duro: en apenas unas horas preparan dos decretos fundamentales; el de amnistía de todos los delitos políticos, sociales y de imprenta y, muy preocupados por la legalidad, el Decreto del Estatuto Jurídico del Gobierno Provisional…

…JUNTO CON LA DISPOSICIÓN DE LA NUEVA BANDERA NACIONAL: LA TRICOLOR REPUBLICANA.

Y AHORA LES CONTAMOS ALGO QUE NO SABE MUCHA GENTE: LA BANDERA TRICOLOR NO TENÍA NINGUNA TRADICIÓN REPUBLICANA, YA QUE EN LA 1ª REPÚBLICA LA ENSEÑA NACIONAL FUE LA MONÁRQUICA, PERO SIN EL ESCUDO.

LA TRICOLOR SURGE DE UNA CURIOSA FORMA: PREPARANDO EL LEVANTAMIENTO REPUBLICANO DE 1930 CONTRA LA "DICTABLANDA" DE BERENGUER, EL COMITÉ ENCARGA A SU CORRELIGIONARIO Y SASTRE SR. BORDERAS, EL DISEÑO DE UNA BANDERA PARA LA REPÚBLICA.

EN UNA BÚSQUEDA ALOCADA DE SEMIÓTICA REPUBLICANO-ANCESTRAL, BORDERAS ENCUENTRA UNA MEDALLA CONMEMORATIVA DE LA 1ª REPÚBLICA QUE USARON LOS EDILES MADRILEÑOS EN 1873: EL CORDÓN QUE LA SOSTENÍA AÑADÍA EL MORADO COLOR DE LA CAPITAL AL ROJO Y AMARILLO NACIONALES… NI CORTO NI PEREZOSO, BORDERAS TOMA LOS TRES COLORES PARA LA ENSEÑA, QUE SERÁ CON LA QUE SE LEVANTEN GALÁN Y G. HERNÁNDEZ EN JACA, DÁNDOLE LA NOTA MÍTICA Y HEROICA NECESARIA A TODA BANDERA.

El mismo día de la publicación de ambos decretos (15-4-31), la recién nacida República empieza a ser acosada. Primer toque: Angel Herrera Oria, en palabras dirigidas a los afiliados de Asociación Nacional de Propagandistas, les exhorta «… prepararse para la nueva cruzada, a fin de *recuperar lo perdido*».

ANGEL HERRERA ORIA (1886-1968) (MITAD MONJE, MITAD PERIODISTA)

ABOGADO DEL ESTADO, SANTANDERINO Y PERIODISTA FUE, EN 1910, EL PRIMER DIRECTOR DEL DIARIO CATÓLICO "EL DEBATE", DESDE EL CUAL INICIÓ LA RENOVACIÓN DEL ESTILO PERIODÍSTICO ECLESIAL, A LA SAZÓN MUY CAVERNÍCOLIZADO, DÁNDOLE UN LENGUAJE MODERNO. ORGANIZÓ LA ACCIÓN CATÓLICA EN ESPAÑA, Y PARA DIRIGIRLA ABANDONÓ EL PERIODISMO ACTIVO (1933), INICIANDO SU CARRERA ECLESIÁSTICA EN 1936. EN 1940 SE ORDENÓ SACERDOTE Y EN 1947 FUE NOMBRADO POR FRANCO OBISPO DE MÁLAGA. EN 1965 LLEGÓ A CARDENAL.

El día 17, tres ministros viajan en avión a Barcelona; intentan convencer a Françesc Maçiá para que atenúe sus palabras del día 14, sobre «… el Estado Catalán», y que se atenga a los compromisos suscritos por los catalanes en el Pacto de San Sebastián… no se queda el anciano coronel muy convencido y así el día 25 es recibido entusiásticamente por los barceloneses el Presidente Alcalá Zamora, que promete a Maçiá garantías para la convocatoria de un plebiscito para votar el Estatuto con carácter urgente. Llega al acuerdo y el día 28 se constituye el primer Gobierno de la Generalidad…

ALCALÁ ZAMORA VISITA AL GOBIERNO DE LA GENERALITAT

La enorme fuga de capitales de los olipastas hace que el Gobierno adopte enérgicas medidas: ningún viajero podría salir de España con más de 5.000 pesetas, se prohibía a los bancos la compra de divisas extranjeras y la transferencia de fondos al extranjero... pero, de las más insospechadas formas, la fuga de capitales se mantuvo desaforadamente...

ATACHOWW

SE DETUVO EN LA FRONTERA FRANCESA AL CAPELLÁN DE UNA RANCIO-ABOLENGOSA FAMILIA ARISTOCRÁTICA DE GRANDES DE ESPAÑA, QUE ESCONDÍA ENTRE SUS ROPAJES ECLESIÁSTICOS 500.000 LIBRAS INGLESAS Y 36 CUCHARILLAS DE CAFÉ DE FINA PLATA.

¡CHING!

VEAMOS: SONIDO "CHING", STUPENDO: PLATA DE LEY AL 98%, FABRICADA POR "GRIFÉ Y ESCODA", MODELO "TRENCILLA"

AQUÍ HAY TAJO

Azaña, uno de los españoles más controvertidos de nuestra historia y del que ya hablaremos extensamente en su momento, publicó el 25 de Abril sus famosos decretos para regularizar el ejército, desde su puesto de Ministro de la Guerra, que con 168 generales y 25.235 oficiales y suboficiales, para sólo 165.980 soldados, era una carga grandísima para el ajustado presupuesto estatal.

LA POSIBILIDAD DE RETIRARSE A LA VIDA CIVIL, CON EL SUELDO COMPLETO, HIZO QUE LOS ESCALAFONES MILITARES SE REDUJERAN EN EL SIGUIENTE TENOR:

EN 1931, SÓLO 300 AMETRALLADORAS DE LA DOTACIÓN DEL EJÉRCITO HABÍAN SIDO FABRICADAS POSTERIORMENTE A LAS GUERRAS DE MARRUECOS, NO HABÍA TANQUES Y CASI TODOS LOS FUSILES ERAN DEL AÑO 1893. LA ARTILLERÍA ERA OBSOLETAMENTE INADECUADA.

	1930	1933	1935
GENERALES:	168	86	83
OFICIALES:	14.965	9.282	8.606
SUBOFICIALES:	10.270	9.722	10.230 (*)
TOTALES:	25.403	19.090	18.919
SOLDADOS:	165.980	138.062	120.475

VIRGEN SANTA: AÚN HAY UN REGIMIENTO DE ARROJADORES DE ACEITE, DE GUARNICIÓN EN EL CASTILLO DE LA MOTA

ESTAS MEDIDAS DE AZAÑA PERMITIERON QUE UN ENORME GRUPO DE CONSPIRADORES RECIBIERAN SU SUELDO DEL ESTADO... POR DEDICARSE A COMPLOTAR

(*) AZAÑA CREÓ UNA ESCUELA DE SUBOFICIALES Y FACILITÓ EL ASCENSO DE ESTOS OFICIALES CON EL OBJETO DE LOGRAR UN NUTRIDO GRUPO DE MILITARES ADICTOS AL NUEVO RÉGIMEN.

Otras reformas suplementarias de Azaña: redujo de 16 a 8 las divisiones del ejército; suprimió los grados de Capitán General y Teniente General, las Capitanías Generales de las Regiones (convirtiéndolas en Comandancias), cerró la Academia General Militar de Zaragoza y, al pasar el Ejército a la jurisdicción civil, anuló el Consejo Supremo de Guerra y Marina.

EL GENERAL FRANCO, DIRECTOR DE LA ACADEMIA GENERAL, EN EL DISCURSO DE CLAUSURA DE LA MISMA, EN EL QUE EXIGIÓ A LOS CADETES DISCIPLINA Y LEALTAD A LA REPÚBLICA.

FOTO EFE

En este aquel llegamos al día 1 de Mayo, tradicional fiesta obrerista. En Madrid una manifestación de 100.000 personas entregó a Alcalá Zamora un memorial con las reivindicaciones obreras. No fue todo tan «wonderfull» en Bilbao: El Gobernador Civil autorizó una manifestación a los socialistas...

...PERO NO A LOS COMUNISTAS, LOS CUALES SE ECHARON A LA CALLE, DONDE SE ENFRENTARON VIOLENTAMENTE CON LAS FUERZAS DE ORDEN PÚBLICO, RESULTANDO 25 HERIDOS EN LA REFRIEGA...

BARCELONA: TRAS UN MITIN DE LA C.N.T. EN MONTJUICH, LOS ANARQUISTAS, EN MANIFESTACIÓN, PRETENDEN LLEGAR HASTA EL PALACIO DE SAN JORGE. EN LAS RAMBLAS LES SALE AL PASO LA GUARDIA CIVIL... SI NO LLEGA A ACERCARSE EL VENERABLE MACIÁ, QUE SE INTERPONE ENTRAMBOS BANDOS, ALLÍ SE HUBIERA ARMADO LA GORDA.

TENEDME ESTO

El mismo día 1 hay otra «pata de banco» contra la República: esta vez proviene del intransigente y declaradamente partidario de sólo una de las dos Españas, Cardenal Segura: faltando totalmente a su misión evangélica de unir y reconciliar, suelta la siguiente andanada en el Boletín Eclesiástico del Arzobispado de Toledo...

PEDRO SEGURA (1880-1957)

¡EL ÚNICO CARDENAL PRIMADO "CESADO" POR EL VATICANO!

(YA HABLAREMOS DE ÉL MUCHO MÁS ADELANTE)

...LA IGLESIA Y LAS INSTITUCIONES DESAPARECIDAS CONVIVIERON JUNTAS, AUNQUE SIN CONFUNDIRSE NI ABSORVERSE, Y DE ESTA ACCIÓN COMBINADA NACIERON BENEFICIOS INMENSOS QUE LA HISTORIA IMPARCIAL TIENE ESCRITOS EN SUS PÁGINAS CON LETRAS DE ORO...

LUEGO SEGUÍA UN HOMENAJE A ALFONSO XIII, A CONTINUACIÓN UN PÁRRAFO SOBRE "LA GRAVEDAD DEL MOMENTO" Y LA RECOMENDACIÓN A SU GREY PASTORAL "A NO PERMANECER QUIETOS Y OCIOSOS" CON VISTAS A LAS PRÓXIMAS ELECCIONES A LAS CORTES CONSTITUYENTES, SINO QUE DEBÍAN LUCHAR POR CONSEGUIR QUE EN DICHAS ELECCIONES SALIERAN CANDIDATOS QUE "...DEFIENDAN LOS DERECHOS DE LA IGLESIA Y SU ORDEN SOCIAL."

(ESTO ES LO QUE SE LLAMA IMPARCIALIDAD)

Y prosigue el follón en la cosa política. Tras un viaje a Londres para entrevistarse con Alfonso XIII, el Marqués de Luca de Tena reúne, con permiso gubernativo, a un grupo de monárquicos que se autotitulan Círculo Monárquico Independiente, en su sede social de la madrileña calle de Alcalá n.º 67..

PARA QUE VOACÉS REPAREN EN LA "CALITÉ" DE LOS REUNIDOS, VAMOS A HACER UNA SOMERA MUESTRA DE 4 DE LOS MISMOS.

CONDE DE GAMAZO
PRESIDENTE DE AZUCARERA PENINSULAR, CARBUROS METÁLICOS, BANCO VITALICIO, SEGUROS COVADONGA, TRANVÍAS DE BARCELONA, ARNÚS-GARÍ, CONSTRUCTORA FERROVIARIA, CONSEJERO DE ASFALTOS PORTLAND, PRENSA ESPAÑOLA (ABC), BANCO INDUSTRIAL, FERROCARRIL DE ARAGÓN, COMPAÑÍA COLONIAL DE ÁFRICA, S.E. DE CONSTRUCCIÓN NAVAL, ETC.
(Y NO SEGUIMOS POR COSA DE ESPACIO)

ARSENIO MARTÍNEZ CAMPOS
CONSEJERO DEL BANCO ESPAÑOL DE CRÉDITO, DE LA HIPOTECARIO, DE LA UNIÓN Y EL FÉNIX, VICEPRESIDENTE DEL CONSORCIO NACIONAL ALMADRABERO.

GABRIEL MAURA
PRESIDENTE DE EDICIONES CALLEJA, CONSEJERO DEL ESPAÑOL DE CRÉDITO.

LEOPOLDO MATOS
VICEPRESIDENTE DE PIRELLI Y CONSEJERO DE LA SEVILLANA DE ELECTRICIDAD.

¿COMPRENDEN?

LA QUEMA DE CONVENTOS

El arranque de uno de los sucesos más oprobiosos acaecidos en la República tiene su origen en la aludida reunión del Círculo Monárquico Independiente; al final de la misma, muy caldeados los ánimos, ponen un disco con la Marcha Real a todo trapo, salen al balcón y dan vivas al Rey, en la calle siguen dándolos. Un taxista que pasa les recrimina, es forrado totalmente; los asistentes al dominical concierto del Retiro, toman partido por el agredido y se enganchan con los monárquicos, que al poco huyen corriendo, pero los melómanos les queman sus lujosos coches aparcados frente al piso balcono-monárquico...

La noticia del follón se corre por Madrid. Varios cientos de personas se reúnen ante el diario «ABC», dispuestas a asaltarlo: el Ministro de la Gobernación ordena a la Guardia Civil que proteja el edificio, se enzarzan y un niño de 13 años y el portero de una casa de la calle de Serrano, frente al periódico, caen muertos por los disparos de los guardias, lo cual provoca que en poco tiempo 5.000 personas, en la Puerta del Sol ante el Ministerio de la Gobernación, profieran gritos contra el Ministro y la fuerza pública...

Tras una agitada noche de carreras y cargas de la policía, la C.N.T. y el Partido Comunista, con la oposición del Socialista y la U.G.T., convocan una huelga general para el día que amanece... Hacia las 10 de la mañana la Puerta del Sol ebulle de personal huelguero... pronto llega la noticia de que está ardiendo el convento de Jesuitas de la calle de la Flor... ¿Quién inició las brutales hogueras? Aún no lo sabemos y, además, no importa quien los hizo; un hecho tan injustificable fue uno de los motores principales de la guerra civil que iba a asolar España años después. Los dos bandos en liza, las dos Españas, se reprocharon mutuamente la quema de conventos; unos diciendo que fueron las masas revolucionarias, otros que fueron los provocadores reaccionarios... el hecho es que a las pocas horas ardieron el convento de los Carmelitas de Ferraz, el de Maravillas en Cuatro Caminos, el Colegio de Areneros de los Jesuitas, el de las Salesas, el de las Adoratrices y la iglesia de Bellas Vistas. No hubo víctimas... ¿Cómo el Gobierno no lo evitó? Dividido en dos bloques, uno encabezado por Maura, partidario de la intervención de la fuerza y el otro por Azaña, contrario a ella (1) al abstenerse los socialistas la votación gubernamental es contraria a evitar los desmanes... «gran servicio» republicano a sus enemigos; al día siguiente la peseta caía en picado... y en más de un lujoso y recóndito despacho olipástico español seguro que se brindó con champán... la República, antes de un mes de su llegada, ya estaba herida de muerte...

Ese mismo día 11 era incendiado en Málaga el Palacio Episcopal y en Sevilla y Alicante los conventos de jesuitas, el 12 se quemaron dos iglesias más en Málaga, una en Sevilla, Cádiz, Córdoba, Murcia, Valencia... en total casi 100 edificios eclesiásticos ardieron (sin ninguna víctima) y fueron apedreados los diarios derechistas «La Verdad» en Murcia, «La Voz de Levante» en Alicante, «Informaciones» en Cádiz, «El Defensor» de Córdoba y «La Unión Mercantil» en Málaga, junto con muchos lugares de reunión de los latifundistas andaluces...

Anécdota: La noche del 28 de octubre de 1983, conocido el resultado electoral que daba la victoria al P.S.O.E., en un diario madrileño de nostálgica tendencia se celebró una reunión de sus directivos en la que se consideró la posibilidad de publicar en el número del día siguiente, falsas noticias sobre supuestas quemas de iglesias en todo el territorio nacional... se impuso la cordura y no se cometió tamaña desfachatez.

(1) Parece ser que Azaña dijo: «Todas las iglesias de España no valen la vida de un republicano.»

LA IGLESIA ESPAÑOLA EN 1931

Durante siglos, la Iglesia y la Corona, en sutil «alianza del trono y el altar», se había reciprocado privilegios vicevérsicos en tal magnitud, que el pueblo español apenas podía diferenciar en lo cotidiano aquellas dos instituciones. Por otra parte la vinculación de la mayoría del clero con la clase de los propietarios, no por origen, sino por la tendencia impuesta por sus dirigentes clericales, fue generando una gran hostilidad popular, muy alimentada, bien es cierto por republicanos, e incluso monárquicos avanzados, para evitar que el capitalismo fuera el depositario directo de las iras populares...

En 1931 había en España 35.412 sacerdotes, 36.572 frailes y 8.411 religiosas (ojo: 7 diócesis se negaron a colaborar con la encuesta del Ministerio de Justicia republicano, por lo que son sólo los datos de las 48 diócesis que los facilitaron). El presupuesto de Culto y Clero era de 52 millones anuales, no mucho ciertamente, pero muy asaz curiosa su distribución: Mientras un párroco rural cobraba 1.000 pts. al año (un sueldo normal de un funcionario era de unas 4.000 pts. anuales), un obispo cobraba entre 20 y 22.000, y el Cardenal Primado 40.000...

En ese año, la Iglesia poseía en España 11.924 fincas rurales y 7.826 urbanas, más los patronatos que administraba de la Corona, cuyo interés del 3 % representaba un capital anual de unos ¡650 millones de pesetas! o sea: 13 veces el presupuesto anual de Culto y Clero. Además existía la certeza moral, pero sin pruebas, de que había congregaciones que tenían testaferros en Consejos de Administración y valores en Bolsa en grandes cantidades...

El Primado de España, Cardenal Segura, no contento con su pública pastoral ya relatada, envía una circular confidencial a sus religiosos el 8 de Mayo en la que insinúa que «... toda cuenta corriente a nombre de personas eclesiásticas corre serio peligro, por lo que sería conveniente acudir al atesoramiento o utilizar establecimientos de depósitos situados fuera...». El Ministro de la Gobernación se vio obligado a expulsarle de España y el Vaticano, reconociendo el poco tacto del Cardenal Segura, le privó de la silla primada de Toledo.

Tras este follón, el Ministro de Hacienda, Indalecio Prieto, convoca a la prensa para informar que se había firmado un contrato con la empresa Nafta, de la U.R.S.S., para proveer de petróleo a la CAMPSA; las multinacionales Shell y Standard Oil montaron tal presión financiera internacional que, ante la vertiginosa caída de la peseta, don Indalecio tuvo que dar marcha atrás: «... se negociará con todas las empresas productoras de petróleo».

BUENAS, SOMOS DE LA CAMPSA; QUE SI NOS VENDE ALGO DE PETROLEO

AY RAPAZ; SI NO ES PETROLEO, ES RIBEIRO

STUPENDO; RIBEIRO EN EL SAHARA

...Y ESPÉRATE A QUE EL TURBANTE NO SEA UNA EMPANADA

El milagro de la enseñanza: como no todo iba a ser sofocos, el Ministro de Instrucción, Marcelino Domingo, publicó un decreto el 12 de junio, creando 27.000 escuelas de las cuales 7.000 deberían estar listas antes del 31 de Diciembre... y, como prueba del interés estatal, 32 días después el 14 de Julio, ya había funcionado ¡3.500 nuevas escuelas!

¡VADE RETRO, SATANAS!

LA GALLINA

ESCUELA

Mº DE INSTRUCCIÓN PUBLICA

CHIRRRiiiii

Se celebran elecciones para Cortes Constituyentes; el día 28 de Junio, 4.348.691 votantes masculinos con 23 ó más años cumplidos, representando el 70,14 % del censo electoral, dan la victoria a las izquierdas (263 escaños) destacadamente sobre el centro (110) y las derechas (44). A pesar del «revolcón», «El Debate» reconoce «... en cualquier país, póngase el más culto, no se habría pasado por momento de tal importancia con menos inquietudes en el orden material».

ESCAÑOS TOTALES: 417

263 — 110 — 44

¿PODRÍAS SACAR UN MOMENTO LA LENGUA, QUE ES QUE TENGO QUE AFILAR LA INVICTA, MI AMOR?

LA CRUZADA ES INMINENTE, VICENTA

El Gobierno Provisional resigna sus poderes ante las Cortes recién constituidas que, unánimemente, le otorga su confianza. Acto seguido se forma la Comisión Parlamentaria, presidida por el eminente jurista Jiménez de Asúa, que se encargará de redactar el proyecto de Constitución. Otra comisión se dedicará a investigar las responsabilidades derivadas del expediente Picasso y de la actuación de la Dictadura...

18 de Julio de 1931 (fecha infausta, como vemos): En Sevilla unos esquiroles asesinan a un obrero huelguista de la factoría Osborne. Al día siguiente, en su entierro, hay un violento enfrentamiento entre obreros y guardias civiles, con 3 guardias y 4 obreros muertos. Los campesinos anarquistas de la Vega del Guadalquivir, se lanzan entonces a tomar los cuarteles de la Benemérita; se proclama el estado de guerra, los aviones militares sobrevuelan la ciudad y la cosa parece que se calma... entonces al General Ruiz Trillo, jefe militar de Sevilla, se le ocurre la «brillante idea» de cañonear la «Casa de Cornelio»...

EL JURISCONSULTO DON LUIS JIMÉNEZ DE ASÚA

...POPULAR TABERNA, EN CUYO PISO SUPERIOR SE REUNÍA EL COMITÉ DE HUELGA HABITUALMENTE.

22 IMPACTOS DEL 7.5 LA DERRUMBARON

COMO ESTABA VACÍO EL LOCAL, NO HUBO VÍCTIMAS, PERO, DESDE LUEGO, LA SALVAJADA NO TIENE PALIATIVO.

Las Cortes, aprisa y corriendo, aprueban la Ley de Defensa de la República, totalmente antidemocrática, ya que con ella en la mano se podían suspender toda clase de garantías, otorgando gran barandaje poderal al Ministro de la Gobernación... Hasta en la incipiente República española calaban los «modus fachendi» europeos de la época...

Mientras los cenetistas acosan a la República durante todo el verano con huelgas generales en Zaragoza, Granada, Santander, Salamanca y la de metalúrgicos de Barcelona, los campesinos toledanos se dedican a ocupar latifundios y en El Corral de Almaguer, la Guardia Civil, mandada personalmente por Sanjurjo, causó 5 muertos y 7 heridos entre los ocupadores...

¿ME HA MANDADO LLAMAR, SEÑOR MINISTRO?

SÍ, COMISARIO ROMERALES: SE HA DESCUBIERTO, POR FIN, QUIÉN ES EL CEREBRO DE LAS INTENTONAS REVOLUCIONARIAS QUE NOS ASOLAN: LLÉVESE 60 HOMBRES Y DETENGA A ANGUSTIAS LÓPEZ (a) "LA DEMPSEY".

EJEM... ¿NO ES SU CUÑADA?

SÍ, PERO ANTE EL BIEN DEL ESTADO, NO VALEN COMPONENDAS NI TERNURAS FAMILIARES

(YA TE VEO, CLODOVEO)

SE INICIA LA APLICACIÓN DE LA "LEY DE FUGAS" EN LA ERA REPUBLICANA...

¡A MÍ, AYUDA; SE INTENTA FUGAR...!

¡PERO SI ES QUE TENGO EL CALLO EMBERRINCHINADO!

NADA, NADA; TE HE PILLADO

HABÍA DOS FÓRMULAS DE APLICACIÓN DE LA ALUDIDA "LEY": O BIEN SE DISPARABA AL DETENIDO DIRECTAMENTE, O SE LE DEJABA ADREDE QUE INICIARA LA HUIDA, PARA A CONTINUACIÓN DISPARARLE. EN AMBOS CASOS... "AL INTENTAR HUIR, LAS FUERZAS SE VIERON OBLIGADAS A HACER USO DE SUS ARMAS."

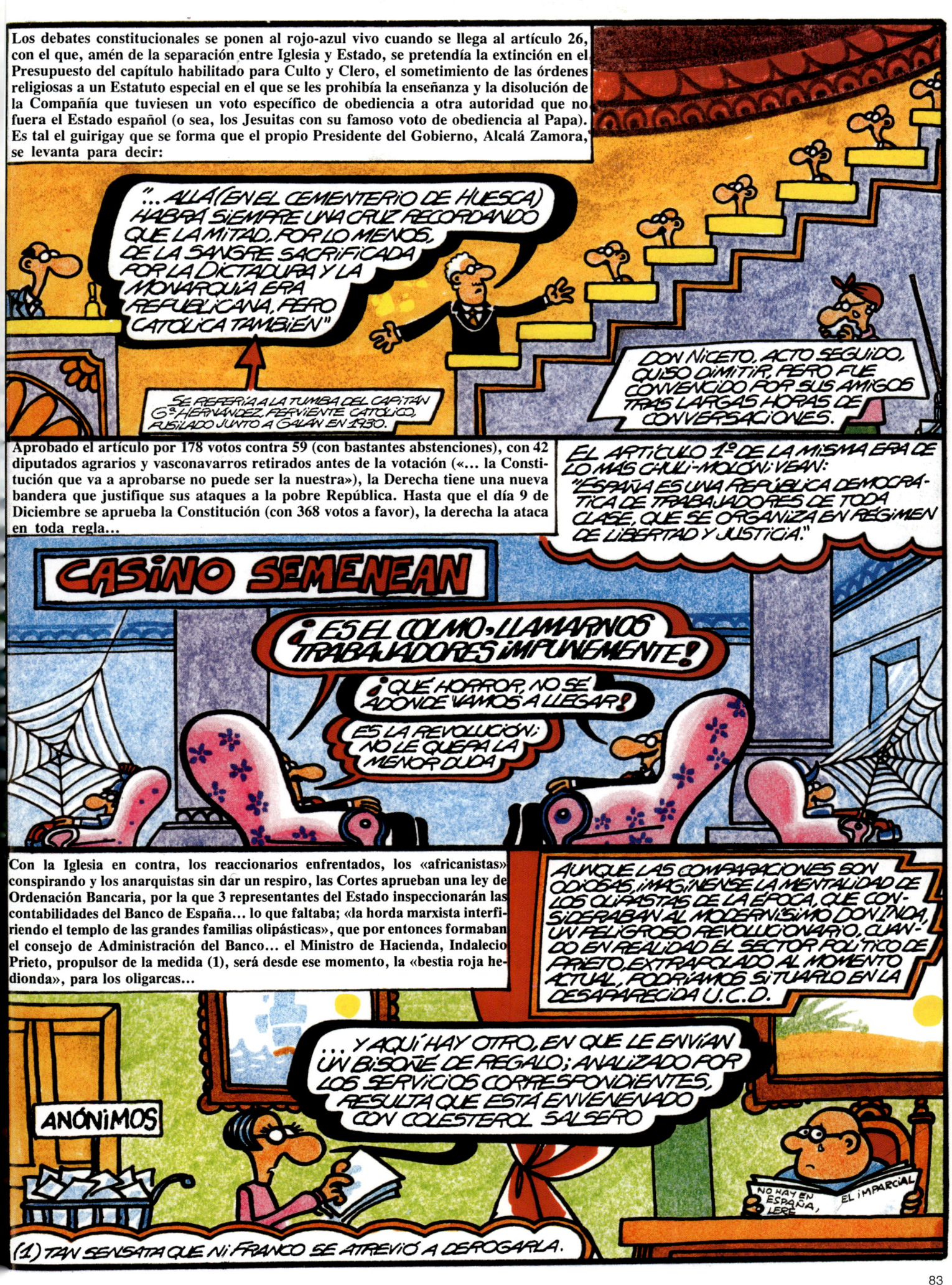

Los debates constitucionales se ponen al rojo-azul vivo cuando se llega al artículo 26, con el que, amén de la separación entre Iglesia y Estado, se pretendía la extinción en el Presupuesto del capítulo habilitado para Culto y Clero, el sometimiento de las órdenes religiosas a un Estatuto especial en el que se les prohibía la enseñanza y la disolución de la Compañía que tuviesen un voto específico de obediencia a otra autoridad que no fuera el Estado español (o sea, los Jesuitas con su famoso voto de obediencia al Papa). Es tal el guirigay que se forma que el propio Presidente del Gobierno, Alcalá Zamora, se levanta para decir:

> "...ALLÁ (EN EL CEMENTERIO DE HUESCA) HABRÁ SIEMPRE UNA CRUZ RECORDANDO QUE LA MITAD, POR LO MENOS, DE LA SANGRE SACRIFICADA POR LA DICTADURA Y LA MONARQUÍA ERA REPUBLICANA, PERO CATÓLICA TAMBIÉN"

Se refería a la tumba del Capitán Gª Hernández, ferviente católico, fusilado junto a Galán en 1930.

Don Niceto, acto seguido, quiso dimitir, pero fue convencido por sus amigos tras largas horas de conversaciones.

Aprobado el artículo por 178 votos contra 59 (con bastantes abstenciones), con 42 diputados agrarios y vasconavarros retirados antes de la votación («... la Constitución que va a aprobarse no puede ser la nuestra»), la Derecha tiene una nueva bandera que justifique sus ataques a la pobre República. Hasta que el día 9 de Diciembre se aprueba la Constitución (con 368 votos a favor), la derecha la ataca en toda regla...

El artículo 1º de la misma era de lo más chuli-molón; vean: "España es una república democrática de trabajadores de toda clase, que se organiza en régimen de libertad y justicia."

CASINO SEMENEAN

> ¡ES EL COLMO, LLAMARNOS TRABAJADORES IMPUNEMENTE!

> ¡QUÉ HORROR, NO SÉ ADÓNDE VAMOS A LLEGAR!

> ES LA REVOLUCIÓN; NO LE QUEPA LA MENOR DUDA

Con la Iglesia en contra, los reaccionarios enfrentados, los «africanistas» conspirando y los anarquistas sin dar un respiro, las Cortes aprueban una ley de Ordenación Bancaria, por la que los 3 representantes del Estado inspeccionarán las contabilidades del Banco de España... lo que faltaba; «la horda marxista interfiriendo el templo de las grandes familias olipásticas», que por entonces formaban el consejo de Administración del Banco... el Ministro de Hacienda, Indalecio Prieto, propulsor de la medida (1), será desde ese momento, la «bestia roja hedionda», para los oligarcas...

Aunque las comparaciones son odiosas, imagínense la mentalidad de los oligarcas de la época, que consideraban al modernísimo Don Inda, un peligroso revolucionario, cuando en realidad el sector político de Prieto, extrapolado al momento actual, podríamos situarlo en la desaparecida U.C.D.

ANÓNIMOS

> ...Y AQUÍ HAY OTRO, EN QUE LE ENVÍAN UN BISOÑÉ DE REGALO; ANALIZADO POR LOS SERVICIOS CORRESPONDIENTES, RESULTA QUE ESTÁ ENVENENADO CON COLESTEROL SALSERO

(1) TAN SENSATA QUE NI FRANCO SE ATREVIÓ A DEROGARLA.

Elegido Alcalá-Zamora como Presidente de la República, nombra Jefe de Gobierno a Azaña, que forma gabinete, siendo sus metas la redacción del Estatuto de Cataluña, las modificaciones del Código Civil para introducir las nuevas normas constitucionales, la aprobación de Presupuestos y... la Ley de Reforma Agraria... los terratenientes sudan... y se preparan a derribar la República al precio que sea...

HAY REUNIONES DE IMPORTANTES PROPIETARIOS AGRÍCOLAS, EN LAS QUE LLEGAN A COMPROMETERSE A NO SEMBRAR, PARA QUE LOS JORNALEROS NO PUEDAN TRABAJAR... LLEGARÁN A CONTESTARLES...

¿CÓMO? ¿QUE PASÁIS HAMBRE? ¡PUES COMED REPÚBLICA!

¿INCREÍBLE? PUES ES HISTÓRICO

El último día del año 1931, un suceso confirmó a muchos españoles lo que ya se estaba temiendo: la República aquella no era el Paraíso por el que tanto habían luchado; en Castilblanco (Badajoz), unos campesinos en huelga tienen un altercado con 4 guardias civiles, los rodean y los asesinan salvajemente. 6 días después, en Arnedo (Logroño) los guardias civiles disparan a bocajarro contra una manifestación: 4 mujeres y dos hombres mueren; son recogidos 30 heridos...

Por estos días los Guardias de Asalto, creados por la República para evitar el enfrentamiento directo de obreros y guardias civiles, son aplaudidos por todos los españoles (hasta por el monárquico «ABC», que ya es decir). Son mandados por un militar africanista con grandes dotes organizativas y de acrisolada honestidad, el Teniente Coronel Muñoz-Grande (1).

GUARDIAS DE ASALTO

ARMAMENTO: PORRA, PISTOLA, CARABINA, BOMBAS DE MANO Y AMETRALLADORAS

CABALLOS

VEHÍCULOS: CAMIONES, AUTOS Y MOTOS CON SIDECAR

CONDICIONES FÍSICAS:

1,70 MÍNIMA ALTURA.

CAPACES DE CORRER, EQUIPADOS, 100 M. LISOS EN MENOS DE 18 SEGUNDOS.

SALTAR UNA ALTURA DE 1,20 M.

ALZAR 40 KGS. DE PESO DESDE EL SUELO AL PECHO 5 VECES EN 5 MINUTOS.

CURIOSIDAD: TENÍAN OBLIGACIÓN DE AFEITARSE TODOS LOS DÍAS, CUANDO EN LA ESPAÑA DE 1931 LO NORMAL ERA HACERLO 2 VECES A LA SEMANA.

(1) "GRANDES" SERÍA EN 1940.

«Nuestro próximo capítulo:»
"La Sanjurjada". Los golpistas acosan a la República.

Capítulo V
"LA SANJURJADA"

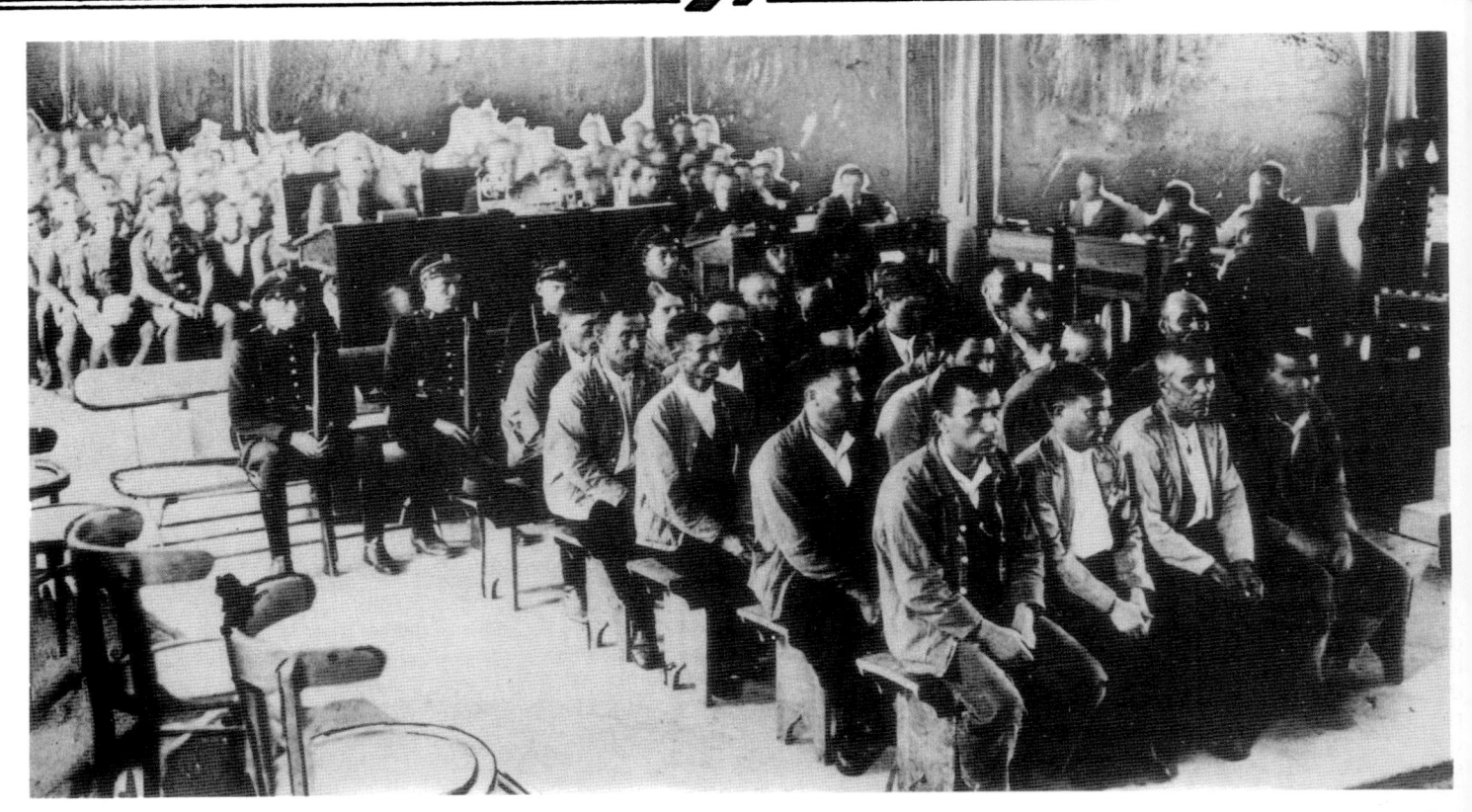

21 hombres y una mujer; los acusados en los sucesos de Castilblanco, procesados por el asesinato de cuatro guardias civiles. Los hombres fueron condenados a cadena perpetua y la mujer a 18 años.

La Guardia de Asalto se hace muy popular entre los españoles; hasta tiene una banda de bandurrias que recorre el país dando conciertos.

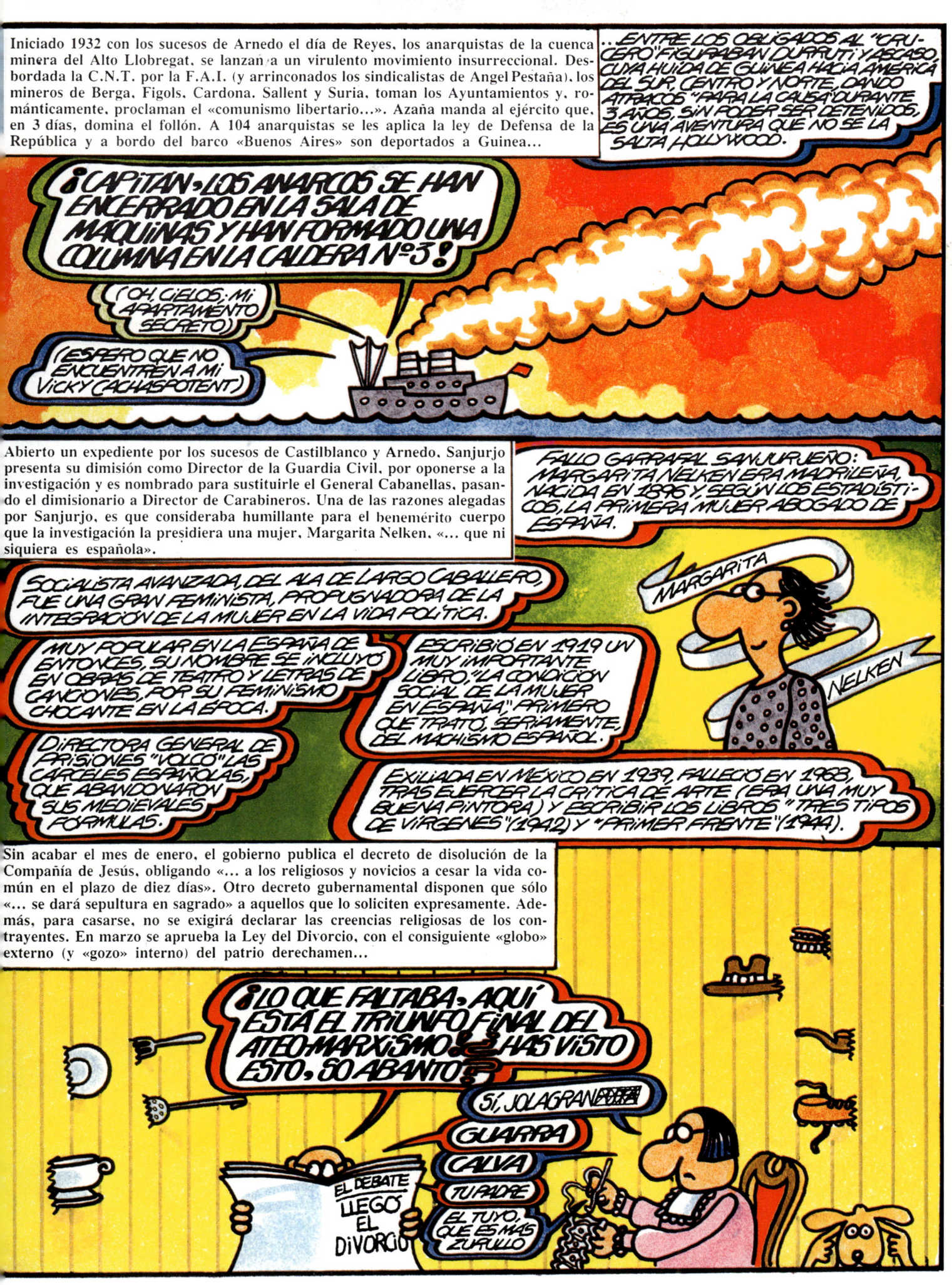

Iniciado 1932 con los sucesos de Arnedo el día de Reyes, los anarquistas de la cuenca minera del Alto Llobregat, se lanzan a un virulento movimiento insurreccional. Desbordada la C.N.T. por la F.A.I. (y arrinconados los sindicalistas de Angel Pestaña), los mineros de Berga, Figols, Cardona, Sallent y Suria, toman los Ayuntamientos y, románticamente, proclaman el «comunismo libertario...». Azaña manda al ejército que, en 3 días, domina el follón. A 104 anarquistas se les aplica la ley de Defensa de la República y a bordo del barco «Buenos Aires» son deportados a Guinea...

...ENTRE LOS OBLIGADOS AL "CRUCERO" FIGURABAN DURRUTI Y ASCASO, CUYA HUIDA DE GUINEA HACIA AMÉRICA DEL SUR, CENTRO Y NORTE, DANDO ATRACOS "PARA LA CAUSA" DURANTE 3 AÑOS, SIN PODER SER DETENIDOS, ES UNA AVENTURA QUE NO SE LA SALTA HOLLYWOOD.

¡CAPITÁN, LOS ANARCOS SE HAN ENCERRADO EN LA SALA DE MÁQUINAS Y HAN FORMADO UNA COLUMNA EN LA CALDERA Nº 3!

(OH, CIELOS, MI APARTAMENTO SECRETO)

(ESPERO QUE NO ENCUENTREN A MI VICKY CACHASPOTENT)

Abierto un expediente por los sucesos de Castilblanco y Arnedo, Sanjurjo presenta su dimisión como Director de la Guardia Civil, por oponerse a la investigación y es nombrado para sustituirle el General Cabanellas, pasando el dimisionario a Director de Carabineros. Una de las razones alegadas por Sanjurjo, es que consideraba humillante para el benemérito cuerpo que la investigación la presidiera una mujer, Margarita Nelken, «... que ni siquiera es española».

FALLO GARRAFAL SANJURJEÑO: MARGARITA NELKEN ERA MADRILEÑA, NACIDA EN 1896 Y SEGÚN LOS ESTADÍSTICOS, LA PRIMERA MUJER ABOGADO DE ESPAÑA.

SOCIALISTA AVANZADA, DEL ALA DE LARGO CABALLERO, FUE UNA GRAN FEMINISTA, PROPUGNADORA DE LA INTEGRACIÓN DE LA MUJER EN LA VIDA POLÍTICA.

MUY POPULAR EN LA ESPAÑA DE ENTONCES, SU NOMBRE SE INCLUYÓ EN OBRAS DE TEATRO Y LETRAS DE CANCIONES, POR SU FEMINISMO CHOCANTE EN LA ÉPOCA.

ESCRIBIÓ EN 1919 UN MUY IMPORTANTE LIBRO, "LA CONDICIÓN SOCIAL DE LA MUJER EN ESPAÑA," PRIMERO QUE TRATÓ, SERIAMENTE, DEL MACHISMO ESPAÑOL.

DIRECTORA GENERAL DE PRISIONES "VOLCÓ" LAS CÁRCELES ESPAÑOLAS, QUE ABANDONARON SUS MEDIEVALES FÓRMULAS.

EXILIADA EN MÉXICO EN 1939, FALLECIÓ EN 1968, TRAS EJERCER LA CRÍTICA DE ARTE (ERA UNA MUY BUENA PINTORA) Y ESCRIBIR LOS LIBROS "TRES TIPOS DE VÍRGENES" (1942) Y "PRIMER FRENTE" (1944).

MARGARITA NELKEN

Sin acabar el mes de enero, el gobierno publica el decreto de disolución de la Compañía de Jesús, obligando «... a los religiosos y novicios a cesar la vida común en el plazo de diez días». Otro decreto gubernamental disponen que sólo «... se dará sepultura en sagrado» a aquellos que lo soliciten expresamente. Además, para casarse, no se exigirá declarar las creencias religiosas de los contrayentes. En marzo se aprueba la Ley del Divorcio, con el consiguiente «globo» externo (y «gozo» interno) del patrio derechamen...

¡LO QUE FALTABA, AQUÍ ESTÁ EL TRIUNFO FINAL DEL ATEO-MARXISMO! ¿HAS VISTO ESTO, SO ABANTO?

SÍ, JOLAGRAN

GUARRA

CALVA

TU PADRE

EL TUYO, QUE ES MÁS ZURULLO

EL DEBATE LLEGÓ EL DIVORCIO

Prosiguiendo su camaleónico devenir, el antaño «Tigre del Paralelo», don Alejandro Lerroux, jefe del partido radical asaz conservadurizado, larga un mitin en la plaza de toros de las Ventas de Madrid, ante 40.000 personas... de ellas 42 banqueros. Fustiga al gobierno fuertemente. Ocupado el espacio político a su siniestra por la Izquierda Republicana de Azaña y el P.S.O.E., virará desde entonces hacia una derecha cuasi reaccionaria... (y corrompida hasta las axilas, oiga usted).

LA CORRUPCIÓN DEL PARTIDO RADICAL DE LERROUX ALCANZÓ COTAS JAMÁS VISTAS (Y YA ES DECIR) EN ESPAÑA.

CUANDO LERROUX FORMÓ GOBIERNO, DIRECTOR GENERAL HUBO QUE COBRABA 100 DUROS POR RECIBIR A ALGÚN VISITANTE.

SR. RODRÍGUEZ CHORI, DESEA SER RECIBIDO EL ALCALDE DE JABUGO

¿GUAU? QUE PASEN

OTRO RADICAL, EN UN ALTO PUESTO GUBERNAMENTAL, UTILIZABA UNO DE LOS DOS COCHES OFICIALES A ÉL DESTINADOS, PARA ORGANIZAR VIAJES TURÍSTICOS A LOS ALREDEDORES DE MADRID, EN COMBINACIÓN CON UN CUÑADO SUYO, GERENTE DE UNA AGENCIA DE VIAJES.

LOS HONESTOS DE DICHO PARTIDO O LO ABANDONARON O SE ESCINDIERON CON EL PARTIDO RADICAL-SOCIALISTA.

YA HABLAREMOS MÁS DETENIDAMENTE DE LOS RADICALES EN EL CAPÍTULO 24 "EL STRAPERLO".

Otra ley de Azaña declara incompatible el sillón de diputado con cualquier cargo en la Administración, remunerado o no. Los chanchulleros radicales ponen el grito en el cielo. Un decreto prohíbe a menores de 18 años y mujeres en general trabajar de noche...

ESTO... (GLAPS) BUENAS NOCHES, BELLA HETAIRA(*) QUE SEGÚN UN DECRETO TIENE USTED QUE IRSE A SU CASA

¿Y SI NO ME DA LA GANA, SO GUINDILLA?

ENTONCES ME VERÉ OBLIGADO A DETENERLA

¿QUIÉN, TÚ?

BUENO, YO Y MIS PRIMOS

(*) CORTESANA GRIEGA DE LA ANTIGÜEDAD. EN GRIEGO QUIERE DECIR "COMPAÑERA".

Y hablando de mujeres: Teresa Daniel «Miss Cataluña» es elegida por unanimidad «Miss España». Se equiparan en Correos los sueldos de funcionarios y funcionarias (1.er caso en nuestra historia) y, por primera vez, una mujer, Amalia Eahart atraviesa el Atlántico pilotando un avión...

GOD, MY MORNING-GOWN BOATINÉ! (*)

(*) ¡DIOS, MI BATA BOATINÉ!

El mundo hierve en golpes militares: Siam (hoy Tahilandia), El Salvador, Costa Rica, Chile, Perú, Ecuador, Brasil...

En nombre del Movimiento Patriótico "38 de Setiembre" queda usted destituido

...Y en nombre del "39 de Setiembre" usted también

¡Que nadie se mueva! El poder es ahora de "39 de Setiembre (R)"

¡Alto todos! Ha triunfado el glorioso "40 de Setiembre"

"41", tío

Mussolini fachandiza la vieja Italia y Hitler se prepara en su asalto al alemán poder, en U.S.A. es elegido presidente Franklin Delano Roosvelt; la República española nombra al joven General de 40 años Francisco Franco, jefe de la 15.ª Brigada de Infantería con destino en La Coruña...

Supongo que V.E. querrá ver la Torre de Hércules...

Sí, que se presente inmediatamente

El 14 de abril, aniversario republicano, don Niceto ofrece en el madrileño jardín del Campo del Moro del Palacio de Oriente, un «happening» popular al que asisten representantes de todos los municipios españoles...

EJERCICIO DE AGUDEZA VISUAL

Entre los casi 5.000 alcaldes que asistieron al evento, a ver si es Vd. capaz de descubrir, en menos de 30 segundos, al de Bilbao.

Créame si le digo, querido amigo, que no hay en España, leré, puente colgante, leré, más elegante...

Ante la incesante agitación de anarquistas y comunistas, con huelgas generales en Orense, Sevilla, Toledo, Córdoba y Jaén, el Gobierno prohíbe que se celebren manifestaciones con motivo del 1.º de Mayo... aconseja, a los trabajadores que salgan con su familia a merendar al campo «... para celebrar al aire libre, y en compañía de los seres queridos, tan importante fecha». Es el arranque de una tradición que aún hoy perdura...

... Pero el 1.º de Mayo hay manifestaciones ilegales de comunistas y anarquistas en Madrid, Córdoba, Bilbao y Sevilla (donde el Ejército causa dos muertos). El motivo de estas algaradas era el manejo demagógico que hacían los aludidos grupos arriba indicados sobre los obreros y campesinos, a los que hacían ver que la labor legislativa de la República se preocupaba de cosas nimias y lejanas, como la Constitución o la intervención bancaria, mientras los auténticos problemas para ellos, como el reparto de tierras o la autogestión de fábricas, eran simples promesas...

Y así la República inició tímidos escarceos para dar fin a la tan anhelada Ley de Reforma Agraria. Los republicanos querían la creación de pequeños propietarios agrícolas, los socialistas eran partidarios de la explotación en común y, claro, las derechas, velada o claramente obstaculizaban los debates con fútiles pretextos...

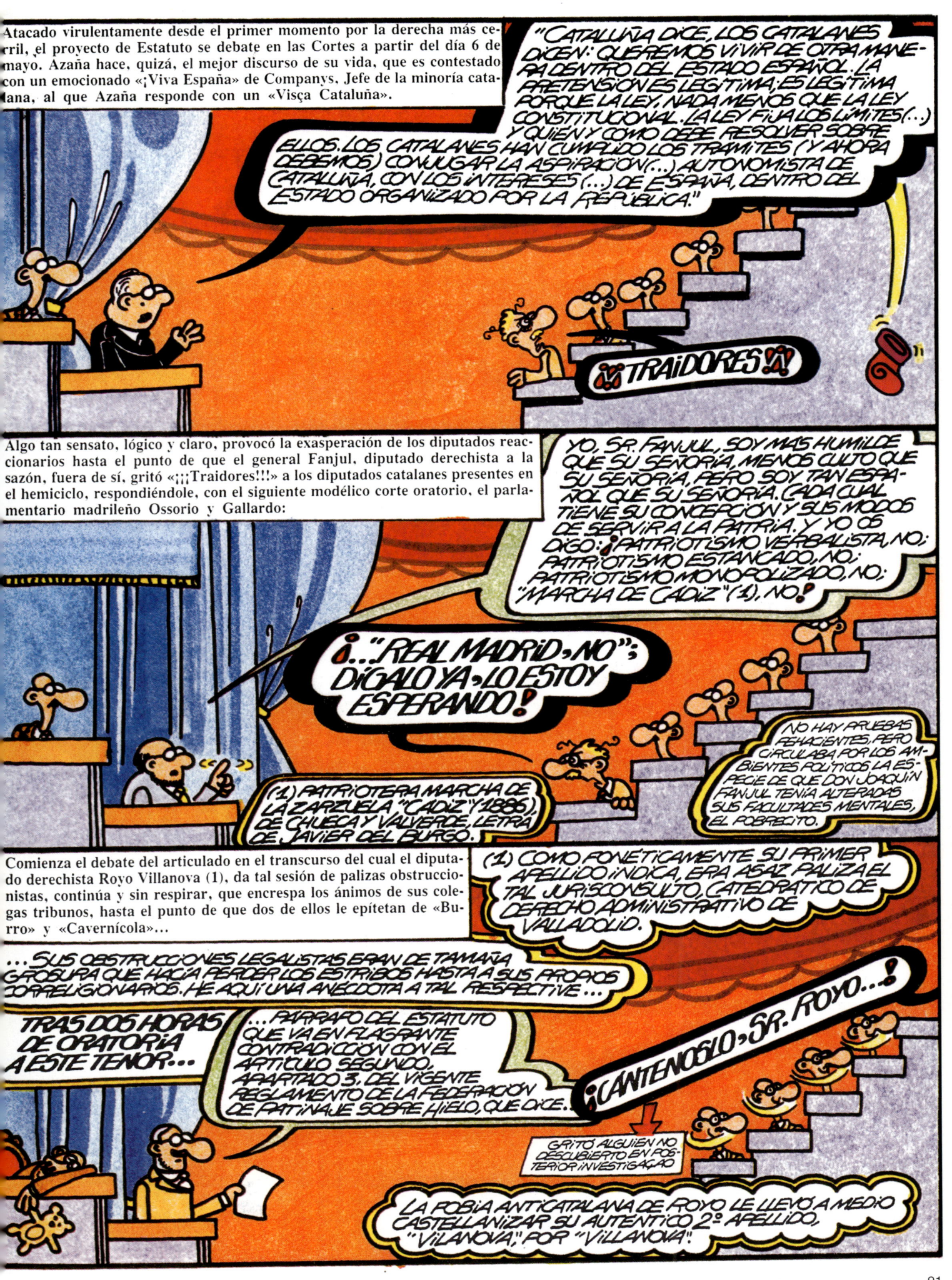

Atacado virulentamente desde el primer momento por la derecha más cerril, el proyecto de Estatuto se debate en las Cortes a partir del día 6 de mayo. Azaña hace, quizá, el mejor discurso de su vida, que es contestado con un emocionado «¡Viva España» de Companys, Jefe de la minoría catalana, al que Azaña responde con un «Visça Cataluña».

"CATALUÑA DICE, LOS CATALANES DICEN: QUEREMOS VIVIR DE OTRA MANERA DENTRO DEL ESTADO ESPAÑOL. LA PRETENSIÓN ES LEGÍTIMA, ES LEGÍTIMA PORQUE LA LEY, NADA MENOS QUE LA LEY CONSTITUCIONAL, LA LEY FIJA LOS LÍMITES (...) Y QUIEN Y COMO DEBE RESOLVER SOBRE HAN CUMPLIDO LOS TRÁMITES (Y AHORA DEBEMOS) CONJUGAR LA ASPIRACIÓN (...) AUTONOMISTA DE CATALUÑA, CON LOS INTERESES (...) DE ESPAÑA, DENTRO DEL ESTADO ORGANIZADO POR LA REPÚBLICA."

¡¡TRAIDORES!!

Algo tan sensato, lógico y claro, provocó la exasperación de los diputados reaccionarios hasta el punto de que el general Fanjul, diputado derechista a la sazón, fuera de sí, gritó «¡¡¡Traidores!!!» a los diputados catalanes presentes en el hemiciclo, respondiéndole, con el siguiente modélico corte oratorio, el parlamentario madrileño Ossorio y Gallardo:

YO, SR. FANJUL, SOY MÁS HUMILDE QUE SU SEÑORÍA, MENOS CULTO QUE SU SEÑORÍA, PERO SOY TAN ESPAÑOL QUE SU SEÑORÍA. CADA CUAL TIENE SU CONCEPCIÓN Y SUS MODOS DE SERVIR A LA PATRIA. Y YO OS DIGO: ¡PATRIOTISMO VERBALISTA, NO; PATRIOTISMO ESTANCADO, NO; PATRIOTISMO MONOPOLIZADO, NO; "MARCHA DE CÁDIZ" (1), NO!

¿..."REAL MADRID, NO"; DÍGALO YA, LO ESTOY ESPERANDO!

(1) PATRIOTERA MARCHA DE LA ZARZUELA "CÁDIZ" (1886), DE CHUECA Y VALVERDE, LETRA DE JAVIER DEL BURGO.

NO HAY PRUEBAS FEHACIENTES, PERO CIRCULABA POR LOS AMBIENTES POLÍTICOS LA ESPECIE DE QUE DON JOAQUÍN FANJUL TENÍA ALTERADAS SUS FACULTADES MENTALES, EL POBRECITO.

Comienza el debate del articulado en el transcurso del cual el diputado derechista Royo Villanova (1), da tal sesión de palizas obstruccionistas, continúa y sin respirar, que encrespa los ánimos de sus colegas tribunos, hasta el punto de que dos de ellos le epítetan de «Burro» y «Cavernícola»...

(1) COMO FONÉTICAMENTE SU PRIMER APELLIDO INDICA, ERA ASAZ PALIZA EL TAL JURISCONSULTO, CATEDRÁTICO DE DERECHO ADMINISTRATIVO DE VALLADOLID.

...SUS OBSTRUCCIONES LEGALISTAS ERAN DE TAMAÑA GROSURA QUE HACÍA PERDER LOS ESTRIBOS HASTA A SUS PROPIOS CORRELIGIONARIOS. HE AQUÍ UNA ANÉCDOTA A TAL RESPECTIVE...

TRAS DOS HORAS DE ORATORIA A ESTE TENOR...

...PÁRRAFO DEL ESTATUTO QUE VA EN FLAGRANTE CONTRADICCIÓN CON EL ARTÍCULO SEGUNDO, APARTADO 3, DEL VIGENTE REGLAMENTO DE LA FEDERACIÓN DE PATINAJE SOBRE HIELO, QUE DICE...

¡CÁNTENOSLO, SR. ROYO...!

GRITÓ ALGUIEN NO DESCUBIERTO EN POSTERIOR INVESTIGAÇAO

LA FOBIA ANTICATALANA DE ROYO LE LLEVÓ A MEDIO CASTELLANIZAR SU AUTÉNTICO 2º APELLIDO, "VILANOVA", POR "VILLANOVA".

Por estas fechas, apenas siete meses de haber sido «desdirectorgeneralizadoguardiacivílico», el General Sanjurjo da a luz un intento de golpe de Estado, en cotarramen con un amplio grupo de generales monárquicos, coordinados todos por el policía ex-jefe de la Brigada Social durante la Monarquía, Martín Báguenas que, «patrióticamente», cobraba 5.000 ptas. al mes como sueldo conspirativo... un sueldo normal de policía era de 4.000... anuales.

SANJURJO, A TODO ESTO, ERA DIRECTOR GENERAL DE CARABINEROS; COBRABA 2.550 PTS. MENSUALES COMO GENERAL, MAS 3.000 COMO DIRECTOR GENERAL.

— ¿QUÉ LE PONGO, COMISARIO BÁGUENAS?
— 600 GAMBAS Y UNA CAÑA... ¿HAY ALGÚN RECADO PARA MI?
— SI, HA LLAMADO "FLOR SILVESTRE CONTUMAZ" Y ME HA DICHO QUE LE DÉ ESTE MENSAJE: "LAS LUCES DE TU CALVA IRISAN EL ENTORNO INHERENTE"
— YA ESTÁ LA JILIPOSHAS DE MI CUÑADA Mª ENCARNI "PASSANDO" DE HEROICO Y SALVADOR LEVANTAMIENTO

Los conjurados contaban con Barrera, que desde Pamplona, atacaría Madrid; Varela insubordinaría Cádiz, mientras González Carrasco haría lo mismo en Málaga; regimientos comprometidos en Madrid tomarían los centros vitales y Sanjurjo proclamaría en Sevilla el movimiento, con un manifiesto del que extractamos estos párrafos...

"LAS CORTES, QUE ERAN ILEGÍTIMAS EN SU ORIGEN, POR EL RÉGIMEN DE TERROR CON QUE FUERON CONVOCADAS Y ELEGIDAS (¿?) (...) HAN QUEDADO DISUELTAS. NO VENIMOS, SIN EMBARGO (...) CONTRA LA REPÚBLICA, SINO A LIBERTAR A ESPAÑA (...) LA FORMA EN QUE (...) EL ESTADO (...) HA DE ORGANIZARSE, SE DETERMINARÁ POR LA REPRESENTACIÓN LEGÍTIMA DE TODOS LOS CIUDADANOS (...) EN ELECCIONES QUE SE CELEBRARÁN EN UN RÉGIMEN DE LIBERTAD."

— ¡PFJJ...JJJFF...!
— ¿QUÉ LE PASA, MI GENERAL?
— NADA, LA RISA TONTA

Lo que no sospechaban los conjurados es que el Jefe de Gobierno y ministro de la Guerra, Azaña, lo sabía absolutamente todo: La noche del 9 de agosto, cuando las fuerzas del sublevado cuartel de la Remonta de Madrid intentan asaltar el cibeleño Palacio de Buena Vista, sede del guerrero Ministerio...

...CASI UN CENTENAR DE GUARDIAS DE ASALTO, DE PAISANO Y CAMUFLADOS POR LAS INMEDIACIONES, LES DERROTARON TOTALMENTE, 7 SOLDADOS Y 2 OFICIALES ES EL PRECIO.

— ¡MÉTASE, DON MANUEL; QUE LE VAN A DAR!
— ¡QUE NO, MACHO; QUE TENGO QUE DAR EL TOQUE ÉPICO!
¡POW! ¡POW! ¡POW!

AZAÑA, AL QUE ENTRE OTROS MUCHOS EPÍTETOS LAS DERECHAS TACHABAN DE "COBARDE," VIÓ LA REFRIEGA DESDE EL BALCÓN DE SU DESPACHO, A PESAR DE LOS RUEGOS DE SUS AYUDANTES.

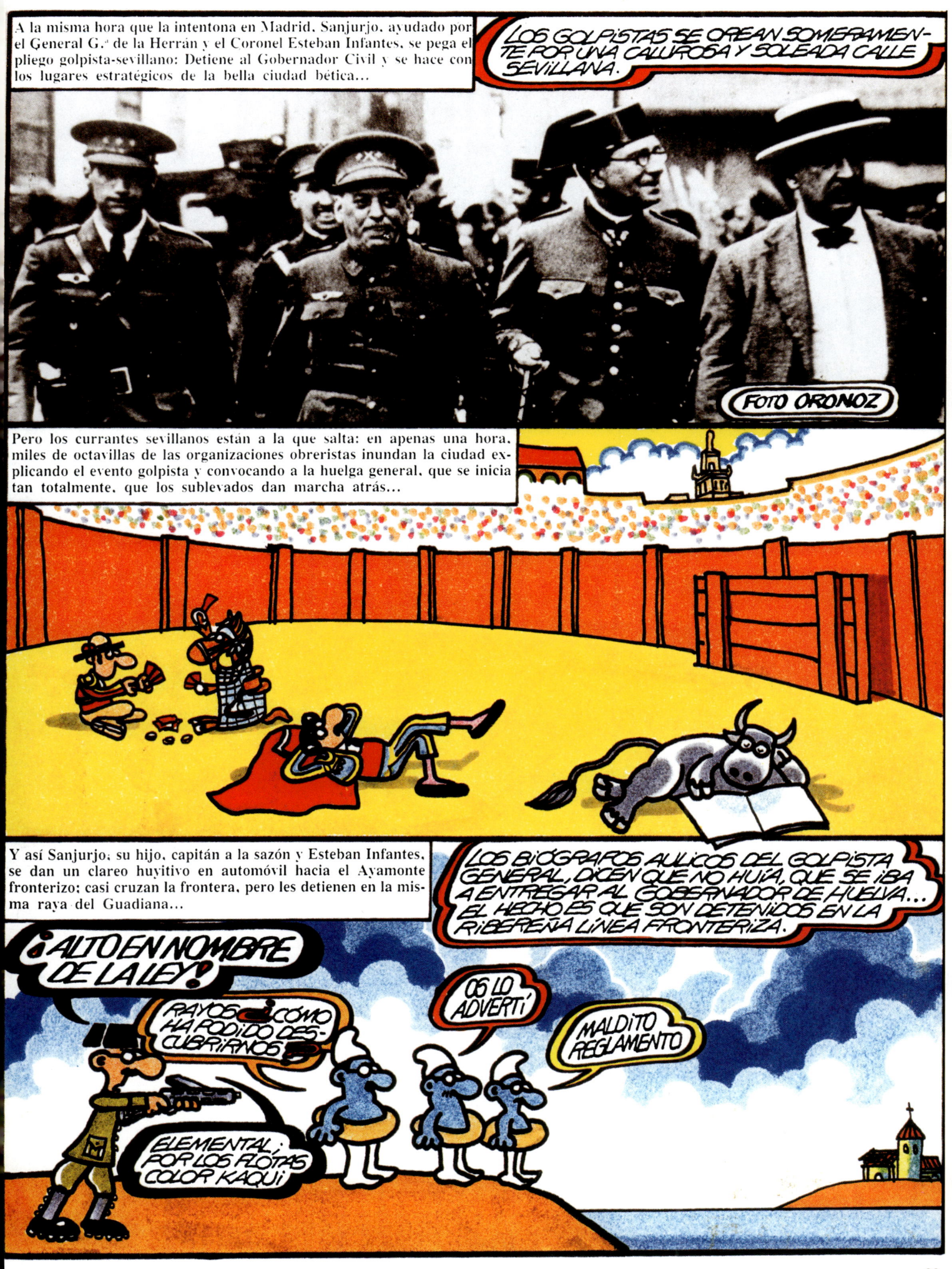

A la misma hora que la intentona en Madrid, Sanjurjo, ayudado por el General G.ª de la Herrán y el Coronel Esteban Infantes, se pega el pliego golpista-sevillano: Detiene al Gobernador Civil y se hace con los lugares estratégicos de la bella ciudad bética...

LOS GOLPISTAS SE OREAN SOMERAMENTE POR UNA CALUROSA Y SOLEADA CALLE SEVILLANA.

FOTO ORONOZ

Pero los currantes sevillanos están a la que salta: en apenas una hora, miles de octavillas de las organizaciones obreristas inundan la ciudad explicando el evento golpista y convocando a la huelga general, que se inicia tan totalmente, que los sublevados dan marcha atrás...

Y así Sanjurjo, su hijo, capitán a la sazón y Esteban Infantes, se dan un clareo huyitivo en automóvil hacia el Ayamonte fronterizo; casi cruzan la frontera, pero les detienen en la misma raya del Guadiana...

LOS BIÓGRAFOS AÚLICOS DEL GOLPISTA GENERAL, DICEN QUE NO HUÍA, QUE SE IBA A ENTREGAR AL GOBERNADOR DE HUELVA... EL HECHO ES QUE SON DETENIDOS EN LA RIBEREÑA LÍNEA FRONTERIZA.

¡ALTO EN NOMBRE DE LA LEY!

RAYOS ¿CÓMO HA PODIDO DESCUBRIRNOS?

OS LO ADVERTÍ

MALDITO REGLAMENTO

ELEMENTAL, POR LOS FLOTAS COLOR KAQUI

El Cuerpo de Carabineros, presidido por su director general, Sanjurjo, entrega a su ministro (de Hacienda) Indalecio Prieto una placa-homenaje. Un par de meses después el golpista fracasará en su intento.

Preso común, en virtud de la sentencia, Sanjurjo va a un penal civil, donde es retratado con esta guisa vestimentosa-presidial.

Amnistiado por Lerroux, el golpista dedica aquesta bella foto a un general amigo-fan. Su hijo, el capitán Sanjurjo, que morirá días después en accidente de coche, posa junto a su popó.

Al conocerse el fracaso golpista, los sevillanos se dedicaron a incendiar y apedrear los lugares considerados como «señoritos»: el Nuevo Casino, el Círculo de Labradores (que mejor debería haberse llamado «... de los Terratenientes»), el de la Unión Mercantil y las mansiones solariegas de los implicados Luca de Tena y José M.ª Ibarra...

El Gobierno ordena muchas detenciones, suspende varios periódicos reaccionarios y presenta en las Cortes un proyecto de ley expropiando sin indemnización las fincas rústicas y derechos reales de las personas naturales y jurídicas que hubieran intervenido en la intentona golpista. Las tierras se utilizarían para la proyectada Reforma Agraria...

AYUNTAMIENTO

HOY A LAS 12: SORTEO ENTRE LOS JORNALEROS DE LOS LATIFUNDIOS DEL MARQUES

TEXAS

¡SEGOVIA! ¡ME HA TOCADO LA PROVINCIA DE SEGOVIA!

JO, QUE MOVIDA

El día 24 de agosto se celebra el juicio sumarísimo contra los implicados: Sanjurjo es condenado a muerte, García de la Herrán a cadena perpetua, Esteban Infantes a 12 años, Sanjurjo hijo es absuelto... otros 80 encausados son agraciados con varios años de prisión, y un centenar deportados al sahariano Villa Cisneros...

SEÑOR, QUE DONDE PONEMOS EL PIANO

JESÚS, QUE DESTIERRO

Ahora vamos a trazar una somera sinopsis socio-económica de este primer año y pico republicano: El primer acto ministerial de Indalecio Prieto, nada más llegar a Hacienda había consistido en soltar 300 millones de pelas que el Estado, desde la Dictadura, debía a los constructores de sus ciclópeo-fascísticas-útiles obras públicas...

MINISTERIO de HACIENDA

NEGOCIADO de DEUDAS

¿QUÉ HORROR: 16 MILLONES PARA ADQUIRIR 246.758 CURVAS SIN VISIBILIDAD?

ESO NO ES NADA; SI QUIERE LE DOY UN VIAJE DE FACTURAS DE PELUQUERÍAS PARA LOS TOPÓGRAFOS

¡JESÚS BENDITO!

...O LAS DE LOS 30 KILOS PARA SILLAS GESTATORIAS PARA INGENIEROS DE CAMINOS (*)

(*) EN AQUELLOS AÑOS LOS DE CAMINOS TENÍAN MUCHO "MORRO SEÑORITIL"

Aunque las huelgas supusieron 3.589.473 jornadas de trabajo perdidas en este período republicano, fueron solamente 60 % de las pérdidas en el último año de la monarquía, en el que cada trabajador español estuvo de huelga un término medio de ¡16 jornadas!

CAMPEONATO NACIONAL DE PRINGAR SALSAS — CAMPEONA

PONGO EN SU CONOCIMIENTO QUE, ANTE LOS DESMANES DE LA PATRONAL, LOS AFILIADOS AL SINDICATO PROVINCIAL DE CALZONAZOS HEMOS VOTADO UNA HUELGA DE 12 HORAS DE DURACIÓN

MIRA, HONORATO; NO ME CALIENTES QUE TE ATIZO UN PIANAZO QUE TE SALEN LOS REGÜELDOS SOLFEANDO

FINANCIAL POQUES

(GLABS)... VE USTED: ESO YA ES PONERSE EN RAZÓN

Hasta 1933 no se confeccionará la primera estadística de parados: conocemos, no obstante, que el Gobierno de Azaña se negó a dar trámite a una Ley de Seguros de Paro, por estimar que favorecía «... la secular malicia del español».

OFICINA de PARO

BUENAS, QUE VENIMOS A COBRAR EL SUFSIDIO DE FESEMPLEO

TIENEN QUE RELLENAR EL FORMULARIO P-66 Y PRESENTARLO EN LA VENTANILLA 2.ª

LA PESTE... CON LA CHOTA EN DOBLE FILA Y EL TÍO PINCEL ESTE CON FUNCIONES GELBRÁICAS

Tras sesudos estudios epocales, hoy se sabe que en la España de 1932 el 40 % de los españoles eran analfabetos absoluto y del 60 % restante, el 18 % lo era relativo, de ahí el denodado esfuerzo de los republicanos por dotar de escuelas a la mitad de los niños españoles en edad escolar que no la tenían...

BANDO
EL ALCALDE

— ESTO DE LOS BANDOS PARA ANALFABETOS ES CADA VEZ MAS ENREVESADO
— NO, HOMBRE; ESTE ES FACIL. QUIERE DECIR QUE YA HA LLEGADO EL RECAUDADOR DE CONTRIBUCIONES
— PERO TAMBIEN PUEDE SER QUE HA VENIDO EL AMO AL CORTIJO
— NO, LE FALTAN LOS APENDICES CORNEO-FRONTALES
— ES VERDAD

En honor a la verdad hay que decir que los republicanos no estuvieron astutos en sus broncas con la Iglesia al respective enseñantil, ya que ésta poseía una eficaz infraestructura de enseñanza coherente y, sólo en contadísimos casos, radicalizada. Si ambos poderes se hubieran puesto de acuerdo en el tema de la enseñanza, otro gallo nos hubiera cantado a los españoles los casi 50 años posteriores, oiga.

FABULOSA MOSCA PORTAPELOTILLAS DISEÑADA POR FONSECA

— A VER, SR. UGALDE ¿QUIEN DESCUBRIO EL RADIO?
— FRANCO O PIO XII, NO ESTOY SEGURO
— MUY BIEN, MAÑANA DE PRIMER ABANDERADO DE LOS CRUZADOS APOSTOLICOS EN LA VISITA DE LA CLASE A LA FABRICA DE ESCAPULARIOS "LA LOGROÑA"

Y ahora un cotilleo de la época nos causa sonrisa-espanto, pero que demuestra cómo se pensaba sobre la enseñanza mixta, por una gran parte de la masa social española...

"LA COEDUCACION O EMPAREJAMIENTO ESCOLAR ES UN CRIMEN CONTRA LAS MUJERES DECENTES, ES UN CAPITULO DE LA ACCION JUDIA CONTRA LAS NACIONES LIBRES. UN DELITO CONTRA LA SALUD DEL PUEBLO QUE DEBEN PENAR, CON SU CABEZA, LOS RESPONSABLES."

MEIN KAMPF

¿INCREIBLE? PUES SON PALABRAS PUBLICADAS POR EL FUNDADOR DE LAS J.C.A.H.(1) ONESIMO REDONDO EN SU DIARIO "LIBERTAD" EN 1931

(1) JUNTAS CASTELLANAS DE ACTUACION HISPANICA

El genial, y entonces jovencísimo, caricaturista Manuel del Arco vio así a los políticos de la época en el diario «El Sol».

¿Les contamos otro cotilleo? ¿Sabían ustedes que una de las obras públicas más ingentes del franquismo, puesta en marcha por un ministro («Ministro Eficacia» se hizo apodar), fue el famoso Trasvase Tajo-Segura, conque se nos bombardeó propagandísticamente los últimos 10 años de la dictadura...

...FUE, EN REALIDAD, UN PROYECTO TOTALMENTE DESARROLLADO POR EL FUNCIONARIO-INGENIERO, JEFE DEL CENTRO DE ESTUDIOS HIDROGRAFICOS, MANUEL LORENZO, NOMBRADO POR PRIETO PARA DIRIGIR EL PLAN HIDRAULICO NACIONAL, "FUSILADO" TAMBIEN POR LOS FRANQUISTAS.

¿Y ESTO LO HA DESARROLLADO USTED?

ESTO... SI, EXCELENCIA

ENTONCES, EXPLIQUEME QUE ES ESTE SELLO QUE PONE "REPUBLICA ESPAÑOLA"

(SANTA AURORA, LA JIBAMOS)

SALMON DE GUARDIA

¿Les contamos un tercero? ¿A que Uds. no sospechaban que atravesar subterráneamente Madrid de Norte a Sur con un metro-ferrocarril (tanto que también se apuntó el franquismo), la Estación de Chamartín (ídem) y la estación de Pinar de las Rozas, enlace de todas las líneas de ferrocarril convergentes en Madrid (también pliego triunfalista de la pasada dictadura), fueron todas ideas desarrolladas por técnicos de la Administración republicana?

¿NO HAY DUDA, ES UN YACIMIENTO ROMANO DE SEÑALES DE TRAFICO!

¿COMO LO SABES?

PORQUE AQUI PONE: "PROHIBITIONEM DE APARCARE BIGAS ET CUADRIGAS EN CUALQUIERAM LUGAREM DE LA CIVITAS"

Curiosamente, el índice de costo de la vida baja en 1932 (14,1), con respecto a 1931 (14,4), pero aumentaron las dificultades para nuestras tradicionales exportaciones agrícolas de almendras, naranjas y aceite, que caen en picado, debido a la publicación en Gran Bretaña de las «Preferencias Imperiales en las Importaciones» que, como su propio nombre indica, favorecía a los territorios de la Commonwealth exportadores a las británicas islas.

¿A QUE USTED NO HA LEIDO EL BOLETIN OFICIAL DEL REINO UNIDO DE LA GRAN BRETAÑA DEL DIA DE HOY?

PUES... NO

(ES INCREIBLE, SHERLOCK, COMO LO HA CONSEGUIDO AVERIGUAR)

(ELEMENTAL, QUERIDO WATSON; SI LO HUBIERA LEIDO SE HUBIERA CISCADO EN NUESTRA PASTELERA MADRE)

BURJASOT SEA

La insupereibol-eminente monstrua de las tablas era, en aquellos años, Margarita Xirgu: aquí la vemos visitando al ya muy viejecito Pérez Galdós; en su camerino, rodeada de flores de admiradores, y en «diversas actitudes de su rico repertorio de visajes».

Y ahora una noticia curiosísima, totalmente auténtica aunque no lo parezca: En un Boletín Oficial del Ayuntamiento de Madrid de este año de 1932, se publica un edicto convocando la provisión de una plaza de «... gato de servicio en el Archivo Municipal, por haber fallecido...» (suponemos heroicamente) «... en el desempeño de su misión, atacando a voraces ratas el anterior felino».

¿TIENES ALGÚN ÚLTIMO DESEO?

SI, QUE OS REGALEN 600 KILOS DE QUESO FRANCÉS

MALDITO ASESINO, PAGARÁS POR ESTO

Una buena noticia para los «trinquis» epocales: se aprueba el primer Estatuto del Vino en el que se dicen cosas tan importantes como que «... se prohíbe añadir agua al mosto o al vino, aun con el consentimiento del consumidor».

¿BITILLITO?

(HE LIGAFDO, BANOLO)

PLAZA DE TOROS DE CUENCA

Barcelona y Madrid (y viceversa), tienen ya un gran parque automovilístico: 22.673 vehículos a motor en la bella ciudad mediterránea y 24.043 en la simpática villa manchega de los que...

EN MADRID SON.-	EN BARCELONA SON.-
COCHES:	COCHES:
11.696	10.365
MOTOS:	MOTOS:
3.746	2.988
CAMIONES:	CAMIONES:
8.601	9.320

AUTOMÓVILES "VELOZAMEN"

ÚLTIMO MODELO "UYMITARSO"

SE PARA ¿NO? BUENO, PUES USTED SE BAJA Y LE PEGA UNA PATADA AQUÍ

¿CON EFECTO DE PUNTERA?

CON EFECTO, CLARO

BLASFEMATOR CAPERUCE

101

Mientras, el poder judicial se entretiene en juzgar uno de los pleitos más estúpidos de la jurisprudencia española: Un fabricante de cosméticos demanda a otro, por haberle plagiado una crema-fijador que tenía patentada; el tribunal, tras hacer desfilar a diversas «engominás» señoritas por el estrado para estudiar el caso, acaba condenando al pago de una multa de 500 pelas al plagista fórmula-fijadoril.

¿TENDRÍA LA AMABILIDAD DE HACERSE A UN LADO?

(A VER SI JUNAMOS ALGO)

(HA LUGAR)

Y mientras este «importante» juicio tiene lugar, por la noche un ladrón se introduce en el Juzgado Municipal de Chamberí y se roba la campanilla de Su Señoría y dos ejemplares de los Códigos Civil y Penal, respectivamente.

Se inaugura el tramo Goya-Diego de León del Metropolitano Madrileño, lo que hace que los precios de los solares de la zona, ante la llegada del suburbano se disparan alcísticamente... ¡Ah! Toda España juega enfebrecidamente al recién aparecido YO-YO...

JUGUETE DE LOS NIÑOS POBRES INGLESES EN EL SIGLO XIX, AL PARECER DE ORIGEN HINDÚ, EL YO-YO INUNDA EL MUNDO A PARTIR DE 1930, POTENCIADO POR UNA MULTINACIONAL JUGUETERA.

Bueno, volvamos al follón totalmente político: Tras bastantes días de debate (107 para ser exactos), las Cortes aprueban (314 votos a favor y 24 en contra), el Estatuto de Cataluña. Esta vez los gritos de alegría son múltiples: los catalanes gritan «¡Visça nostra Espanya!» a lo que los restantes responden «¡Viva nuestra Cataluña!»

A LOS POCOS DÍAS SE INAUGURA EL PARLAMENTO CATALÁN, SITO EN UN EDIFICIO DEL PARQUE DE LA CIUDADELA, DONDE HASTA ENTONCES VIVÍA EL GOBERNADOR CIVIL.

NADA MÁS INICIARSE LAS SESIONES DEL CATALAN PARLAMENTO, LA ESQUERRA Y LA LLIGA SE ENZARZAN TOTALMENTE, REPRODUCIÉNDOSE EL ENFRENTAMIENTO ENTRE IZQUIERDAS Y DERECHAS DE LAS CORTES DE MADRID.

TIENE LA PALABRA EL PORTAVOZ DE LOS "CULÉS"... ¡UY, PERDÓN, TONTO ESTOY!

¿LO VES COMO SOIS?

La República, dale que te pego a la legislação, decreta entre otras cosas el reglamento del Tribunal Tutelar de Menores, el sueldo del 1.er violín de la Orquesta Sinfónica Nacional (29,30 ptas. diarias) y la desaparición oficial de las eufemísticamente llamadas «Casas de Señoritas».

LUIS ENRIQUE, TE RECUERDO QUE HOY ME TOCA A MÍ LA CASA DE TOLERANCIA

¿ME OYES, SO SALIDO?

JESÚS, QUÉ VICIOSURÍA

A todo esto, una visita importante (1) ¿Motivo?: Habiendo triunfado en las elecciones legislativas francesas en coalición de izquierdas se encarga de formar gobierno el hasta entonces alcalde de Lyon, Edouard Herriot, «invitándose» (como lo oyen) a una visita oficial al solar ibérico...

(1) SI ES QUE PODEMOS LLAMAR "IMPORTANTE" A LA VISITA DE UN GOBERNANTE FRANCHUTE

UN INCISO DESPOLITIC-PALIZAMEN: ¿SON VOACES CAPACES DE ADIVINAR EL NOMBRE DE ESTA JOVEN ACTRIZ, MUY POPULAR EN 1932?

Estamos de acuerdo con que los problemas que se enfrentó la II República fueron enconados y difíciles, pero es justo reconocer que quizá por la presión popular o, lo que sería mucho más grave, por el sempiterno problema de «pasar a la Historia» (que aunque lo neguemos, todos los íberos llevamos dentro), los gobernantes republicanos fueron dando armas dialéctico-derrocativas a los enemigos en la época, de la Libertad, los cuales, suponemos, no cabrían en sí de gozo ante tamaños regalos.

SOLUCIÓN: PUES NO, CHATOS; NO ES ANA MAGNANI, A PESAR DEL PARECIDO: ES LA HOY OLVIDADA MARINA TORRES.

FUAAOOSSSHH (EMINENCIA; REDUZCA, METALA 2ª QUE SE LE VA A ESCAPAR)

Y ahora algo personal: ¿Saben ustedes con qué noticia de todo 1932 nos quedaríamos nosotros? Con la de un desfile sin soldados ni armas que se celebró en la primavera del mencionado año: El día de San Isidro, ante la Corporación Madrileña en pleno, desfilaron todos los empleados municipales, desde los ordenanzas hasta los barrenderos, con la música de fondo de un pasodoble; exactamente el titulado «España Cañí».

Nuestro próximo capítulo «CASAS VIEJAS»: la II República sigue siendo zancadilleada por doquier, eso sí, sangrientamente.

Capítulo VI

"CASAS VIEJAS"

1933: La anarquista C.N.T., cada vez más desbordada por la radicalísima F.A.I., se encaminaba por la senda de la violencia más desatada, haciendo suyas las justas reivindicaciones de los desheredados campesinos andaluces, sumergidos en inmensos latifundios sin cultivo, consiguen que un año, casi justo después de la proclamación del «comunismo libertario» en el Alto Llobregat, el gobierno republicano se vea de nuevo acorralado, esta vez en un, hasta entonces, desconocido pueblecito gaditano...

CASAS VIEJAS

Pero vayamos por partes: cuatro bombas colocadas en la Jefatura de Policía de Barcelona son la señal que intenta convocar en toda España una huelga general revolucionaria, preparada por los anarquistas. Fracasan y los principales dirigentes, tras algunas horas de tiroteo, son detenidos en las Ramblas...

¡PUN!

¡PUMBA!

Como los anarcos pretendían que la huelga hubiera sido en toda la península, la fórmula estipulada para que todos los comités se lanzaran a la calle fue la, muy curiosa, siguiente...

...LA PUBLICACIÓN EN UN PERIÓDICO DE CADA PROVINCIA DEL SIGUIENTE ANUNCIO:

"NO AGUARDO MÁS; VENDRÁS A VERME HOY MISMO. VEN DISPUESTO A TODO. TUYA HASTA LA MUERTE. A"

¿HAS VISTO EL ANUNCIO?

(SÍ)

Pero a pesar del fracaso barcelonés en pueblos de Valencia, Lérida, Zaragoza, Murcia y Granada, los levantiscos proclaman el utópico «comunismo libertario», quemando en grandes piras los archivos de los asaltados Registros de la Propiedad...

REGISTRO DE LA PROPIEDAD

¡MALDITO FÜMBÖS!

A trancas y barrancas las fuerzas del gobierno se van haciendo con el invento poderil: difícilmente lo consiguen en Jerez, Sanlúcar, Alcalá de Guadaira, Utrera... la desesperación de los jornaleros hace que su violencia sea dura e implacable.

SE ENCARGAN PITILLOS A LA CAPITAL

COSME, COSME; A VER ENDE TE VAS A METER...

¡PUJ! ¡PUJ!

CALLA, CALLA, BULGUES

Del 8 al 12 de enero dura la refriega: la rebelión está acabada en toda Andalucía... excepto en un pequeño pueblo gaditano, enclavado en uno de los enormes latifundios de los Duques de Medina-Sidonia; su toponimia lo es explicativa: Casas Viejas...

8.000 HECTÁREAS DE PASTO PARA GANADO DE LIDIA... DE 500 VECINOS SÓLO UNOS 100 TENÍAN TRABAJO ESPORÁDICO.

CÁDIZ

JEREZ DE LA FRONTERA
EL PUERTO DE SANTA MARÍA
ROTA
CÁDIZ
PATERNA DE LA RIVERA
MEDINA SIDONIA
MONTE ALJIBE 1092
ALCALÁ DE LOS GAZULES
SAN FERNANDO
CHICLANA DE LA FRONTERA
CASAS VIEJAS (HOY SE LLAMA BENALUP DE SIDONIA)
OCÉANO ATLÁNTICO
MAR MEDITERRÁNEO
GIBRALTAR
ALGECIRAS
TARIFA

LOS JORNALEROS RODEAN EL CUARTEL DE LA GUARDIA CIVIL Y ASESINAN AL SARGENTO Y A UN NÚMERO.

Del cercano San Fernando llegan 12 Guardias de Asalto: todo el pueblo se hace fuerte en las casas exteriores: los del Orden Público, desplegados en guerrilla, van tomando casa por casa sin efectuar un disparo; entran de improviso por los corrales sorprendiendo a los jornaleros, que se rinden...

¡ALTO EN NOMBRE DE LA LEY!
BLAM

El pueblo es tomado... menos una casucha donde se ha refugiado el anciano jornalero de 72 años, Francisco Cruz, llamado «Seis Dedos», con sus hijos, nietos y dos vecinos... es tal su desesperación que, armados sólo con un par de viejas escopetas de caza, se enfrentan a los 12 preparados Guardias de Asalto.

¡PUMB!
¡BAC!
¡PUF&A!
¡BUN!
¡PUN!

Los sitiadores tienen que pedir refuerzos: Al anochecer llega una compañía de Asalto (50 hombres), montan ametralladoras pesadas y rodean la casa de «Seis Dedos» durante varias horas... nada; los hambrientos y desesperados jornaleros resisten las ráfagas durante toda la noche... con las dos viejas escopetas zorreras, hieren a varios guardias y matan a uno de ellos...

RATA-TA-TA-TA-TA-TA-TA-TA
¿AY?
¡PUN!

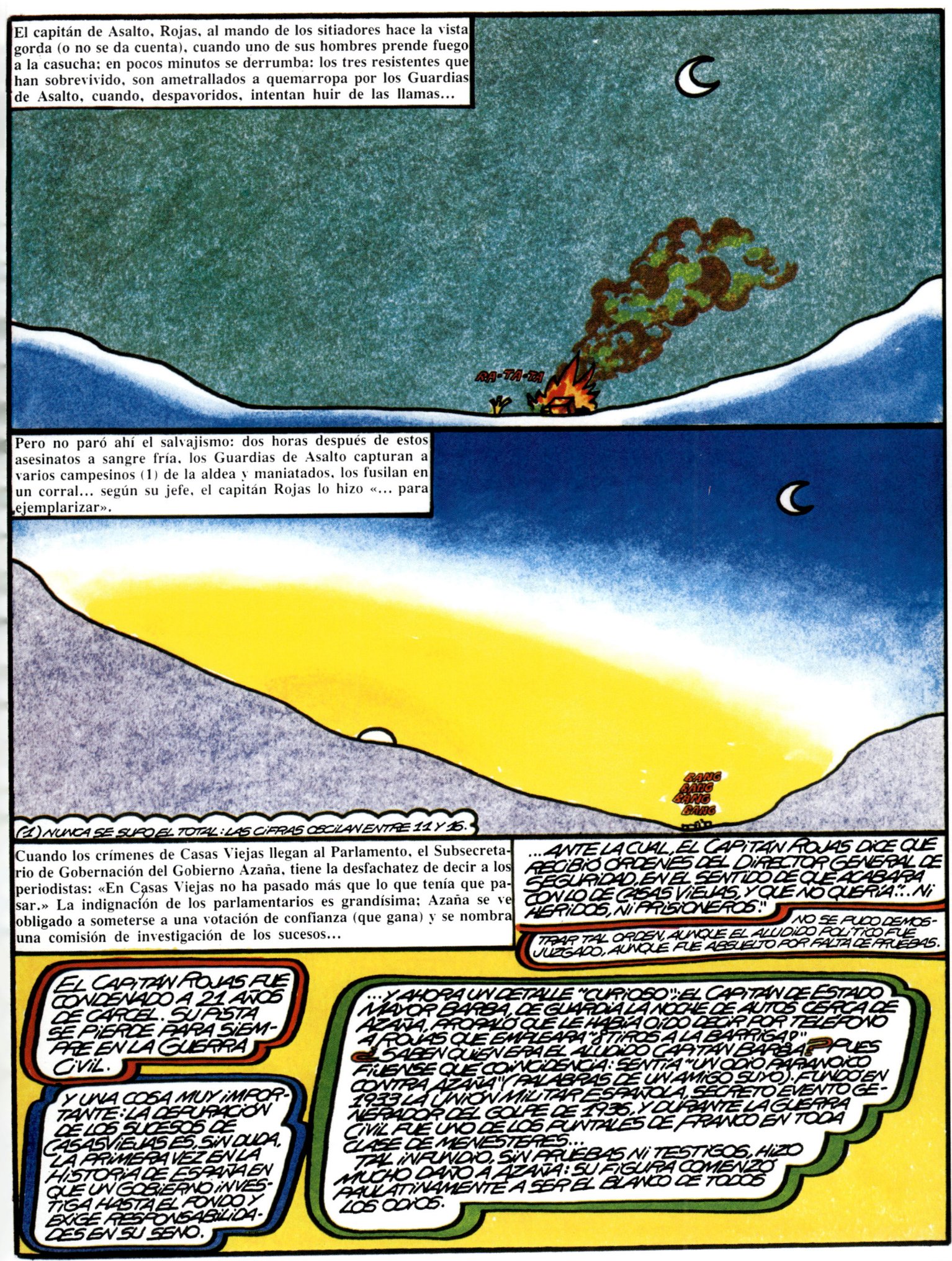

El capitán de Asalto, Rojas, al mando de los sitiadores hace la vista gorda (o no se da cuenta), cuando uno de sus hombres prende fuego a la casucha; en pocos minutos se derrumba: los tres resistentes que han sobrevivido, son ametrallados a quemarropa por los Guardias de Asalto, cuando, despavoridos, intentan huir de las llamas...

Pero no paró ahí el salvajismo: dos horas después de estos asesinatos a sangre fría, los Guardias de Asalto capturan a varios campesinos (1) de la aldea y maniatados, los fusilan en un corral... según su jefe, el capitán Rojas lo hizo «... para ejemplarizar».

(1) NUNCA SE SUPO EL TOTAL: LAS CIFRAS OSCILAN ENTRE 11 Y 16.

Cuando los crímenes de Casas Viejas llegan al Parlamento, el Subsecretario de Gobernación del Gobierno Azaña, tiene la desfachatez de decir a los periodistas: «En Casas Viejas no ha pasado más que lo que tenía que pasar.» La indignación de los parlamentarios es grandísima; Azaña se ve obligado a someterse a una votación de confianza (que gana) y se nombra una comisión de investigación de los sucesos...

...ANTE LA CUAL, EL CAPITÁN ROJAS DICE QUE RECIBIÓ ÓRDENES DEL DIRECTOR GENERAL DE SEGURIDAD, EN EL SENTIDO DE QUE ACABARA CON LO DE CASAS VIEJAS, Y QUE NO QUERÍA "... NI HERIDOS, NI PRISIONEROS."

NO SE PUDO DEMOSTRAR TAL ORDEN, AUNQUE EL ALUDIDO POLÍTICO FUE JUZGADO, AUNQUE FUE ABSUELTO POR FALTA DE PRUEBAS.

EL CAPITÁN ROJAS FUE CONDENADO A 21 AÑOS DE CÁRCEL. SU PISTA SE PIERDE PARA SIEMPRE EN LA GUERRA CIVIL.

Y UNA COSA MUY IMPORTANTE: LA DEPURACIÓN DE LOS SUCESOS DE CASAS VIEJAS ES, SIN DUDA, LA PRIMERA VEZ EN LA HISTORIA DE ESPAÑA EN QUE UN GOBIERNO INVESTIGA HASTA EL FONDO Y EXIGE RESPONSABILIDADES EN SU SENO.

...Y AHORA UN DETALLE "CURIOSO": EL CAPITÁN DE ESTADO MAYOR BARBA, DE GUARDIA LA NOCHE DE AUTOS CERCA DE AZAÑA, PROPALÓ QUE LE HABÍA OÍDO DECIR POR TELÉFONO A ROJAS QUE EMPLEARA "¡TIROS A LA BARRIGA!" ¿SABEN QUIÉN ERA EL ALUDIDO CAPITÁN BARBA? PUES FÍJENSE QUE COINCIDENCIA: SENTÍA "UN ODIO PARANOICO CONTRA AZAÑA" (PALABRAS DE UN AMIGO SUYO), FUNDÓ EN 1933 LA UNIÓN MILITAR ESPAÑOLA, SECRETO EVENTO GENERADOR DEL GOLPE DE 1936, Y DURANTE LA GUERRA CIVIL FUE UNO DE LOS PUNTALES DE FRANCO EN TODA CLASE DE MENESTERES.

TAL INFUNDIO, SIN PRUEBAS NI TESTIGOS, HIZO MUCHO DAÑO A AZAÑA: SU FIGURA COMENZÓ PAULATINAMENTE A SER EL BLANCO DE TODOS LOS ODIOS.

Ametralladora pesada usada por los guardias de asalto en Casas viejas —A instancias del juez se reconstruyen los hechos, así fue el ataque final—. La casa de «Seisdedos», tal como quedó tras el incendio.

Los sucesos de Casas Viejas fueron empleados como punta de lanza de la derecha contra Azaña y, por elevación, contra la República, cuyo «acoso y derribo» era, en realidad, su meta total y anhelada...

LA CAMPAÑA CONTRA AZAÑA ES FEROZ Y SANGRIENTA...

— DON MANUEL: UNA COMISIÓN DE SÍNDICOS DE COMERCIO Y TRUEQUE DE PELUSAS DE BOLSILLO DE CANGUROS DESEA PRESENTARLE UN MEMORANDUM DE SUS REIVINDICACIONES

— ¿EN QUÉ CONSISTEN?

— EXIGEN QUE SE LE ENVÍE A V.E. UN TRANVÍA CARGADO DE TOMOS DE "ULISES", DE JOYCE

— JAMÁS PENSÉ QUE ME PUDIERAN ODIAR DE TAL MODO...

Porque los preparativos para enfrentarse las dos Españas seguían su secreto, pero evidente, curso. José Calvo Sotelo, Ministro de la Dictadura, abandona su destierro en París y va a Roma, donde se entrevista con el aviador-jerarca fascista Italo Balbo, 2.º de Mussolini. ¿Para qué? Nos lo suponemos. ¡Ah!, y un dato: en Roma estaba esos días, ¿saben quién?, pues el ínclito Cardenal Segura...

ITALO BALBO, ELEVADO A MINISTRO DEL AIRE Y COMANDANTE DE LAS FUERZAS AÉREAS, FUE NOMBRADO GOBERNADOR DE LIBIA EN 1939 POR MUSSOLINI, DONDE FALLECIÓ EN 1940, A BORDO DE SU AVIÓN, POR UN ERROR DE SU PROPIA DEFENSA ANTIAÉREA.

— PORCA MISSERIA: SE HA DESENROSCATI IL PENACHI EROICO GLORIOSSO, DEMOSTRATIVO DE LA MÍA CONDITIONE DE VALEROSSO GOBERNATORE DE LA LIBIA IMPERIALE

— ...SPERO QUE EN LA ARTIGLIERÍA ANTIAÉREA NON STE DE GUARDIA EL OFFICCIALE "CHIANTI CUOTIDIANE" (*)

(*) ESTABA

En el interior las derechas se agrupan y forman la C.E.D.A., siglas de Confederación Española de Derechas Autónomas, que bajo el dirigismo del joven abogado José M.ª Gil Robles, van a forzar a las izquierdas a un intento de «hilar más fino».

LA C.E.D.A.: UN TUTTIFRUTI POLÍTICO QUE ABARCABA DESDE LO MÁS REACCIONARIO DEL ESPECTRO DERECHOSO HASTA LOS SOCIAL-CRISTIANOS... Y ASÍ LES FUE.

CEDA SEDE NACIONAL

LA MODESTIA EN EL VESTIR SE EXIGE AL ENTRAR AQUÍ.

— ¡A VER, LOS DEL GRUPO "CRUZADOS DE LA RECONQUISTA DE LA ATEA MOSCÚ" NECESITAMOS UN ALMACÉN PARA LOS ESTANDARTES!

— ¡PERO SI YA LES DIMOS UNO LA SEMANA PASADA!

— SÍ, PERO ESE ERA LA MAZMORRA PARA JUDAIZANTES Y YA LA TENEMOS LLENA

A todo esto, en la Europa de 1933 Hitler ha tomado el poder en Alemania, animados por este hecho los integrantes de las Juntas Ofensivas Nacional Sindicalista que fundadas en 1931 habían llevado una gris existencia, se dedican a la violencia universitaria en Madrid, donde hieren gravemente a varios estudiantes...

...Pero la palma primario-fascista en la historia española quizá la posea el doctor Albiñana, que dejando el arte galénico de lado, se dedicó a organizar un grupo paramilitar, a los que bautizó con el bello nombre de "Legionarios de Iberia," los cuales, uniformados en plan nazi epocal hicieron, hacia 1931 varias barrabasadas "purificadoras" en Madrid, entre ellas quemar con gasolina ejemplares de la Constitución...¿de 1812?

Fueron desarticulados por la policía en 1932, al descubrirse su implicación en la Sanjurjada.

Uniformes de los "Legionarios de Iberia," descubiertos por la policía en casa del secretario de Albiñana.

Albiñana fue desterrado a Las Hurdes, pero volvió a ser diputado por Burgos en 1933. En 1936 fue asesinado en Madrid, tras el 18 de julio.

Sin duda aprovechando la nazificación europea, un grupo de escritores, el ex-anarquista Giménez Caballero, Ledesma Ramos, cofundador de las JONS, el poeta Sánchez Mazas, Juan Aparicio y José Antonio Primo de Rivera, bajo la dirección del periodista Delgado-Barreto (1), fundan una revista con el «curioso» nombre de «El Fascio»...

«...Sospecho que tu fascismo ha brotado de tu gran corazón antes que de tu inteligencia.»

Como sería el contenido del aludido panfleto, que Luca de Tena, director a la sazón del monárquico "ABC" "regañó" a José Antonio Primo de Rivera con una carta, en la que, entre otras cosas, le espetaba...

...Menos mal, sólo le ha faltado mandarme un capón certificado.

(1) Periodista reaccionarísimo que fue director del primorriverista diario "La Nación"

A pesar de la marejada reaccionaria, el Gobierno saca adelante, por 240 votos contra 40, la ley de Congregaciones Religiosas, que, mayormente, desarrollaba el laicismo del Estado, proclamado por la Constitución Republicana.

Servidor, francamente, estaba hasta la coronilla de Santo Dominguito Sabio

...y aquí del querube San Tarsicio

En esta ley, amén de someter a las órdenes a un régimen de derecho común asaz duro, declaraba la propiedad pública de monasterios y templos, (aunque seguirían dedicados a su misión), y prohibía la enseñanza a las órdenes religiosas. 350.000 niños se quedan sin escuelas; maestros (8.000) hay, pero los 6.000 locales necesarios fueron un problema que hizo que esta medida se suspendiera provisionalmente hasta que Franco la derogó.

Ahora bien: nunca nos olvidaremos de que usted nos enseñó a leer, padre Vetustez.

Sí

Y así, de nuevo, la República molestó a un gran grupo de españoles,"...sin granjearse las simpatías del otro" (Tuñón).

Y además la República crea, en plan de revolución cultural, las «Misiones Pedagógicas» que, formadas por estudiantes y maestros (1), emplean su verano en culturizar los pueblos por medio del cine, la música, el teatro, la declamación... ante los ojos atónitos de los moradores de recónditos lugares de la vieja Iberia, desfilan toda suerte de maravillas...

20 AÑOS TRAS SU POPULARIZACIÓN EN EL MUNDO, EL CINE LLEGA A TODA ESPAÑA.

LA DEL SOTO DEL PARRAL

HORACIO; TÚ QUE TIES LETRAS ¿QUE PONE?

«LA CHOTA ESNÚA»

(COMO SEA DE GUARRERÍAS, SERVIDORA SE OREA)

Y AQUÍ COLOCABAN UNA PANTALLA EN LA PLAZA MAYOR, CON "VIENTOS" PARA QUE NO SE VOLARA; EL RESPETABLE ACUDÍA PROVISTO DE SILLA Y MANTA, Y SE COLOCABA A AMBOS LADOS DE LA PANTALLA. LOS RETRASADOS EN EL LADO MALO.

(1) "LA BARRACA" Y "EL BÚHO" FUERON LAS MÁS GUAYS.

Pero nada: el oleaje reaccionario es tal que, en las elecciones parciales municipales de abril de este 1933, en la que sólo votan 2.478 Ayuntamientos (casi todos de Castilla, Navarra y País Vasco) (1) la C.E.D.A., arraigada sorprendentemente en muy poco tiempo en la España rural, derrota en toda lid a los candidatos de izquierdas...

16.000 CONCEJALES DE LAS DERECHAS POR 5.000 DE IZQUIERDAS.

DIGO YO DE PROTESTAR A LA JUNTA ELECTORAL; EL QUE HAYAMOS PERDIDO NO LES AUTORIZA A ECHARNOS AL PILÓN

MEJOR ESPERAMOS A QUE TIRE A LOS 4.998 QUE FALTAN Y LO SOMETEMOS A DEBATE

BUEEENO

(1) DATO: EN NAVARRA, DE 788 CONCEJALES, 719 SON PARA LA DERECHA. LOS CARLISTAS ARRASARON.

La derecha, con un morro electoral de lo más Belafonte, se crece y se lanza en las Cortes a una obstrucción parlamentaria, asaz plastosa, con anécdotas increíbles unas, e inopinadas otras...

SUCESO AUTÉNTICO ACAECIDO ENTRE DOS DIPUTADOS MUY ENFRENTADOS, DE LOS CUALES NOS GUARDAMOS LOS NOMBRES, PUES AMBOS MURIERON FUSILADOS EN LA GUERRA CIVIL, UNO POR CADA BANDO.

EL DE DERECHAS DIJO:

¿CÓMO QUIERE USTED QUE CONSIDEREMOS SERIAS SUS PROPUESTAS, CUANDO ES PÚBLICO Y NOTORIO QUE USA USTED CALZONCILLOS DE LUNARES?

EL DE IZQUIERDAS RESPONDIÓ:

NUNCA PUDE SUPONER QUE SU ESPOSA FUERA TAN INDISCRETA

(SIELOS)

Curiosidad: Por estas fechas el Ministerio de Justicia republicano, publica la «Relación Completa de la Nobleza Española», por la que los sufridos españolitos de a pie se enteraron de que, en plena República, había 254 Grandes de España, encabezando la gruesa clasificaçao el Duque de Alba, con apenas 47 «Grandezas», el mushasho...

...A LA SAZÓN "DE VACACIONES" EN INGLATERRA

¿A QUIEN TENGO EL HONOR DE ANUNCIAR, MILORD?

SOY "THE TIRA TITLES", TÍO

("CIELOS, EL TULLE HÚMEDAS DE UJIERES")

Cotilleo social: el Príncipe de Asturias, Don Jaime, heredero de la Corona de España, renuncia a sus derechos dinásticos, para contraer matrimonio con una bella joven, de ascendencia cubana, sin relación alguna con el Gotha (1). Casi a la vez el ex rey Alfonso es visitado por Gil Robles, al que anima a la inmersión en las tareas de Gobierno, aunque sea republicano.

¡A LA BIN-A LA BAN-A LA BIM-BOM-BAM...! ¡GIL ROBLES, GIL ROBLES Y NADIE MÁS!

GRACIAS, MAJESTAD (PENA CASSETE, FARDE EN SERRANO, OIG)

1935

(1) YA SABEN: EL LIBRO ESE ALEMÁN DE LOS NOBLES Y ARISTÓCRATAS.

Y ahora otro cotilleo social, pero de otro signo: Almería y Asturias son las regiones europeas que menos carne consumen al año: 15 kilos por habitante... para ser exactos 41,09 gramos al día

¡OSÚ, MI MARE!

En 1933 Barcelona tiene ya 1.062.821 habitantes, Madrid 953.500, Valencia 320.199, ambas tres son las ciudades españolas más grandes... las capitales pitufas eran Huesca, Teruel y Soria con menos de 15.000...

ME PIDO CENTROCAMPISTA

CUANDO LLEGUEMOS A LA PORTERÍA, VEREMOS

El Gobierno republicano reconoce al de la Unión Soviética, aunque ante la algarada derechista que se produce, ambos países no llegan a nombrar a sus respectivos embajadores...

RESPECTIVOS EMBAJADORES ENTRENÁNDOSE, SIN SOSPECHAR QUE NO VAN A SER NOMBRADOS.

¡BICHOF!

KALINGA, KALINGA, KALINGA...

KATAKRAU

STUPENDO, EL ESCROTO

Y además, como es habitual en estos casos, la prensa derechista achacaba al Gobierno izquierdista de Azaña todos los males del momento (¿les suena?), aunque hubieran sido heredados desde remotos y ancestrales siglos... paro forzoso, burocracia, desórdenes públicos; en fin, todo, todito, todo.

...PRUEBA EVIDENTE DEL FALACISMO JUDEO-MASÓNICO-MARXISTA, QUE INTENTA ARRASAR HASTA LAS MÁS ÍNTIMAS Y ARRAIGADAS COSTUMBRES Y TRADICIONES HISPANAS

Y NO SERÁ LA PITOPAUSIA

TÚ CÁLLATE, SO ROJONA

El Ministro de Hacienda, Jaime Carner, tiene que dimitir por ponerse muy malito; Alcalá Zamora, el Presidente Republicano, tras algunas consultas encarga a Azaña que forme otro gobierno. Para obtener la confianza de su nuevo gobierno, Azaña tiene que soportar un virulento ataque de Lerroux, que ya se ve en plan jefona...

... EN EL QUE EL JEFE RADICAL ACUSA A AZAÑA DE BOICOTEAR LA ECONOMÍA ESPAÑOLA A CAUSA DE LAS RECIENTES RELACIONES DIPLOMÁTICAS CON RUSIA. LERROUX LEE ANTE EL PARLAMENTO CARTAS QUE DICE HABER RECIBIDO...

ESTA ES DE LA UNIÓN NACIONAL DE EXPORTADORES AGRÍCOLAS; EXIGE QUE SÓLO SE EXPORTEN A LA UNIÓN SOVIÉTICA LOS PRODUCTOS QUE A ELLOS LES INTERESEN

ESTA OTRA, DE LOS INDUSTRIALES DEL NORTE... QUE RUSIA COMPRE, OBLIGATORIAMENTE, A ESPAÑA MATERIAL FERROVIARIO (1).

Y ESTA TERCERA DE LOS PATRONOS CARBONEROS, NEGÁNDOSE A QUE SE COMPRE ANTRACITA SOVIÉTICA, MÁS BARATA QUE NINGUNA, PORQUE "... VENDEN (LOS RUSOS) SIN BENEFICIO ECONÓMICO PARA HUNDIR LA INDUSTRIA CARBONÍFERA CAPITALISTA"

EN RESUMEN, SEÑORES: HONRADOS EMPRESARIOS TIEMBLAN ANTE LA POSIBLE TENAZA ECONÓMICA RUSA QUE EN LONTANANZA ACECHA

(1) SIN ENTERARSE DE QUE LOS SOVIÉTICOS HABÍAN EMPEZADO SU PLAN QUINQUENAL FERROVIARIO

A todo esto los socialistas se dividen en dos grupos: los moderados, encabezados por Julián Besteiro, partidarios de colaborar con Azaña en sus gobiernos reformistas, y el sector revolucionario, al mando de Francisco Largo Caballero, firme creyente de que había que dejarse de componendas y hacer «ya mismo» la soñada revolución socialista.

FRANCISCO LARGO CABALLERO Y JULIÁN BESTEIRO
UN ESCAYOLISTA Y UN CATEDRÁTICO ENCABEZAN LAS DOS TENDENCIAS SOCIALISTAS EN 1933

En estos follones, el Gobierno, a pesar del obstruccionismo derechero, logra que las Cortes aprueben una nueva ley Electoral, por la cual ya pueden votar las mujeres; la ley de Orden Público (1), y la ley del Tribunal de Garantías Constitucionales; cuando se voten las listas de los vocales para éste, los radicales lerrouxistas dejan «con el pompis al aire» al Gobierno, no votando a los candidatos pactados anteriormente: Azaña se ve obligado a dimitir y Don Niceto, el presidente republicano, encarga al «Ex-tigre del Paralelo», Lerroux, la formación de gobierno...

EL ARRIBISTA LERROUX LLEGA AL FIN, A LA JEFATURA DE GOBIERNO, SU SUEÑO DORADO... QUE SÓLO DURARÁ ESTA VEZ 20 DÍAS.

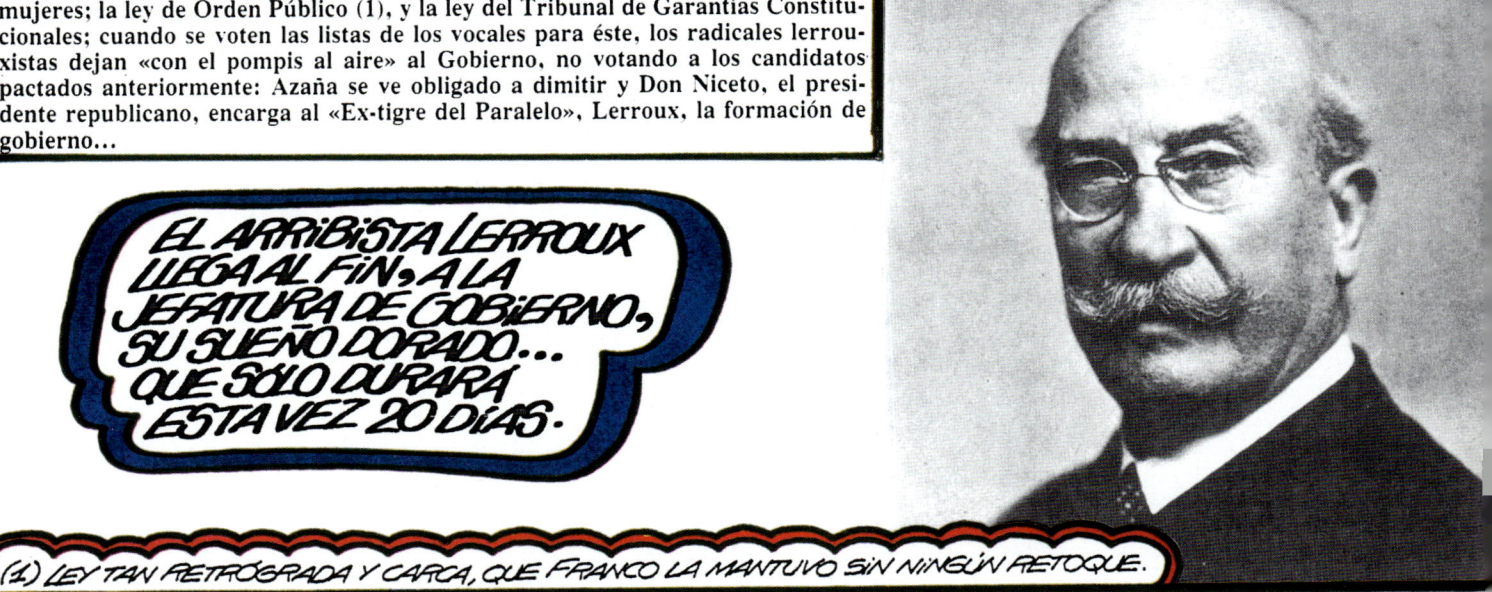

(1) LEY TAN RETRÓGRADA Y CARCA, QUE FRANCO LA MANTUVO SIN NINGÚN RETOQUE.

Esa misma tarde acaece un hecho revelador: las Juventudes Socialistas, que seguían los postulados revolucionarios de Largo Caballero, se manifiestan conjuntamente con las Juventudes Comunistas en la Puerta del Sol madrileña, en contra de los radicales...

¡...PESE A LAS VIOLENTAS CARGAS DE LA TEMIBLE CABALLERÍA DE LOS ASALTO BOY'S!

¡TOMA, SO BOLO, PARA QUE APRENDAS A TIRARLE LADRILLOS AL JEFE!

¡PERO SI LE HE DADO EN PLENO MORRAMEN!

¡EN LOS CATAPLINES TENÍAS QUE HABERLE DADO, SO MANTA!

¡PAC!

Se presenta el gobierno radical en el Parlamento... y es derrotado por 187 contra 91 votos... Don Niceto intenta formar otro gabinete en el que no haya azañistas ni socialistas... nada, los dos comisionados para ello, Sánchez-Román y Pedregal, no lo consiguen, por lo que se disuelven las Cortes y, al exclusivo objeto de convocar elecciones generales Alcalá-Zamora pone a Diego Martínez Barrio al frente de un gobierno electoral en el que entre otros, figuran como ministros los señores Pi, Pita y Palomo, y además este último lo es de Comunicaciones. Las bromas del estado llano al respecto son continuas...

EL PARTIDO COMUNISTA SE LANZA A LA LUCHA ELECTORAL (LOGRARÁ 200.000 VOTOS). DOLORES IBARRURI, JESÚS HERNÁNDEZ, JOSÉ DÍAZ Y CASANELLAS, ANTES DE UN "MEETING," COMO SE DECÍA ENTONCES.

La única cosa que hace este gobierno, amén de la convocatoria electoral, es la fiscalización de un plebescito en el País Vasco al objeto de inquirir si el personal euskaldún quiere un Estatuto... en Guipúzcoa el 89 % dice «sí», en Vizcaya es el 88 % y en Alava el 49 %...

♪...NI NUNCA, NUNCA, TE HE DE OLVIDAR... AUNQUE DE TÍ ME ALEJEN, LEGUAS Y LEGUAS DE TIERRA Y MAAAARRR... MAITE, SI UN DÍA SABES...♪

(¿QUEDA MUCHO?)
(COMO 2 MINUTOS)
(VALE)

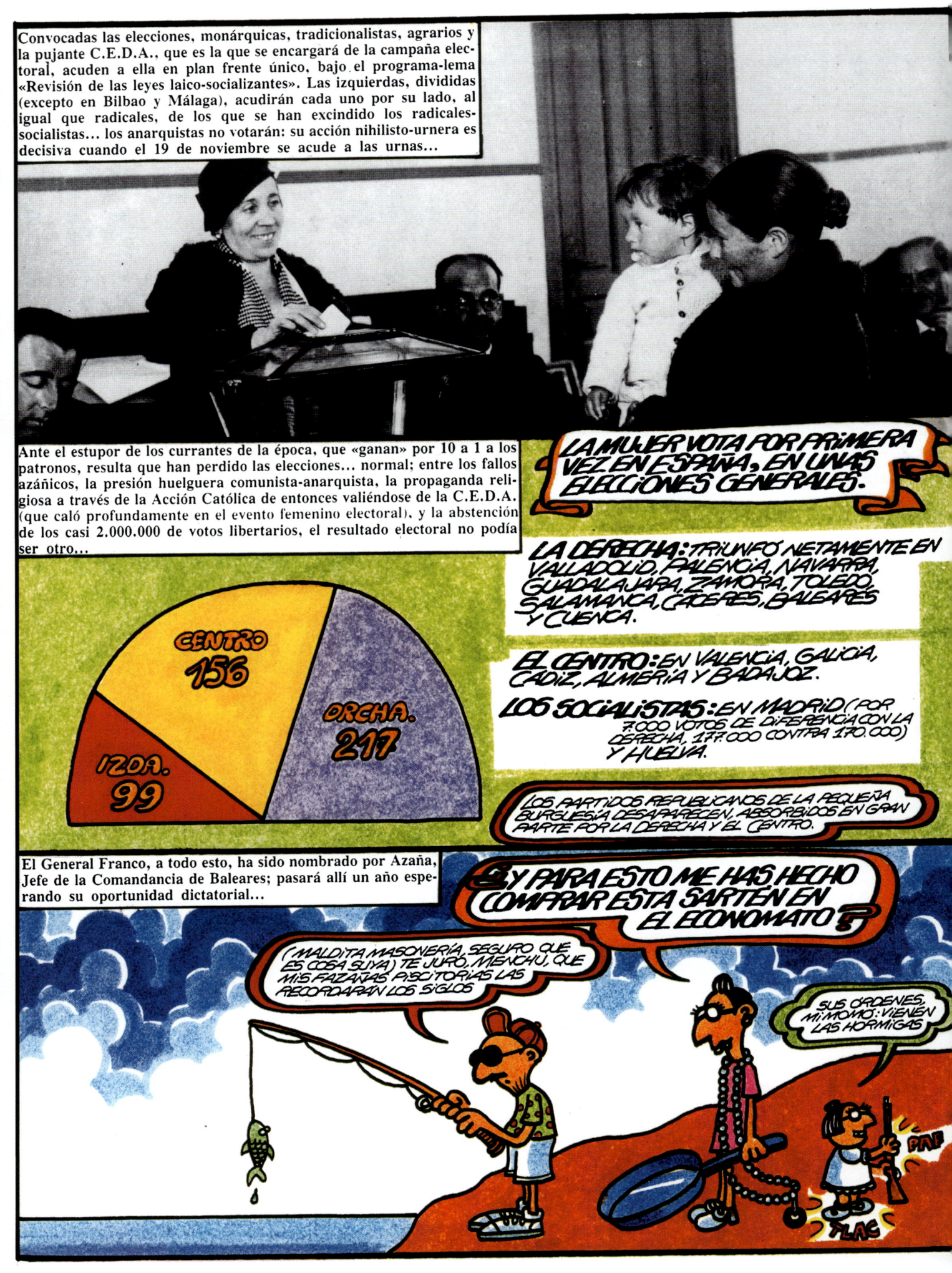

Convocadas las elecciones, monárquicas, tradicionalistas, agrarios y la pujante C.E.D.A., que es la que se encargará de la campaña electoral, acuden a ella en plan frente único, bajo el programa-lema «Revisión de las leyes laico-socializantes». Las izquierdas, divididas (excepto en Bilbao y Málaga), acudirán cada uno por su lado, al igual que radicales, de los que se han escindido los radicales-socialistas... los anarquistas no votarán: su acción nihilisto-urnera es decisiva cuando el 19 de noviembre se acude a las urnas...

LA MUJER VOTA POR PRIMERA VEZ EN ESPAÑA, EN UNAS ELECCIONES GENERALES.

Ante el estupor de los currantes de la época, que «ganan» por 10 a 1 a los patronos, resulta que han perdido las elecciones... normal; entre los fallos azañicos, la presión huelguera comunista-anarquista, la propaganda religiosa a través de la Acción Católica de entonces valiéndose de la C.E.D.A. (que caló profundamente en el evento femenino electoral), y la abstención de los casi 2.000.000 de votos libertarios, el resultado electoral no podía ser otro...

CENTRO 156
DRCHA. 217
IZDA. 99

LA DERECHA: TRIUNFÓ NETAMENTE EN VALLADOLID, PALENCIA, NAVARRA, GUADALAJARA, ZAMORA, TOLEDO, SALAMANCA, CÁCERES, BALEARES Y CUENCA.

EL CENTRO: EN VALENCIA, GALICIA, CÁDIZ, ALMERÍA Y BADAJOZ.

LOS SOCIALISTAS: EN MADRID (POR 7.000 VOTOS DE DIFERENCIA CON LA DERECHA, 177.000 CONTRA 170.000) Y HUELVA.

LOS PARTIDOS REPUBLICANOS DE LA PEQUEÑA BURGUESÍA DESAPARECEN, ABSORBIDOS EN GRAN PARTE POR LA DERECHA Y EL CENTRO.

El General Franco, a todo esto, ha sido nombrado por Azaña, Jefe de la Comandancia de Baleares; pasará allí un año esperando su oportunidad dictatorial...

¿Y PARA ESTO ME HAS HECHO COMPRAR ESTA SARTÉN EN EL ECONOMATO?

(MALDITA MASONERÍA, SEGURO QUE ES COSA SUYA) TE JURO, MENCHU, QUE MIS HAZAÑAS PISCATORIAS LAS RECORDARÁN LOS SIGLOS

SUS ÓRDENES, MI MOMO: VIENEN LAS HORMIGAS

PAF
PLAC

Ante el resultado electoral, los libertarios montan, una vez más, una de sus habituales y clásicas «revoluciones finales». Con iniciación en Aragón, la huelga general se extiende prestamente a Gijón, León, Badajoz, Córdoba, Burgos y Logroño, mientras en Cenicero, Fuenmayor y Briones proclaman el famoso «comunismo libertario»...

...CONSISTENTE, AL PARECER, EN TOMAR CORREOS, EL AYUNTAMIENTO, QUEMAR EL REGISTRO DE LA PROPIEDAD... Y YA NO SABÍAN QUÉ HACER...

Y AHORA ¿QUÉ HACEMOS?
¿QUÉ ECHAN HOY EN LA TELE?
UN TEATRO
JO, QUÉ ROLLO
PODRÍAMOS ECHARNOS UN MUS...
NI HABLAR, LOS NAIPES PROHIBIDOS
STUPENDO

En la provincia de Valencia, el corte anarco de las vías ferroviarias provocó el descarrilamiento del expreso Barcelona-Sevilla, en el que hubo 30 muertos... tras cinco días de violencia, el gobierno en funciones se hace con las riendas: Decreta la disolución de la C.N.T., clausura su prensa y condena a diversas penas de cárcel a más de 700 anarquistas...

75 PAISANOS Y 14 GUARDIAS FALLECIDOS... 165 HERIDOS EN TOTAL...

SALDO DE ESTA REVOLUCIÓN ANARQUISTA, FUNDADA MÁS EN LA ESPERANZA DE SU VIRTUALIDAD QUE EN ELEMENTOS OBJETIVOS DE JUICIO... HABÍA DEMASIADA DISTANCIA ENTRE LOS UTÓPICOS IDEALES ANARQUISTAS Y LA REALIDAD ESPAÑOLA DE 1933

Terminado este follón, Martínez Barrio presenta la dimisión a Don Niceto, que encarga a Lerroux la formación del nuevo gobierno... por fin Gil Robles es llamado a consulta; no será aún ministro, pero ya las juventudes de su partido, convenientemente uniformadas al gusto de la época, le gritan «¡Jefe, Jefe, Jefe!», con el brazo derecho cruzado sobre el pecho, en plan saludo-cabestrillo, a medias de la salutación fascista que ya impera en la vieja Europa.

¡¡JEFE, JEFE, JEFE!!

(VIRGEN SANTA, QUÉ COÑAZO)

Noticias generales de 1933: los pobrecitos leprosos de Fontillas se amotinan; la razón: no quieren médicos, quieren curanderos...

LA LEPRA, PRÁCTICAMENTE DESAPARECIDA, YA NO ES LA HORRIBLE ENFERMEDAD DE ANTAÑO. HOGAÑO SE COMBATE MUY BIEN, YA QUE EL AGENTE QUE LA PRODUCE, EL "MICROBACTERIUM LEPRAE", ES SENSIBLE A MUCHOS MEDICAMENTOS, HABIENDO DESAPARECIDO DE LOS LEPROSOS LAS LLAGAS Y HERIDAS. NO OBSTANTE, AÚN DA PROBLEMAS NERVIOSOS Y ATRÓFICOS, PERO SON CONTROLABLES.

Y UN DATO ESTREMECEDOR: INVIRTIENDO EL PRECIO DE UN CARRO DE COMBATE MODERNO (UNOS 800 MILLONES DE PESETAS) EN INVESTIGACIÓN, LA LEPRA DESAPARECERÍA DE LA TIERRA PARA SIEMPRE EN 5 AÑOS.

NINGÚN PAÍS DEL MUNDO HA QUERIDO DAR ESTE DINERO PARA TAL FIN... Y QUE CONSTE QUE LA ASOCIACIÓN MUNDIAL DE LUCHA ANTI-LEPROSA LO LLEVA PIDIENDO MÁS DE 25 AÑOS...

¿HAY DERECHO?

¡NO!

Uzcudun se proclama campeón de Europa. El Madrid gana la liga, y ficha al ídolo barçista Samitier. Salen, por fin, las nuevas monedas de la república.

ESTAS SERÁN LAS ÚLTIMAS MONEDAS REPUBLICANAS: EMITIDAS POR EL CONSEJO DE ASTURIAS, EN PLENA GUERRA CIVIL

En Puertomingalvo (Teruel) la Guardia Civil suspende una capea que sin permiso gubernativo se celebra, las vaquillas son azuzadas por los espectadores contra los números del benemérito cuerpo, que las pasan canutas para librarse de las cornúpetas...

¡DÉJELO, MARTÍNEZ; ES UNA ORDEN!

TRANQUILO, MI CABO: NO EN BALDE ME LLAMAN "EL NIÑO DEL NARANJERO"

JESÚS, QUÉ AFICIÓN

El tren que desde París trae a Madrid a las bellezas continentales para la elección de «Miss Europa», es gentilmente asaltado en Aranda de Duero, por un grupo de simpáticos íberos, que las acompañan hasta Madrid. La rusa Tatiana Marlowa será coronada «Miss Europa '33».

Hollywood impone la moda femenina de las rubias platino en el macizamen peninsular y las americanas blancas con anchos pantalones oscuros en los íberos modelnos...

LA MACIZA CELIA GÁMEZ, SEX-SYMBOL ESPAÑOL EPOCAL.

LA RUBIA PLATINO "GUAY": MAE WEST, CUYOS REGIOS CONTONEOS ENCANDILARON CANTIDAD A NUESTROS ABUELOS

También, los hollywoodenses, «Tarzán» y «King-Kong» son los héroes de todos los niños euro-americanos del momento...

KING-KONG, SEGÚN LA VERSIÓN DE 1933, SE DEFIENDE, AL PARECER, DEL ACOSO DE LA HACIENDA PÚBLICA AMERICANA

121

1933 es el del estreno de las lorquianas «Bodas de Sangre», de las arnichinescas «Las doce en punto» y de los muñozsecanos «Trapos viejos». El Gordo y el Flaco triunfan con «Héroes de tachuela», Marlene Dietrich es la soñada «Venus rubia» y Boris Karloff la temida «Momia»...

¡GENOVEVA, TU MADRE!

... Y así cerramos este 1933; los españoles, enfrentados a uno de los momentos más difíciles de su historia, gobernados por uno de los más arribistas íberos que en el mundo ha sido: Alejandro Lerroux (casualmente con apellido francés), será otro de los grandes culpables de la sangre que casi 900 días después, en julio de 1936, inundará la vieja iberia...

1936-39

Que conste que no nos hemos olvidado de la fundación de la Falange en octubre de 1933. Adrede lo hemos dejado para nuestro próximo Capítulo «Cara al Sol...», que con muchísima «tela que cortar», estará la semana que viene con ustedes...

FALANGISTAS DE 1933 SALUDÁNDOSE SECRETAMENTE, SEGUNDOS ANTES DE DISCUTIR ACREMENTE CON 2 TAXISTAS.

¡NO SE LO PIERDAN ¿EH?!

Capítulo VII

"CARA AL SOL..."

THE FALANGE, OIGA USTED

La Garra Hispánica invento ledesmiano

La ascensión de Mussolini al itálico poder es el detonante, a partir de 1922, para la aparición de fascismos por doquiera partes del mundo: aquí en ese mismo año aparece un periódico, «La Camisa Negra», fundado por los mauristas Santos Ecay y Tomás Benot, bajo el subtítulo de «Semanario Gráfico Popular». Ninguna de las tres cosas fue, pues sólo duró un número.

En marzo de 1923 un grupo de oficiales catalanes de guarnición en Barcelona fundan un grupo secreto que, bajo un ideario mussoliniano, apocopan con el curioso nombre de La Traza... La llegada al poder del general Primo de Rivera hace que La Traza se difumine; la Dictadura, cuasi-fasci, parece que detiene otra concepción fachenda que no sea la suya, que, reflejado su ideario en «La Nación», se dedica a apostrofar horreiblemente a cualquier cosa que huela a democracia.

Caído el dictador, el doctor Albiñana monta su títere legionaral sin ningún éxito. Es Giménez Caballero, desde la prestigiosa «Gaceta Literaria», el que en 1930 propugna la «importación del modelo italiano». Es Ramiro Ledesma Ramos, con el lanzamiento del semanario «La Conquista del Estado» (semanario de lucha y de información política), en el que aparece el artículo «España, sangre de imperio», donde se dice, mayormente, que cuando los Reyes Católicos esto era Jólivuz. Ledesma rescata el yugo and the flechas, títere emblemático isanandino, y otro curioso emblema, la garra hispánica, que, según Ledesma, «... proyecta a su portador hacia el imperio solar». A pesar de su tinglado, Ramiro no logra conectar ni con la derecha ni con la izquierda descontenta; sólo un grupo vallisoletano capitaneado por Onésimo Redondo (grupo al que Ledesma consideraba ultraderechista) se alía con él, y es entonces cuando reciben apoyo económico de al menos seis capitalistas vascos, con el cual logran fundar las J.O.N.S. (Juntas Ofensivas Nacional-Sindicalistas).

Mientras tanto, el hijo del fallecido dictador, José Antonio Primo de Rivera ha abandonado la Unión Monárquica Nacional y edita, con un grupo de amigos, el semanario «El Fascio». Pronto «conecta» con Ledesma y Redondo; este último, muy violento, abandona pronto el triunvirato: será sustituido por Ruiz de Alda. El partido a presentar en público se llamará Falange Española de las J.O.N.S. El día 29 de octubre de 1933, en el madrileño Teatro de la Comedia, Primo de Rivera spicha un largo discurso en el que refuta el estado liberal y llama «nefasto» a Rousseau. Proclama su revolución como «... no demoledora, sino adecentadora y constructiva, que pretende cambiar un sistema, cogiendo por el cuello a la miserable clase política dominante...».

El resto del devenir de la Falange es asaz conocido, pero hay algo que casi nadie sabe: las líneas de Primo de Rivera, en 1935, reconociendo el fracaso absoluto de su partido: «En vano hemos recorrido España desgañitándonos en discursos; en vano hemos editado periódicos; el español, firme en sus primeras conclusiones infalibles, nos negaba, aun a título de limosna, lo que hubiéramos estimado más: un poco de atención.»

Un año más tarde Franco usaría a la Falange como justificante de 39 años de poder personal; los españoles fuimos obligados a prestarle no «un poco», sino casi toda nuestra «atención».

Ledesma Ramos, en hitleriana actitud, inclusive bigotal, en Navacerrada (1931).

Muerte a muerte, odio a odio España entra en 1934, el año más sangriento de la República, bajo el signo de las batallas callejeras de los vendedores de prensa de ambos signos. Las dos Españas se enfrentan, por medio de sus respectivas juventudes, en cada esquina del solar patrio... la sangre corre, empapando la letra impresa...

EL SOCIALISTA — EL FASCISMO SE ORGANIZA

FE — EL MARXISMO AGAZAPADO

El día de Nochebuena de 1933, el anciano Coronel-Presidente de la Generalidad Catalana, Françesc Macia, fallece plácidamente, rodeado de los suyos. El viejo luchador de las libertades catalanas es sustituido al frente del gobierno de Barcelona, por su heredero político, Lluis Companys.

LLUIS COMPANYS (1883-1940)

ILERDENSE DE TARROS, HIJO DE UNA ACOMODADA FAMILIA CAMPESINA, FUNDÓ, ESTUDIANDO DERECHO EN BARCELONA, LA ASOCIACIÓN ESCOLAR REPUBLICANA (1900), MILITANDO EN LA UNIÓN REPUBLICANA. DIRIGIÓ LOS DIARIOS "LA PUBLICIDAD" Y "LA LUCHA". ELEGIDO EN 1917 CONCEJAL DEL AYUNTAMIENTO DE BARCELONA, EN EL SENO DE SOLIDARITAT CATALANA, SE CONVIRTIÓ EN EL ABOGADO PREFERIDO DE LOS SINDICALISTAS, LO QUE LE VALIÓ SER DEPORTADO A MAHÓN. PERO AL SER ELEGIDO DIPUTADO POR SABADELL, QUEDÓ EN LIBERTAD. ASESORÓ LEGALMENTE A LA UNIÓ DE RABASSAIRES PARA SU CONSTITUCIÓN. EN 1931 FUE UNO DE LOS FUNDADORES DE LA ESQUERRA REPUBLICANA DE CATALUNYA. EL 14 DE ABRIL DE DICHO AÑO SE HIZO CARGO DEL AYUNTAMIENTO DE BARCELONA, SIENDO ELEGIDO DIPUTADO A LAS CONSTITUYENTES Y PRESIDENTE DEL PARLAMENTO CATALÁN. AZAÑA LE NOMBRÓ MINISTRO DE MARINA EN EL INICIO DE 1933, ANTES DEL ADVENIMIENTO DE LERROUX... YA HABLAREMOS MÁS DE COMPANYS EN OTRO LUGAR.

Companys forma en Cataluña un gobierno de concentración de izquierdas, en el que la Esquerra se lleva la mejor parte. El partido de la oposición, la derechista Lliga, de Cambó, se pone hecha una foca enfurecida, pero no hay tutía: se acabaron las componendas, sólo gobernará la izquierda.

FRANCISCO CAMBO (1876-1947)

HIJO DE UNA RICA FAMILIA TERRATENIENTE DEL AMPURDÁN, SE LICENCIÓ EN FILOSOFÍA Y EN DERECHO. PRESIDENTE DEL CENTRE ESCOLAR CATALÁ (1897), INTERVINO EN LA FUNDACIÓN DE EL A MODO DE PARTIDO LLIGA DE CATALUNYA, SEMILLERO DEL NACIONALISMO BURGUÉS CATALÁN. MUY RELACIONADO CON LA ALTA BURGUESÍA DE BARCELONA, FUE SU "EMBAJADOR" EN MADRID. MINISTRO DE FOMENTO EN 1918, DURANTE 7 MESES Y DE HACIENDA DURANTE OTROS 7 (AGOSTO 1921 - MARZO 1922) NOMBRADO POR SU AMIGO PERSONAL MAURA. MULTIMILLONARIO CUANDO EL GOLPE DE PRIMO DE RIVERA, APROBÓ IMPLÍCITAMENTE AL GENERAL, Y AL REY HASTA SU EXILIO EN 1931. DIPUTADO POR LA LLIGA EN 1933, FUE DERROTADO EN LAS ELECCIONES DE 1936. LA REBELIÓN DE FRANCO AND YOUR BOYS LE SORPRENDIÓ DE CRUCERO POR EL MEDITERRÁNEO; AUNQUE SE MANTUVO ALEJADO DEL FOLLÓN, PRESTÓ AYUDA A FRANCO, PARA LUEGO INSTALARSE EN ARGENTINA, DONDE PALMÓ EN 1947.

Mientras, en Madrid, el Gobierno derechista de Lerroux ha iniciado la «Restauración Social», tras remodelar 3 ministros de su gabinete: El 11 de febrero un decreto dejaba sin vigor parte de la ya poquísima reforma agraria lograda por los anteriores gobiernos de izquierdas: son deshauciados 28.000 braceros de las tierras dedicadas a cultivos intensivos, «casualmente» cuando las acababan de sembrar. Ilusionados los propietarios ante el chollo que se les entrega, dando ejemplo de gran preocupación social, bajan aún más los ya bajos salarios.

MISTERIO 1933: ME LE SALE UN CUERNO A UN AMO Y LO CELEBRA EN UNA DISCOTECA CON TODA LA "JET-CUERNITY"

MÁS JOPUTOS QUE UN CALLO EN LA ESCLERÓTICA

MAYORMENTE

Y así las cosas, las Cortes, con una gran mayoría derechista en plan apisonadora preparan una ley para amnistiar a los «Héroes del 10 de agosto». Un ministro, en el parlamento, para justificar el títere, llegará a decir que lo del levantamiento de Sanjurjo era tan meritorio como el de Jaca de 1931 de Galán y G.ª Hernández... Cuentan las crónicas que los gritos de protesta de los diputados izquierdistas se oían «bastante lejos». La metedura de pata le costó el puesto al «enterado» prócer...

¡¡BURRO!!

¿QUÉ HE DICHO?

Comienzan a llegar a la Italia fascista de Mussolini algunas decenas de jóvenes carlistas «... para instruirse en el manejo de armas modernas», merced al acuerdo del Duce, con una delegación de conspiradores tradicionalistas españoles que, a cambio del compromiso de montar en España una «Monarquía corporativa y orgánica», los italianos aflojarían «... 20.000 fusiles, 20.000 bombas de mano, 200 ametralladoras y 1.500.000 pesetas».

INSTITUTTI DE FORMATIONI DE AGUERRIDI E FEROCCES FASCISTAS ÉPICOS

POR ESTA ÉPOCA, MUSSOLINI, ANTE NUMEROSO PÚBLICO, SE METE EN UNA JAULA DE LEONES, EN UN CIRCO... LA PRENSA ITALIANA JALEA AL "HEROICO CONDUCTORE"... NO DICEN LAS 4 INYECCIONES DE TRANQUILIZANTES PUESTAS A CADA FELINO.

...IL GESTO FIERO, LA POSSTURA AGRESSIVA, LA MIRADA DESAFIANTE, LEI BRAZZOS IN JARRETA, LA VOCCE GRAVE, FORTE Y RONCA... MA MELODIOSSA E CÁLIDA...

(PUES ANDA, QUE SI ESO ES PARA PEDIR UN RADIO-TELÉFONO TAXI, ¿QUÉ SERÁ PARA DISCUTIR CON LA PARIENTA?)

(CALLARSUS, QUE NOS CANTA OPERA)

CIELO SANTO

IL DUCE NON SE PEDE, AROMATIZA

IL DUCE NON SEI BAJO: SEI TENORE

Gil-Robles informa que sus juventudes sustituirán a los huelguistas en sus puestos de trabajo, y así las Juventudes de Acción Popular se encargan de repartir el diario «ABC», a causa de una huelga de los distribuidores. Lógicamente son acusados de «señoritos» ya que, no sólo impiden las reivindicaciones obreras sino que además, al no cobrar un duro por el curre, es signo de que no lo necesitan...

Nuevo follón lerrouxiano: A causa de la ley de Amnistía para los sanjurjistas, el presidente de la República Alcalá-Zamora añade una dura nota de su puño y letra al firmar dicha ley, en la que advierte que vigilará estrechamente a los militantes amnistiados y no consentirá que sean designados para ningún puesto de mando nunca jamás.

Lerroux que me lee aquesho, va y, asaz mosqueado, dimite totalmente, pero se cuida muy mucho de que forme nuevo gobierno su correligionario radical Ricardo Samper, abogado valenciano, que es recibido por la prensa con irónicas dudas sobre su situación en el espectro político, debido a su acusado estrabismo.

LA ÚLTIMA "FAZAÑA IMPERIAL" DE LA HISTORIA DE ESPAÑA TIENE LUGAR, PRECISAMENTE, DURANTE EL GOBIERNO DE SAMPER: 935 SOLDADOS, AL MANDO DEL CORONEL CAPAZ, TOMAN POSESIÓN EFECTIVA DE LOS TERRITORIOS DE IFNI, CONCEDIDOS A ESPAÑA POR EL TRATADO DE ALGECIRAS. 2.000 KM² Y 20.000 HABITANTES, PLENO DESIERTO, SERÁN ESPAÑOLES HASTA 1969...

BUENAS... QUE SOMOS LOS LEGÍTIMOS PROPIETARIOS Y VENIMOS A INSTALARNOS AQUÍ

¿TRAEN TITIS?

PUES NO

MAHOMA, QUÉ IMPERIO

¿QUÉ PASA? ¿NO HAY MUJERES?

MENOS QUE EN UNA MANIFESTACIÓN FEMINISTA

ESTUPENDO... Y LOS MUSHASHOS DE UN SATIRO GOLDEN ESCROTY

LA PRENSA DE LA ÉPOCA LLAMARÁ A CAPAZ "EL ÚLTIMO CONQUISTADOR". MORIRÁ ASESINADO EN JULIO DE 1936 EN MADRID, Y ESO QUE ERA UN MILITAR DE INDUDABLE TRAYECTORIA LIBERAL.

Los enfrentamientos estudiantiles alcanzan su cúspide: Los falangistas asesinan a un alumno de 14 años del madrileño instituto Lope de Vega que estaba afiliado a la izquierdista Federación Universitaria de Estudiantes...

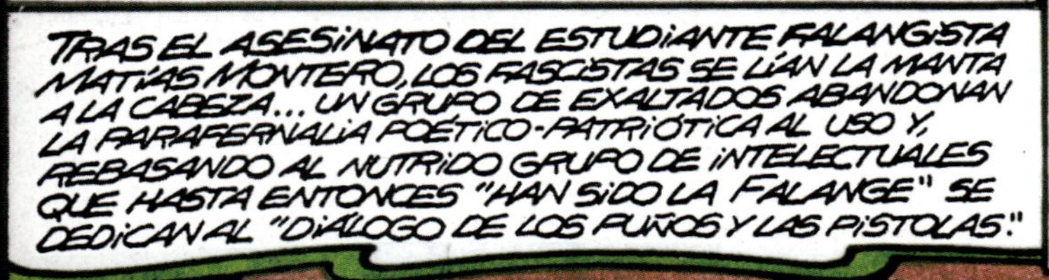

TRAS EL ASESINATO DEL ESTUDIANTE FALANGISTA MATÍAS MONTERO, LOS FASCISTAS SE LÍAN LA MANTA A LA CABEZA... UN GRUPO DE EXALTADOS ABANDONAN LA PARAFERNALIA POÉTICO-PATRIÓTICA AL USO Y, REBASANDO AL NUTRIDO GRUPO DE INTELECTUALES QUE HASTA ENTONCES "HAN SIDO LA FALANGE" SE DEDICAN AL "DIÁLOGO DE LOS PUÑOS Y LAS PISTOLAS."

Los falangistas madrileños, dirigidos por uno de los hermanos Ansaldo, atentan también contra una exposición en el Ateneo, queman la Casa del Pueblo de Cuatro Caminos y ponen bombas en el Fomento de las Artes (1). Disparan contra unos excursionistas socialistas que volvían de la Casa de Campo, matando a la joven militante Juanita Rico y días después disparan por la espalda al comunista Francisco Izquierdo...

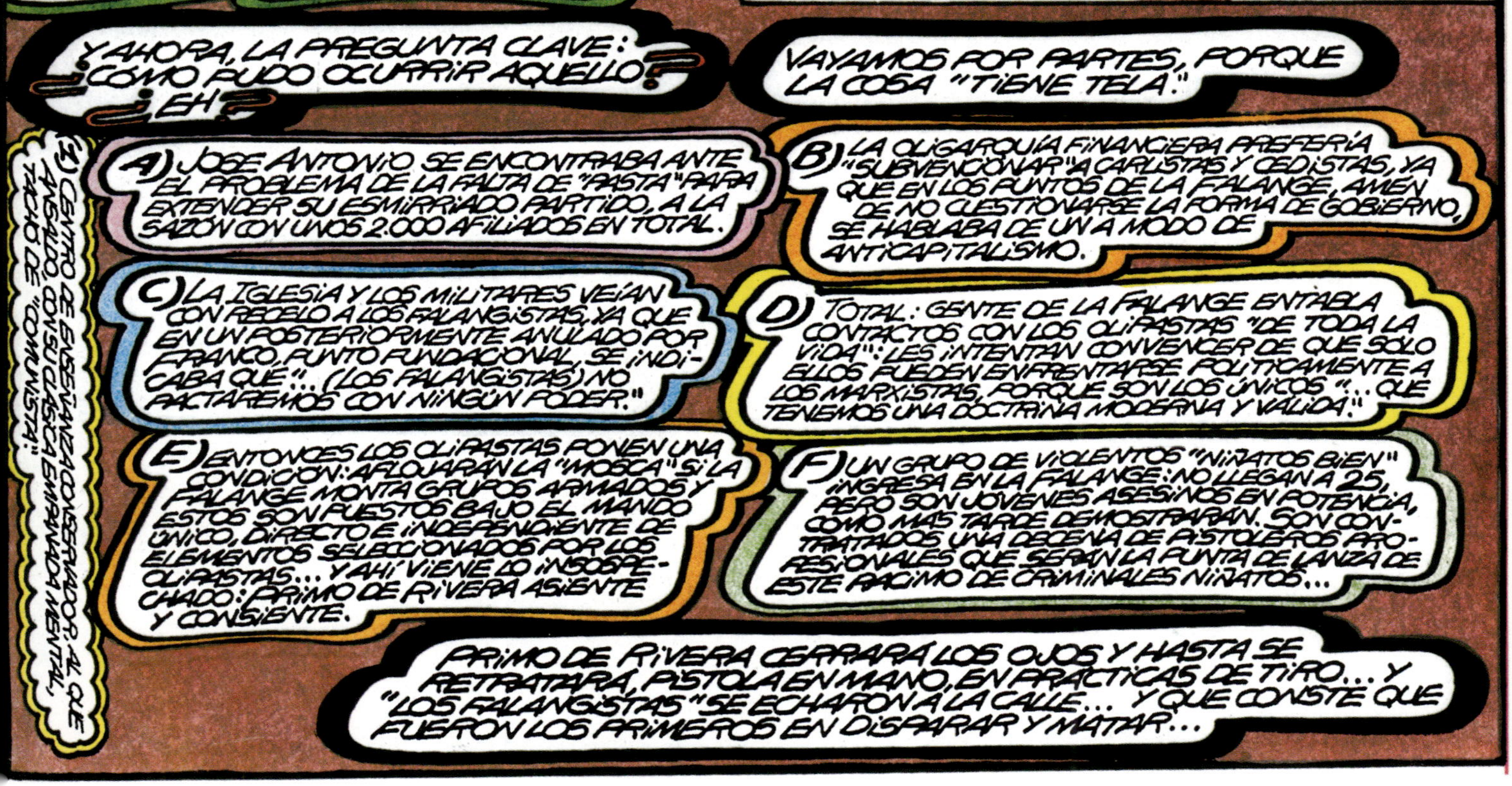

Y AHORA, LA PREGUNTA CLAVE: ¿CÓMO PUDO OCURRIR AQUELLO? ¿EH?

VAYAMOS POR PARTES, PORQUE LA COSA "TIENE TELA."

A) JOSÉ ANTONIO SE ENCONTRABA ANTE EL PROBLEMA DE LA FALTA DE "PASTA" PARA EXTENDER SU ESMIRRIADO PARTIDO, A LA SAZÓN CON UNOS 2.000 AFILIADOS EN TOTAL.

B) LA OLIGARQUÍA FINANCIERA PREFERÍA "SUBVENCIONAR" A CARLISTAS Y CEDISTAS, YA QUE EN LOS PUNTOS DE LA FALANGE, AMÉN DE NO CUESTIONARSE LA FORMA DE GOBIERNO, SE HABLABA DE UN MODO DE ANTICAPITALISMO.

C) LA IGLESIA Y LOS MILITARES VEÍAN CON RECELO A LOS FALANGISTAS, YA QUE EN UN POSTERIORMENTE ANULADO POR FRANCO PUNTO FUNDACIONAL, SE INDICABA QUE "... (LOS FALANGISTAS) NO PACTAREMOS CON NINGÚN PODER."

D) TOTAL: GENTE DE LA FALANGE ENTABLA CONTACTOS CON LOS OLIGARCAS "DE TODA LA VIDA"... LES INTENTAN CONVENCER DE QUE SÓLO ELLOS PUEDEN ENFRENTARSE POLÍTICAMENTE A LOS MARXISTAS, PORQUE SON LOS ÚNICOS "... QUE TENEMOS UNA DOCTRINA MODERNA Y VÁLIDA."

(1) CENTRO DE ENSEÑANZA CONSERVADOR, AL QUE ASISTÍA "COMO CLÁSICA EMPANADA MENTAL", TACHO DE "COMUNISTA".

E) ENTONCES LOS OLIGARCAS PONEN UNA CONDICIÓN: AFLOJARÁN LA "MOSCA" SI LA FALANGE MONTA GRUPOS ARMADOS Y ESTOS SON PUESTOS BAJO EL MANDO ÚNICO, DIRECTO E INDEPENDIENTE DE ELEMENTOS SELECCIONADOS POR LOS OLIGARCAS... Y AHÍ VIENE LO INSOSPECHADO: PRIMO DE RIVERA ASIENTE Y CONSIENTE.

F) UN GRUPO DE VIOLENTOS "NIÑATOS BIEN" INGRESA EN LA FALANGE: NO LLEGAN A 25, PERO SON JÓVENES ASESINOS EN POTENCIA, COMO MÁS TARDE DEMOSTRARÁN. SON CONTRATADOS UNA DECENA DE PISTOLEROS PROFESIONALES QUE SERÁN LA PUNTA DE LANZA DE ESTE RACIMO DE CRIMINALES NIÑATOS...

PRIMO DE RIVERA CERRARÁ LOS OJOS Y HASTA SE RETRATARÁ, PISTOLA EN MANO, EN PRÁCTICAS DE TIRO... Y "LOS FALANGISTAS" SE ECHARON A LA CALLE... Y QUE CONSTE QUE FUERON LOS PRIMEROS EN DISPARAR Y MATAR...

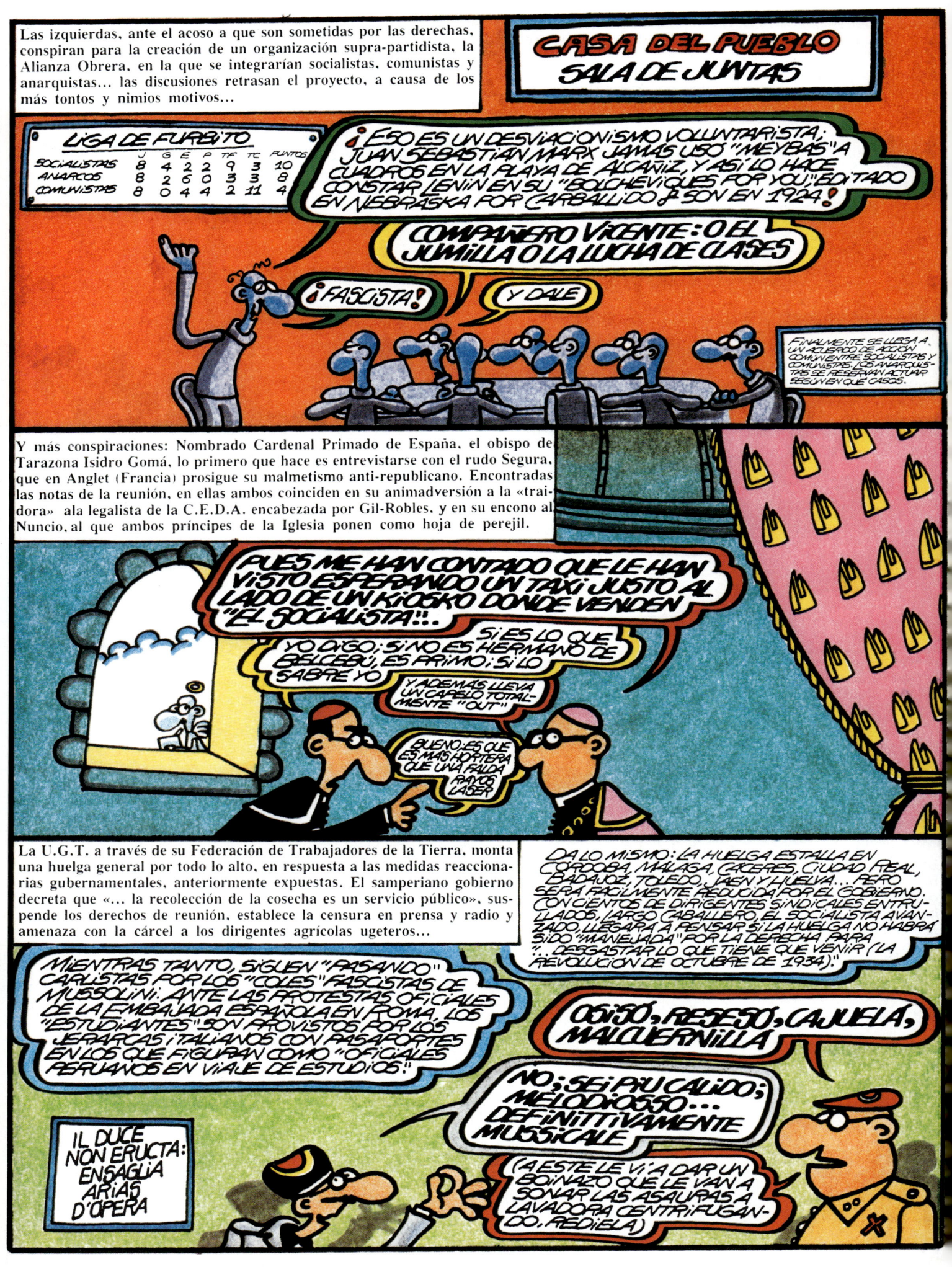

Las izquierdas, ante el acoso a que son sometidas por las derechas, conspiran para la creación de un organización supra-partidista, la Alianza Obrera, en la que se integrarían socialistas, comunistas y anarquistas… las discusiones retrasan el proyecto, a causa de los más tontos y nimios motivos…

CASA DEL PUEBLO — SALA DE JUNTAS

LIGA DE FURBITO	J	G	E	P	TF	TC	PUNTOS
SOCIALISTAS	8	4	2	2	9	3	10
ANARCOS	8	2	6	0	3	3	8
COMUNISTAS	8	0	4	4	2	11	4

—¡ESO ES UN DESVIACIONISMO VOLUNTARISTA! ¡JUAN SEBASTIAN MARX JAMÁS USÓ "MEYBAS" A CUADROS EN LA PLAYA DE ALCAÑIZ, Y ASÍ LO HACE CONSTAR LENIN EN SU "BOLCHEVIQUES FOR YOU" EDITADO EN NEBRASKA POR CARBALLIDO & SON EN 1924!

—COMPAÑERO VICENTE: O EL JUMILLA O LA LUCHA DE CLASES

—¡FASCISTA!

—Y DALE

FINALMENTE SE LLEGA A UN ACUERDO DE ACCIÓN COMÚN ENTRE SOCIALISTAS Y COMUNISTAS. LOS ANARQUISTAS SE RESERVAN ACTUAR SEGÚN EN QUE CASOS.

Y más conspiraciones: Nombrado Cardenal Primado de España, el obispo de Tarazona Isidro Gomá, lo primero que hace es entrevistarse con el rudo Segura, que en Anglet (Francia) prosigue su malmetismo anti-republicano. Encontradas las notas de la reunión, en ellas ambos coinciden en su animadversión a la «traidora» ala legalista de la C.E.D.A. encabezada por Gil-Robles, y en su encono al Nuncio, al que ambos príncipes de la Iglesia ponen como hoja de perejil.

—PUES ME HAN CONTADO QUE LE HAN VISTO ESPERANDO UN TAXI JUSTO AL LADO DE UN KIOSKO DONDE VENDEN "EL SOCIALISTA"!…

—SI; ES LO QUE YO DIGO; SI NO ES HERMANO DE BELCEBÚ, ES PRIMO; SI LO SABRÉ YO

—Y ADEMÁS LLEVA UN CAPELO TOTALMENTE "OUT"

—BUENO, ES QUE ES MÁS HORTERA QUE UNA FALDA RAYOS LASER

La U.G.T. a través de su Federación de Trabajadores de la Tierra, monta una huelga general por todo lo alto, en respuesta a las medidas reaccionarias gubernamentales, anteriormente expuestas. El samperiano gobierno decreta que «… la recolección de la cosecha es un servicio público», suspende los derechos de reunión, establece la censura en prensa y radio y amenaza con la cárcel a los dirigentes agrícolas ugeteros…

DA LO MISMO: LA HUELGA ESTALLA EN CÓRDOBA, MÁLAGA, CÁCERES, CIUDAD REAL, BADAJOZ, TOLEDO, JAEN Y HUELVA… PERO SERÁ FÁCILMENTE REDUCIDA POR EL GOBIERNO, CON CIENTOS DE DIRIGENTES SINDICALES ENTRULLADOS. LARGO CABALLERO, EL SOCIALISTA AVANZADO, LLEGARÁ A PENSAR SI LA HUELGA NO HABRÁ SIDO "MANEJADA" POR LA DERECHA PARA DESGASTAR LO QUE TIENE QUE VENIR (LA REVOLUCIÓN DE OCTUBRE DE 1934).

MIENTRAS TANTO, SIGUEN "PASANDO" CARLISTAS POR LOS "COLES" FASCISTAS DE MUSSOLINI: ANTE LAS PROTESTAS OFICIALES DE LA EMBAJADA ESPAÑOLA EN ROMA, LOS "ESTUDIANTES" SON PROVISTOS POR LOS JERARCAS ITALIANOS CON PASAPORTES EN LOS QUE FIGURAN COMO "OFICIALES PERUANOS EN VIAJE DE ESTUDIOS".

—OSSIÓ, REGESO, CAJUELA, MALCUERNILLA

—NO; SEI PIÙ CALIDO; MELODIOSSO… DEFINITTIVAMENTE MUSSICALE

IL DUCE NON ERUCTA: ENSAGLIA ARIAS D'OPERA

—(A ESTE LE VI A DAR UN BOINAZO QUE LE VAN A SONAR LAS ASADURAS A LAVADORA CENTRIFUGANDO, REDIELA)

Sanjurjo y G.ª de la Herrán son puestos en libertad y vuelve de su exilio parisino Calvo-Sotelo merced a la ley de Amnistía (que «casualmente» había dejado fuera a anarcosindicalistas como Durruti y García Oliver). Las Cortes «entierran» el proyecto de Estatuto vasco y los carlistas navarros se entrenan militarmente, con total impunidad policial, en las afueras de Pamplona…

El ancestral tema de los «rabassaires» catalanes provoca aún más tensión si cabe. A instancias del gobierno derechista, el Tribunal de Garantías Constitucionales declara ilegal una ley de la Generalidad, por la que se intentaba que desapareciera la feudal condición de la «rabassa morta» en los contratos de arriendo en Cataluña… la derechista Lliga ha logrado dar un gran revés a la prepotente Ezquerra…

Los Lerouxistas no cejan en su empeño: Marraco (bello apellido), Ministro de Hacienda monta un numerito merveliè: Suprimir el concierto económico del Estado con el País Vasco (1). Agravio tras agravio, las derecha centralisto-cerril se frota las manos… sin pensar en que pronto pagará su burrez mental; su aliado natural, el P.N.V., se le enfrentará hasta en las trincheras….

(1) TRADICIONAL FUENTE DE ENFRENTAMIENTOS OLIGARQUÍA EUSKALDUN-GOBIERNO CENTRAL, AL RESPECTIVE IMPOSITIVO.

Los falangistas, en manos de un puñado de pistoleros, organizan otra razzia asesinativa: A tiros abaten al miembro de Comité Central del Partido Comunista Joaquín de Grado... al día siguiente 70.000 personas desfilan ante su féretro... con camisas azules y rojas la juventudes socialistas y comunistas allí reunidas ven asombrados como el aviador Capitán González-Gil desde su aparato en vuelo rasante, atina con un ramo de rosas rojas sobre el ataúd del asesinado.

La C.E.D.A. se crece: dispuesto a tomar el poder Gil Robles habla en Lérida ante unos 4.000 terratenientes catalanes y luego en Covadonga, donde a pesar de la consabida huelga de ferroviarios y autobuseros, el líder derechista logra que se concentre una gran multitud...

¡JEFE, JEFE!

(¡JESÚS, QUÉ LUNA DE MIEL!) (*)

(*) CURIOSAMENTE, EL SR. GIL ROBLES ACABABA DE CONTRAER MATRIMONIO.

Días después, el 11 de septiembre, es asesinado a tiros por izquierdistas el hotelero falangista donostiarra Manuel Carrión; media hora más tarde los falangistas matan al ex-director general de seguridad republicano Andrés Casaux.

Ese mismo día en San Esteban de Pravia (Asturias) la Guardia Civil descubre un alijo de armas a bordo del vapor «Turquesa», propiedad del millonario vizcaíno Horacio Echevarrieta, íntimo amigo del líder socialista Indalecio Prieto...

PROPUGNANDO LA ESCALADA DE LA TENSIÓN EN UN MOMENTO EN QUE TODA LA NACIÓN HAY UNOS 700.000 PARADOS EN LOS LOCALES DE LA FALANGE SE DAN VOLANTES PARA PODER TRABAJAR TODOS LOS DÍAS... FASCIO Y PATRONOS HAN EMPEZADO, COMO EN ITALIA Y ALEMANIA, SU LUNA DE MIEL...

GRAN FOLLÓN; VIÉNDOLAS VENIR, DON INDA SE ABRE AL EXTRANJERO, MOMENTOS ANTES DE QUE EL PASMA MEN LE TRINQUE.

TÚ LLEGAS A LA TERRAZA DE AQUEL SALÓN DE TÉ Y EN VIENDO A UNA QUE SE ESTÉ TRASEGANDO UNAS 200 TORTITAS CON NATA, LE TIRAS LA CARRETILLA LADRILLOS EN LOS VACÍOS, Y TE VUELVES CANTANDO EL "MONTAÑAS NEVADAS"

VALE, YO VOY A HACERLO; PERO COMO ME LOS CHAFE ME PASO AL CONTUBERNIO JUDEO-MASÓNICO

(¡JOPE, QUÉ SUSTO... Y EL DR. ATKINS AÚN EN 2º DE E.G.B.!)

¿Qué estaba pasando en el partido socialista? Prieto, uno de los dos líderes del sector moderado junto con Besteiro, no quiere perder el «tren revolucionario» que conducía el «maquinista» Largo Caballero que ha jurado que como la C.E.D.A. tome el poder, los socialistas «... se echarán a la calle a por todas» ... y así ambos sectores socialistas, junto con los comunistas, en un gran mitin en el madrileño estadio Metropolitano, discursean avisos premonitorios al Presidente de la República, Alcalá-Zamora...

«NICETO ALCALÁ ZAMORA, TE LO AVISAMOS CON TIEMPO: A VER QUE GOBIERNO NOMBRAS; COMO SEA EL QUE NOS TEMEMOS HARÁS UNA GRAN DESHONRA A LOS ANHELOS OBREROS»

ALÉÉÉÉÉÉÉ-TÍ!

BIÉÉÉÉN!

(MALDITO FUMBO)

(SÍ)

El 1.º de octubre se abren las Cortes: Gil-Robles, muy crecido, retira su apoyo al poder Samper; cae su gobierno y Don Niceto, tras muchas consultas y con las tropas acuarteladas, encarga a Lerroux que forme un gabinete; por fin la C.E.D.A. obtiene 3 ministerios: Justicia, Trabajo y Agricultura. El diario «El Socialista», conocido el nuevo ministerio derechista, dice en su editorial «En guardia, compañeros; hemos llegado al límite del retroceso. Gil Robles en el poder podría aplastar a las organizaciones obreras. Atención a la crisis ¡EN GUARDIA!»

"MUNDO OBRERO" EL ÓRGANO DE LOS COMUNISTAS, DECÍA EN SU EDITORIAL: "HA LLEGADO LA HORA DE LA DECISIÓN... CUANDO COMIENCE LA LUCHA, LAS ALIANZAS (OBRERAS) CONCENTRARÁN EN SUS MANOS LA DIRECCIÓN; ELLAS SON EL ORGANISMO FUNDAMENTAL DE LA LUCHA POR EL PODER"

"LA LIBERTAD" Y "EL LIBERAL" PONÍAN COMO HOJA DE PEREJIL A DON NICETO POR PERMITIR QUE LA C.E.D.A. ENTRARA EN EL GOBIERNO.

"EL SOL" ACONSEJABA QUE SE CELEBRARAN ELECCIONES GENERALES.

"EL DEBATE" Y "ABC" (CLARO) APROBABAN EL NUEVO GABINETE.

PERO BUENO ¿DÓNDE ESTÁ EL TRABUCO QUE TENÍA YO ENCIMA DEL ARMARIO?

¿TE ACUERDAS DE LAS CROQUETAS DE AYER?

CIELOS

Con los anarquistas sin directrices al respecto, las izquierdas se preparan para una gigantesca huelga general; partidos no marxistas como Izquierda Republicana, Unión Republicana, Nacional Federal y Conservador Republicano se declaran oficialmente incompatibles con el nuevo gobierno... El Ministro de la Gobernación moviliza a la Guardia Civil, Guardias de Asalto y policía.... algo enorme va a ocurrir...

¡QUÉ NO INVENTARÁS PARA NO ACABARME LOS BAÑOS, MAL HOMBRE!

(BODA HAS HECHO, MARIANO, TÍO)

Nada más dar los relojes las 12 campanadas de la media noche entre el 4 y el 5 de octubre, estalla la sublevación izquierdista: En Madrid, tras tiroteos en la Guindalera, calle de Moret, estación del Norte, alrededores de la Telefónica y cercanías de la Puerta del Sol, los Guardias de Asalto vencen en toda regla a los inexpertos izquierdistas armados...

En Barcelona hay un compás de espera. En Euskadi la huelga general es total, pero no hay violencia. El consejo del P.N.V. a sus afiliados de «no meterse en follones» hace que sólo se formen «Comités Antifascistas» en Hernani, Eibar y Portugalete, donde son desalojados los cuarteles de la Guardia Civil y dispersados sus moradores.

En Madrid, cuando amanece, todo está parado: ni pan, ni luz, ni agua, ni travías, ni taxis... salvo «ABC» y «El Debate», que salen a la calle, tampoco hay prensa. El Ministro de la Gobernación dice la consabida frase de «La tranquilidad reina en España». Los que la escuchan, se preocupan: algo muy gordo tiene que estar pasando en la vieja piel de toro...

En efecto: Asturias se ha convertido en un centro revolucionario. Los mineros, armados de cartuchos de dinamita, han asaltado los cuarteles de la Guardia Civil en Sotrondio, El Entrego, Ciaño... en total 23 cuarteles se rinden, con su armamento, a los bien organizados mineros, que implantan un nuevo orden, que ellos llamaron «La República Socialista».

EN CADA MUNICIPIO SE FORMAN DOS COMITÉS: POLÍTICO Y DE GUERRA.

RÁPIDAMENTE, LOS REVOLUCIONARIOS DICTAN NORMAS, ORDENANDO LA APERTURA DE LOS COMERCIOS.

SE APODERAN DE LA EMISORA DE RADIO DE LA CENTRAL ELÉCTRICA DEL VALLE DE TURÓN Y LA UTILIZAN PARA MOTIVAR A LA POBLACIÓN CIVIL...

REGISTRADAS LAS CASAS DE LOS DERECHISTAS A LA BÚSQUEDA DE ARMAS, FINALIZADO EL REGISTRO, LOS MINEROS COLOCAN AVISOS DE ESTE ESTILO EN LA PUERTA: "RESPETA ESTE HOGAR, YA HA SIDO INVESTIGADO."

«LA REVOLUCIÓN HA TRIUNFADO. AHORA VAMOS A ORGANIZAR LA DISTRIBUCIÓN DE LOS CONSUMOS. OS ROGAMOS CORDURA Y SENSATEZ: TODO ENCARGADO DE CUBRIR LAS NECESIDADES DE SU HOGAR, QUE SE DIRIJA AL LOCAL DEL SUBCOMITÉ DE ABASTOS...»

COMO NO HAYA REFAJOS SEXY LE TIRO UN CARTUCHO DINAPITA

SERVIDORA LES BARRENA EL ESCROTILLO A LO ANCHO

El Gobierno ordena que un regimiento de infantería salga de León para dispersar a los sediciosos... los mineros los detienen en Vega del Rey; durante dos semanas será un frente estabilizado, con una auténtica guerra de trincheras...

¡RA-RA-RA POYALES, POYALES... Y NADIE MÁS!

MACHO, DEVUÉLVELE EL CASCO, QUE VIENE CON LA ESCOBA

TIENE UN PERDER FATAL AL TUTE

SÍ

Franco, desde el Estado Mayor madrileño, ordena al general López-Ochoa que desde Lugo, a bordo de camiones, avance hasta Luarca, donde grupos de Guardias Civiles huidos se han concentrado... mientras en Oviedo, los mineros, que desde el sur quieren tomar la ciudad, desbaratan una compañía de Guardias de Asalto que se les enfrenta, a base de cartuchazos de dinamita; en apenas 3 horas conquistan el Ayuntamiento al mando del prófugo sargento Vázquez, gritando «¡Viva Oviedo!» y «¡Viva la revolución social!». Han tomado casi toda la ciudad, pero aún hay reductos gubernamentales que, atrincherados, les resisten.

¡BUM!

¿Y ESTO DEL MORTERO, QUE NO LE VEO YO UTILIDAD?

SÍ, ES QUE LO PONÉIS MAL

YA SALIÓ EL INGENIERO

Ese mismo día, el Comité Revolucionario de Oviedo constituye la Guardia Roja, con el fin de mantener el orden público, y publica el siguiente Bando:

...ÓYELO BIEN, MANOLÓN, Y LUEGO ATENTE A LAS FULMINANTES E INHERENTES CONSECUENCIAS:

"Hacemos saber: Que el Comité revolucionario, como intérprete de la voluntad popular, y velando por los intereses de la Revolución, se dispone a tomar, con la energía necesaria, todas las medidas conducentes a encauzar el curso del movimiento. A tal efecto, disponemos: 1.º El cese radical de todo acto de pillaje, previniendo que todo individuo que sea cogido en un acto de esta naturaleza será pasado por las armas; 2.º, todo individuo que posea armas debe presentarse inmediatamente ante el Comité a identificar su personalidad. A quien se coja con armas en su domicilio o en la calle, sin la correspondiente declaración, será juzgado severamente; 3.º, todo el que tenga en su domicilio particular producto de pillaje o cantidades de los mismos que sean producto de ocultaciones, se le conmina a hacer entrega de los mismos inmediatamente. El que así no lo haga se atendrá a las consecuencias naturales, como enemigo de la Revolución; 4.º, todos los víveres existentes, así como artículos de vestir, quedan confiscados; 5.º, se ruega la presentación inmediata ante este Comité de todos los miembros pertenecientes a los Comités directivos de las organizaciones obreras de la localidad, para normalizar la distribución y consumo de víveres y artículos de vestir; 6.º, los miembros de los partidos y Juventudes obreras de la localidad deben presentarse inmediatamente con su correspondiente carnet para constituir la guardia roja que ha de velar por el orden y la buena marcha de la Revolución. En Oviedo, a 9 de octubre de 1934. El Comité Revolucionario."

¿TE ENTERAS, SO LISTO?

¡ES INÚTIL, OS PONGÁIS COMO OS PONGÁIS, EL TELÉFONO DE MARUJI "LA STEELNALGAS" NO LO VOY A SOLTAR!

¡DEBES HACERLO; LO HAS OBTENIDO EN UN ACTO DE PILLAJE!

SÍ, HOMBRE, 20 CIGALAS Y 8 CAÑAS QUE ME HA COSTADO

NADA, QUE NO HAY MANERA

Entre tanto, en la fábrica de armas de Trubia los 1.400 obreros que formaban la plantilla, simulando que desoían las llamadas a la huelga general, han entrado a trabajar, pero no se incorporan a sus puestos de trabajo: atacan los despachos de la dirección, matando al Director, comandante Hernández Pomares, y se hacen con la fábrica, entrando en posesión de...

- 1 CAÑÓN "SCHNEIDER" DEL 15.5
- 1 CAÑÓN "TRUBIA" DEL 7.5
- 18 CAÑONES "ARELLANO" DE MONTAÑA
- Y 9 CAÑONES DE MONTAÑA DEL 10.5

LOS MINEROS QUE HAN HECHO LA MILI EN ARTILLERÍA, FORMAN BATERÍAS QUE, RÁPIDAMENTE SON ENVIADAS A LUGARES ESTRATÉGICOS.

CHICO, ESTO DEL ARMAMENTO MODERNO ES UNA MARAVILLA.

NO TE HAGAS ILUSIONES; TE GASTAS UN PASTÓN EN "CALLICIDA EL GLOBO".

¡INCREÍBLE; HASTA CALLOS!

Mientras en el País Vasco sigue la huelga general. En Mondragón el diputado de derechas Oreja Elósegui se enfrenta valientemente y en solitario a los revolucionarios, pereciendo en la lucha.

EN BILBAO, LOS OBREROS HAN SITIADO LOS CUARTELES DE LAS FUERZAS DE ORDEN PÚBLICO Y HAN LEVANTADO BARRICADAS POR TODAS PARTES.

¡ALTO; CONTRASEÑA O ASÍ DEL COMITÉ DE GUERRA!

"NO HAY EN ESPAÑA, LERE ALIANZA OBRERA, LERE MÁS MOLONERA, LERE ¡LA DE BILBAO, RIAU, RIAU!"

VALE; PASA TXOMIN ¿TRAES EL TABACO?

NADA, OYE; ESTANQUERA ES DE LA LIGA ANTITABÁQUICA, TÚ.

En Barcelona el fascista-nacionalcatalanista Dencás, consejero de Orden Público de la Generalidad, amenaza a los dirigentes obreristas con fusilarles «... si se mueven»; estos responden que el problema es saber «... quien fusilará a quien».

EL SÓRDIDO DENCÁS, HABÍA MONTADO UNOS GRUPOS (ESCAMOTS (1)) DE VIOLENTOS MUCHACHOS, A LOS QUE HABÍA UNIFORMADO EN PLAN TOTALMENTE NAZI; DEL ANÓMALO COMPORTAMIENTO DE DENCÁS Y SUS "ESCAMOTS" DAN IDEA SUS CONTINUOS ENFRENTAMIENTOS CON LOS MOZOS DE ESCUADRA, QUE MANDADOS POR EL COMANDANTE PÉREZ FARRAS, ERAN LOS ÚNICOS AUTORIZADOS POR LA GENERALITAT A LLEVAR SU CLÁSICO UNIFORME Y SUS CORTAS CARABINAS.

¿DE DÓNDE SALIÓ DENCÁS? NADIE LO SABE; CONSIGUIÓ LA CONFIANZA DE COMPANYS QUE, INCOMPRENSIBLEMENTE, LE AUPÓ A LA CONSEJERÍA DE ORDEN PÚBLICO... PARA MUCHOS FUE UN PROVOCADOR FASCISTA; PARA OTROS UN SOLITARIO MEGALÓMANO... NUNCA LO SABREMOS.

EN SU LABOR INVESTIGADORA, EL AUTOR DE ESTA HISTORIA PREGUNTÓ, NO HA MUCHO, A UN ANCIANO POLÍTICO CATALÁN, VENERADO Y RESPETADO POR TODOS, SOBRE LA IDENTIDAD HUMANA DE DENCÁS, EL SUTIL CERVELLONENSE ME RESPONDIÓ:

"¿DENCÁS? ERA UNO AL QUE LE HUBIERA GUSTADO PASAR A LA HISTORIA CON EL APODO DE MUSSOLINET"

¡POSIBLEMENTE AHÍ ESTÉ LA VERDAD!

(1) PALABRA CATALANA QUE LITERALMENTE SIGNIFICA: CUADRILLA, PANDILLA O HATO DE GANADO (CURIOSO ¿NO?)

Companys convoca una reunión permanente del Gobierno Catalán: en ella, violentamente, son expuestos los puntos de vista de todos los consejeros: «Es el momento histórico» vienen a decir. Companys, acosado, se asoma al bonito balcón del Palacio de San Jorge y dice a la ingente multitud reunida por las organizaciones obreristas: «(El Gobierno que presido)... proclama el Estado Catalán, dentro de la República Federal Española.»

EL GENERAL BATET, AL FRENTE DEL EJÉRCITO EN BARCELONA, RECIBE LA ORDEN DE LERROUX, DE ACABAR CON "...LOS TRAIDORES SEPARATISTAS."

PROCLAMA EL ESTADO DE GUERRA EN CATALUÑA Y SACA SUS TROPAS A LA CALLE, QUE SON TIROTEADAS POR LOS MOZOS DE ESCUADRA.

MIENTRAS, LAS EMISORAS DE RADIO INSTALADAS EN LA GENERALITAT, NO DEJABAN DE LLAMAR A LAS ARMAS A TODOS LOS CATALANES...

PERO SÓLO RESPONDEN ALGUNOS AFILIADOS DEL SINDICATO DE DEPENDIENTES; SE HACEN FUERTE EN SU LOCAL SOCIAL, Y EL EJÉRCITO LO DESTRUYE A CAÑONAZOS, PERECIENDO TRES DE LOS DEFENSORES...

AL AMANECER, EL EJÉRCITO, TRAS SER TIROTEADO DESDE EL PALACIO DE SAN JORGE, SE LÍAN A CAÑONAZOS, HASTA QUE LOS MIEMBROS DE LA GENERALITAT DECIDEN SUSTITUIR LAS BANDERAS CATALANAS DE LOS BALCONES, POR BANDERAS BLANCAS...

Y ASÍ...

El Gobierno de Cataluña se rinde al General Batet: son encerrados en el «Uruguay», barco anclado en el puerto de Barcelona. Sólo ha huido Dencás, con un reducido grupo de comprometidos secuaces. Casualmente y sintomáticamente su escapada fue por las alcantarillas de la ciudad Condal... y luego a Francia.

DOUANE

¡CI UN PETITE CADEAU (REGALO) DE LA REPUBLIQUE FRANCAISE, MONSIEUR PESTAS

¡DENCAS!

¡OH, PARDON!

CHANEL Nº 2.824

Franco, sin dormir desde hace 72 horas, sigue con su ofensiva asturiana en el Estado Mayor del Ministerio de la Guerra. Avisa a su amigo Yagüe, teniente coronel, de vacaciones en el soriano pueblecito de San Leonardo...

JUANITO, SOY YO

LA JIBAMOS; "CERILLITA"

TE HE OÍDO; MAÑANA COCINA

YA EMPEZAMOS

PUM

Mientras López-Ochoa lenta, pero firmemente, toma Avilés. Los mineros toman la estación de ferrocarril ovetense; los soldados defensores de la Catedral la Comandancia de Carabineros se repliegan a la torre de la Catedral, pero los cañones de los mineros los desalojan, haciéndose fuertes en el cuartel del Pelayo.

¡TALÁN!

¡BOUM!

STUPENDO: LA UNA Y LOS DEL RANCHO SIN APARECER

Los cañones del Naranco apuntan ahora a la Comandancia de la Guardia Civil, para, a cañonazos, proteger el asalto minero: los Civiles resisten lo imposible, pero a las 8 de la tarde se repliegan también al cuartel de Pelayo... los mineros, exultantes, comprueban su botín: 21.115 fusiles, 276 fusiles ametralladores y 68 ametralladoras pesadas...

BLA-BLA-BLA-BLA-BLA-BLA-BLA-BLA-BLA-BLA-BLA-BLA-BLA-BLA-BLA-BLA-BLA-BLA-BLA-BLA-BLA-BLA-BLA-BLA-BLA-BLA-BLA-BLA-BLA-BLA-BLA

AHORA ME EXPLICO POR QUÉ LES LLAMAN «PESADAS»

SÍ, PARECEN TOTALMENTE MI JESUSA Y SU MOMO

Entre tanto Madrid, bajo el ruido de los disparos de contados francotiradores, asiste a un espectáculo insólito: El Consejo Nacional de la Falange, con José Antonio Primo de Rivera al frente, desfila bajo una gran bandera tricolor (1) desde la Castellana a la Puerta del Sol, donde, encaramado en un montón de tierra de las obras del Metro, Primo evoca la batalla de Lepanto, que ese día se conmemora, y pone la Falange a las órdenes del Gobierno para lo que sea necesario...

ESTE EPISODIO DE UN GRUPO DE FALANGISTAS DESFILANDO BAJO LA BANDERA REPUBLICANA FUE CUIDADOSAMENTE OCULTADO EN LAS DÉCADAS POSTERIORES A LA GUERRA CIVIL.

¡EXCELENCIA!: HA APARECIDO EL NEGATIVO DE LA PELIGROSA FOTO

SE LO TRAGUE

(GLUPS) SUS ÓRDENES... EJEM... ¿PODRÍA INTENTARLO CON MERMELADA?

OBSERVO MORALES QUE ABANDONA POR MOMENTOS NUESTRO RECIO ASCETISMO AL SERVICIO DE NO SÉ QUÉ TURBIOS MANEJOS.

CARTA DEL ATLÁNTICO

(1) "ADQUIRIDA" ESA MAÑANA EN LA TERRAZA DEL HOTEL PALACE.

Como la huelga general persistía, el ejército se ve obligado a conducir los travías y autobuses: los jóvenes radicales se encargan de recoger la basura, regar y barrer las calles; los monárquicos hacen de vendedores de periódicos y las Juventudes de la C.E.D.A. hacen como que mantienen el orden, desfilando en uniformados grupos...

«ABC» decía en un editorial este domingo 7 de octubre: «Hoy no hay monárquicos ni republicanos. No hay más que españoles y traidores que merecen dejar de serlo.» La policía, en el estudio del pintor Luis Quintanilla detiene a un extenso grupo de dirigentes izquierdistas...

El Gobierno acaba su reunión a las 10 de la noche. El Ministro de la Gobernación va y les dice a los periodistas: «La sumisión total de los rebeldes asturianos es cuestión de horas.» Como si se hubiera puesto de acuerdo, en ese momento media docena de francotiradores comienzan a disparar sobre el grupo formado por el Ministro y los informadores...

Azaña, a la sazón en Barcelona, es detenido y trasladado al destructor «Sánchez Barcaitegui», en plan de absoluto prisionero. El gobierno quiere atar todos los cabos e intenta que el intelectual ex-jefe de gobierno quede a los ojos de la opinión pública como «sangriento conspirador». Vano intento; no sólo Azaña no intervino para nada en la revolución de octubre, sino que lo más probable es que ni supiera la fecha en que se iba a desencadenar...

LERROUX, AÑOS MAS TARDE, DIRIA: "(YO) TENIA EL INTIMO CONVENCIMIENTO DE QUE EL PERSONAJE (AZAÑA) NO HABIA IDO A CONSPIRAR A BARCELONA Y MENOS A PARTICIPAR EN LA REBELION."

ANECDOTA HISTORICA

COMANDANTE ¿ME PODRIA PRESTAR ALGUN LIBRO?

LO SIENTO, SEÑOR AZAÑA, PERO ME LO HAN PROHIBIDO EXPRESAMENTE.

Los mineros asturianos han sido aislados por un arco de fuerzas del ejército que, con una longitud de unos 160 kilómetros, cubre desde Ribadeo hasta Palencia... el teniente coronel Yagüe aterriza en el sitiado cuartel de Pelayo a bordo de un autogiro; da ánimos a los defensores y despega hacia Gijón, donde los barcos de guerra «Jaime I» y «Miguel de Cervantes» han desembarcado tropas del Tercio y Regulares...

POR PRIMERA VEZ EN LA HISTORIA, LOS ARABES "PISAN" ASTURIAS.

TOMA, PELAYO ¡PRFFFFTTT!

CORTE MAS GRANDE, RELEY

A TITULO INFORMATIVO, RECORDAMOS QUE EL AUTOR DE TAL FAZAÑA EXCURSIONISTA DE LOS MOROS FUE FRANCO, A LA SAZON DIRECTOR MILITAR MAXIMO DEL EJERCITO EN "LO DE ASTURIAS," QUE DESDE MADRID SEGUIA ENCERRADO EN SU DESPACHO DEL ESTADO MAYOR.

En el interior de Oviedo las tropas de López-Ochoa, aprovechando un fuerte bombardeo gubernamental sobre las posiciones rebeldes, se aproximan a sólo 3 kilómetros del cuartel de Pelayo, pero los mineros se rehacen y fijan a los soldados. Los insurgentes resisten bravamente en Grado, La Felguera, Pola de Siero y Vega del Rey.

MAPA DE OPERACIONES
MALOS — BUENOS

A LO QUE LA BELLA NIÑA RESPONDIO: "¡OH, QUE MANZANA MAS APETITOSA!" Y SE APRESTO A MORDERLA...

¡INSISTO! ¿SEGURO QUE NO PONE NADA DE QUE LA BRUJA FUERA MASONA?

NO, SEGURO QUE NO LO PONE

INEXPLICABLE

Yagüe se pone al frente de 2 banderas del Tercio y un Tabor de Regulares e inicia el ataque a Oviedo desde Gijón: Una batería de artillería, 6 cazas y un bombardero les protegen... Atacan la fábrica de armas de Trubia y los obreros, ¡sin dejar de fabricar proyectiles mientras! les resisten 36 horas.... finalmente los moros, al asalto, toman la fábrica...

Protegiendo la retirada de los mineros, una joven comunista de 19 años Aída Lafuente, emplaza una ametralladora en la iglesia de San Pedro de Arcos, a 300 metros de la estación: Durante 4 horas, impávidamente, aguanta los ataques de los moros del Tabor de Regulares, encargados de su eliminación, hasta que sin municiones, es muerta a bayonetazos por los marroquíes...

Al día siguiente, reorganizadas las fuerzas de Yagüe, es el Tercio el que, tras enconada lucha, logra tomar la estación de ferrocarril. Los mercenarios, al mando del teniente ruso blanco Iván Ivanof, han tenido 47 bajas...

Pronto Yagüe hace desfilar a sus mercenarios por la más popular calle ovetense, la de Uría. Pero aún se luchaba cerca de la Universidad y en el Ayuntamiento, a menos de 1 km. del evento publicitario-marcial, en el que un moro gigantesco era portaestandarte...

¡TUP!

Al día siguiente cae el Ayuntamiento y es tomada la Universidad. Yagüe, ahora con 2 banderas del Tercio, 2 Tabores de Regulares, un Regimiento de Infantería, 5 baterías de Artillería y 15 aviones, tarda 48 horas en «limpiar» los barrios de Villafría y San Lázaro. Oviedo, al fin, es del Gobierno.

SE HA HABLADO MUCHO SOBRE LO DEL "TERROR ROJO" EN LOS 15 DÍAS QUE DURÓ LA REVOLUCIÓN DE ASTURIAS; HE AQUÍ ALGUNOS DATOS CIERTOS Y COMPROBADOS:

LA VIOLENCIA DE LOS SUBLEVADOS SE EJERCIÓ, SOBRE TODO, SOBRE LOS GUARDIAS CIVILES HECHOS PRISIONEROS: HAY CERTEZA DE QUE EN SAMA FUSILARON A 3 TENIENTES Y 22 NÚMEROS.

POR EL CONTRARIO, 7 GUARDIAS QUE ESTUVIERON PRESOS EN EL CUARTEL DE LAVIANA, HABLARON DEL BUEN TRATO QUE LES DIERON SUS CAPTORES.

APARECIÓ, SALVAJEMENTE EL ANTICLERICALISMO: AL MENOS 11 SACERDOTES FUERON FUSILADOS EN EL VALLE DE TURÓN.

PERO LA MADRE SUPERIORA DEL CONVENTO DE LAS ADORATRICES INFORMÓ QUE LOS MINEROS LES LLEVABAN ALIMENTOS TODOS LOS DÍAS PARA SUS 25 RELIGIOSAS... Y PARA UN CANARIO QUE LAS MONJITAS TENÍAN.

"LA INJUSTICIA HACE SANGRAR A LOS PUEBLOS" (Juan XXIII)

Y así, en una auténtica tenaza que forman las tropas de Yagüe al Norte y las del General Balmes en Vega del Rey, los mineros se defienden heroicamente... El General en Jefe, López-Ochoa, manda un ultimátum bastante moderado, que los insurgentes aceptan, a condición de que se rendirían sólo a soldados españoles, ni a moros ni a mercenarios extranjeros. López-Ochoa acepta... la Revolución de Asturias, «ensayo general con todo» de la guerra civil que asolará España 19 meses después, finaliza... la represión comienza.

Sin contar las víctimas de la represión subsiguiente, en las que se «distinguió» el sanguinario comandante de la Guardia Civil Doval, los sucesos de octubre de 1934, dan un total de 1.335 muertos, 2.951 heridos y 86 desaparecidos; 40.000 presos y 658 juicios sumarísimos, con petición de 23 penas de muerte. A pesar del escarmiento, la izquierda española, visceralmente, no se preparó, disciplinadamente, para el cercano enfrentamiento total: lo pagaría muy caro.

EL PROGRAMA DEL MOVIMIENTO REVOLUCIONARIO DE 1934, FUE DADO A CONOCER EN 1935. CONSTABA, ENTRE OTROS, DE LOS SIGUIENTES PUNTOS:

1) NACIONALIZACIÓN DE LOS GRANDES LATIFUNDIOS.
2) DISOLUCIÓN DEL EJÉRCITO Y REORGANIZACIÓN DEL MISMO SOBRE UNA BASE POPULAR.
3) DISOLUCIÓN DE LA GUARDIA CIVIL Y CREACIÓN DE UNA MILICIA OBRERA EN SU LUGAR.
4) REFORMA DE LA ENSEÑANZA.
5) REFORMA FISCAL.
6) MEJORAS EN EL NIVEL DE VIDA DE LOS TRABAJADORES, PERO SIN ALTERAR LA ESTRUCTURA CAPITALISTA DE LA ECONOMÍA.

POR SUPUESTO QUE EN ASTURIAS, EN 1934, ESTE PROGRAMA NO SE LLEVÓ A CABO... LA VIOLENCIA DE AMBAS PARTES LO IMPIDIÓ.

EN NUESTRO PRÓXIMO CAPÍTULO "EL STRAPERLO" LA CORRUPCIÓN DE UN PARTIDO POLÍTICO ENSUCIA, AÚN MÁS SI CABE, A LA IIª REPÚBLICA.

143

Ruinas ovetenses, que dan muestra de la violencia de los combates en la Asturias de 1934.

Consejo de Guerra: el sargento Vázquez, que será fusilado, es el de la bufanda.

Capítulo VIII
EL "STRAPERLO"

1935 amanece con el dragón fascista planeando sobre Europa; mediante plebiscito Hitler se anexiona el Sarre; Mussolini y el pro-facha gabacho Laval se ven para coordinar acciones. En Valencia Gil-Robles sigue siendo aclamado por sus cederos con el «¡Jefe, Jefe!» («¡Duce, Duce!» de los mussolinianos), mientras quienes gritan «¡Mosley, Mosley!» son los fascistas británicos que en el Albert Hall, se congregan en torno a su líder Oswald Mosley, en número de 7.000...
¡MOSLEY, MOSLEY, MOSLEY...!
¿A QUIÉN TENGO EL HONOR DE ANUNCIAR?, INSISTO
¡YO, YO, YO, YO!
En España el paro, en gran parte provocado por los olipastas enemigos de la República, es una de las lamentables «aureolas» de los inicios de 1935. Sólo en Madrid, de un total de 41.400 obreros de la construcción, 21.185 están parados... El ejemplo es válido: media España currante padece hambre física...
SERÁ EL MEJOR AMIGO DEL HOMBRE, PERO ME ESTÁ PONIENDO LA CABEZA LOCA
MUY CONSENTIDO ES LO QUE ESTÁ
De improviso (merced «...la expansión del Imperio»), Mussolini invade Etiopía. La Sociedad de Naciones (ONU de entonces), le atiza tal cantidad de sanciones económicas a Italia por considerarla «país agresor» que, sin materias primas, los facha-macarronis se ven obligados a una «Patriótica Recogida de Objetos Metálicos», al objeto de fundirlos para construir armas... todo metal es utilizado...
¡ADDIO, MIO PEROLINO: VINCITORE EN MILE DE BATAGLIAS CULINARIES EN CONTRA DE RUDIS FETUCCINIS, BRAVOS MACARRONIS E VALIENTES SPAGUETIS! ¡ADDIO, ERÓICO TRIUNFATORE DE LA PASTA!
SCUADRA DE ARRIESGATTIS RECOGETORIS DI METALIS
PORTELO CON SUMMA VENERATIONE, COMENDATORE DELLA CHATARRA
DESCUIDI
IL DUCE TAMBIÉN DONA METALI IN PATRIOTTICO GESTO

En los primeros días de enero, el liberal gallego, muy masón pontevedrés, de 67 añitos, Sr. Portela Valladares, es nombrado, lógicamente, Gobernador General de la República... en Cataluña. (Bien es cierto que, en 1910, había sido Gobernador Civil de Barcelona.)

HONORABLE GOBERNADOR: TRAS MÚLTIPLES ENSAYOS FRUSTRADOS ES MI DEBER COMUNICARLE QUE NO ES POSIBLE LA ESCALIBADA DE LACÓN CON GRELOS

ARRENEGOTE DEMO... ¿Y LA CREMA CATALANA A LOS PIMIENTOS DE PADRÓN?

ESTALLOUSE A FLANEIRA

MANÍFICO

Por esos días Ledesma Ramos, Juan Aparicio, Martínez de Bedoya y Gutiérrez Palma son expulsados de la Falange por, según Primo de Rivera, y citamos textualmente, «... (ser) un grupo de gentes cultivadas, fuera de todo ideal político, en los fondos infrahumanos más turbios de la vida humana», y su salida de la organización fascista ha sido «... no por establecer la unidad de pensamiento, nunca roto entre nosotros, sino por higiene» (¡Angelitos!)

EN ESAS MISMAS FECHAS, LOS FALANGEROS "CHUPAN" UNIFORMISMO: ADOPTAN LA CAMISA AZUL MAHÓN, COLOR IDENTIFICATIVO-OBRERIL QUE LUCÍAN LOS COMUNISTAS EN SUS MÍTINES, MANIFESTACIONES, POR LO DEL MONO DE LOS CURRANTES.

PERO, OJO: LLEVARÁN CORBATA; ESO SÍ, NEGRA "EN MEMORIA DE NUESTROS CAÍDOS."

HE PENSADO QUE YA EN PLAN TOTALMENTE GORRA-SIMBOLISMO, TRINQUEMOS LA BANDERA ANARQUISTA PARA NOSOTROS, CAMBIÁNDOLE EL DISEÑO

MALOS   BUENOS

STUPENDO; YA SÓLO NOS FALTA ELEGIR LA PISTOLA DE REGLAMENTO

Son ejecutados, tras la represión «de lo de Asturias» el Sargento Vázquez, por desertor y «alzarse en armas contra el Ejército» (entre otras «hazañas» había volado con dinamita un camión con 32 guardias civiles), y un tal «Pichalatu», misógino asesino infiltrado de minero que mató a 7 mujeres durante la asturiana revolución. De las 23 condenas a muerte que impusieron los tribunales, Alcalá-Zamora ha aceptado que 21 sean conmutadas...

...GANÁNDOSE EL ODIO DE LAS LLAMADAS (INEXPLICABLEMENTE) "GENTES DE ORDEN" POR NO HABER FIRMADO EL "ENTERADO" DE TODAS.

...Y LA INQUINA DE LOS REVOLUCIONARIOS POR FIRMAR LAS DOS ALUDIDAS.

¡BANG! ¡BANG! ¡BANG! ¡BANG! ¡BANG! ¡BANG! ¡BANG! ¡BANG! ¡BANG! ¡BANG!

LA PENA DE MUERTE, SIEMPRE INJUSTA E INÚTIL, NO SOLUCIONÓ NADA: ENCONÓ AÚN MÁS EL ENFRENTAMIENTO ENTRE LOS ESPAÑOLES.

En olor de multitudes el Sr. Gil-Robles llega a Barcelona... y es tal la multitud (y suponemos el olor), que el líder de la derechista Lliga, Sr. Cambó, que me ve peligrar su clientela electoral con la visita del salmantino-castellano, va y dice en una rueda de prensa algo tan tajante, clarividente e ingenioso, como lo siguiente...

"...SI EL RESTO DE ESPAÑA SE LE PARECIERA (A CATALUÑA), ESPAÑA SERÍA LA PRIMERA POTENCIA EUROPEA"

TOMA, CLARO

...Y CON MARADONA, MÁS

ESO

Ante las posibles «manejabilidades» del Ejército por hilos no estrictamente castrenses (a cuenta de haberse hallado en el escalafón no menos de 20 generales pertenecientes a la masonería), se vota en el Parlamento, y se aprueba por 111 votos contra 28, esta Proposición no de Ley...

"...EL GOBIERNO IMPEDIRÁ ACTIVIDADES POLÍTICAS EN EL EJÉRCITO, VENGAN DE DONDE VENGAN, INCLUSO DE LAS LOGIAS..."

HENOS AQUÍ REUNIDOS LA LOGIA "LOS ESTRATEGAS DEL UNIVERSO" PARA ADMITIR UN NUEVO HERMANO

...QUE ESTÁ HECHO UNA FOCA, AÑADO

SI EMPEZAMOS CON SEÑORITISMOS, YO, COMO GRAN ORIENTE 7,65 PARABELLUM, OS METO UNA COCINA QUE OS BALDO

¿Y QUÉ IBAMOS A HACER LOS 67 DE COCINA?

PAELLA RELLENA

SIELOS

Relajo relatoral: En los U.S.A., una nueva proeza alcanza el honor de figurar en el «Guines Book» de Records Mundiales: Julius S. Terence Smithson, de Atlanta, ha construido el termómetro clínico más grande del mundo: mide 52 metros y el mercurio se desplaza en él, de grado a grado, a una velocidad calculada de 57 km/h... lástima que su peso (102 kg.) y fragilidad («cristal made») lo hagan prácticamente inutilizable...

UN RECORD ESPAÑOL DE 1935 QUE NO FIGURARÁ EN EL "GUINES": DOÑA ADELAIDA DE FRUTOS, NATURAL DE CARTAGENA Y VECINA DE MADRID, LLEGA ANDANDO DESDE LA CAPITAL DE ESPAÑA A ZARAGOZA EN CUMPLIMIENTO DE UNA PROMESA... TIENE 86 AÑOS...

PENITA VESPINO

TENGO LOS JUANETES MÁS ARRASADOS QUE LAS PARTES NOBLES LA DOÑA SUMMER

A CALATAYUD 38 KM.

...EN LLEGANDO A ZARAGOZA ME VI A PEGAR UN PELOTAZO CARIÑENA MÁS LARGO QUE UN CURSO DE PROGRAMADOR DE BERENJENAS

En marzo los periódicos suben a «3 perras chicas» (15 céntimos), pastón epocal enorme para enterarse de las noticias de un año en el que destacan los crímenes alevosos y los suicidios sonados... como el del matrimonio de porteros de la ovetense calle de Uría que, tras atizarse 2 botellas de coñac, se matan vicevérsicamente...

...Y AHORA YO FOY Y GONEZTO "EL CARRO DE LA FARSA"
GON DOS NARICES

Se inicia en las Cortes el debate-acusación sobre la participación o no en «lo de Asturias» de Don Manuel Azaña que, gran orador, rechazándola totalmente se defiende con la siguiente «Anécdota del Saludador de Tenebrosa de los Caballeros»...

"...EN ESE PUEBLO IMAGINARIO, ANCESTRALMENTE DIVIDIDO EN DOS BANDOS, ENEMIGOS ACÉRRIMOS ENTRE SÍ, HABÍA UN HOMBRE AL QUE LLAMABAN SALUDADOR(1), POR SUS ESPECIALES DOTES PARA AVERIGUAR LA RABIA EN LOS PERROS, Y LA CURACIÓN DE LOS POR ELLOS MORDIDOS. CUANDO CAMBIABA EL ALCALDE, ALTERNATIVAMENTE DE BANDO CONTRARIO, LA PRIMERA ORDEN DEL RECIÉN ELECTO MUNÍCIPE ERA OBLIGAR AL SALUDADOR A DECLARAR RABIOSOS A TODOS LOS PERROS DEL OTRO BANDO... EN ESTA REPÚBLICA DE LOS CABALLEROS, QUE EL SEÑOR LERROUX CONOCE TAN BIEN, EL SALUDADOR HA SIDO EL SR. ALARCÓN(2) Y EL ALCALDE, EL PROPIO SR. LERROUX."

(1) EMBAUCADOR QUE AFIRMA CURAR LA RABIA CON SU SALIVA Y/O ALIENTO. (2) JUEZ DEL CASO AZAÑA.

Como a la acusación de incitación a la revolución de Asturias a Don Manuel le han añadido la de proveedor de armas para un grupo izquierdista portugués, desde su puesto de anterior Ministro de la Guerra, Don Manuel no sólo admite esta segunda acusación, añade además que facilitó las armas a los anti-salazaristas lusos...

...A TRAVÉS DE LOS GENERALES JEFES DE LAS COMANDANCIAS (CAPITANÍAS GENERALES) FRONTERIZAS CON PORTUGAL.

...EM DEFENSA AS INTRÍNSECAS LIBERDADES DO POVO PORTUGUÊS, POR LO QUE ESTAREIMOS ETERNA Y GLORIOSAMENTE AGRADECIDOS A O FRATERNAL, AUNQUE PEQUEÑO, POVO ESPAÑOL, POR ESTA AIUDA TAM NECESARIA E ENORME

PUES MENOS MAL QUE ERA SÓLO UN TRABUCO OXIDADO, QUE SI LLEGA A SER UN FUSIL, NOS LEE "OS LUSIADAS"!

(CON LO QUE DUELE)
(SÍ)

AZAÑA SALE AIROSO DE LA PRUEBA... SUS ENEMIGOS TENDRÁN OTRA CAUSA PARA ODIARLO.

«Muy tocado» por la derecha, a causa de los indultos asturianos, el gobierno de Lerroux ve como se retiran los coaliccionados ministros cedistas... El Presidente republicano, Alcalá-Zamora, inicia las consultas para formar un nuevo gobierno... Es tal el follón que se arma ante la sillonácea golosina ministerial que Don Niceto se ve obligado a encargar a Lerroux que monte un gobierno de «la Srta. Pepis», mientras intenta una solución «de bolillos»...

COMO MINISTRO SIN CARTERA ME NIEGO A SOPORTAR MÁS LOS GÉLIDOS PIES DE SU CASTA ESPOSA, SEÑOR PRESIDENTE

JESÚS, QUÉ GABINETE

SÍ, PERO USTED TIENE 3 COCHES OFICIALES

AHÍ LE DUELE — ESO

Tras 33 días de «tejemanejes» al fin hay nuevo gabinete: La CEDA ha conseguido 5 carteras; Gil Robles es el nuevo Ministro de la Guerra... lo primero que hace es nombrar Jefe del Estado Mayor Central del Ministerio de la Guerra a (¿lo adivinan, intuyen o se lo temían?), Francisco Franco...

EXCELENCIA: LLAMAN DE LA FÁBRICA DE APLIQUES CAPILARES "LA VELLOSA BOMBILLA"; DICEN QUE SI V.E. HA CONSTATADO EL PELUQUÍN

LOS ENTRULLE; SE ME CAE EN LOS SPORTS

ADIDAR

SUS ÓRDENES

DAS KAPITAL — EL CONTRATO SOCIAL — EL QUIJOTE — GALILEO — MIGUEL SERVET BIOGRAFÍA

Las izquierdas, que se ven venir el «sohw», a duras penas lograrán un principio de «acuerdo-marco-acciónico-fuenteovejunero» al que entitulan Alianza de Izquierdas. Broma del momento: Ante el nuevo gobierno derechoso la revista humorística-acrática «La Barricada» publica un suelto «protestando enérgicamente», por el nombramiento como Ministro de Trabajo del Sr. Salmón, sugiriendo sea trasladado a la Dirección General de Pesca «... con carácter de urgencia».

EN EL NUEVO GOBIERNO HA SIDO ELIMINADO EL "SOSPECHOSO" CEDISTA, DEL ALA SOCIAL-CRISTIANA, DON MANUEL JIMÉNEZ FERNÁNDEZ, CUYOS AFANES DE MANTENER ALGUNOS PUNTOS DE LA DEROGADA REFORMA AGRARIA, EN AMOR DE UNA ELEMENTAL JUSTICIA SOCIAL LE HABÍAN VALIDO EL ACOSO DE LOS TERRATENIENTES.

MANUEL JIMÉNEZ FERNÁNDEZ

NACIDO EN SEVILLA EN 1896, EN LOS ESCASOS MESES QUE FUE MINISTRO SE "SACÓ DE LA MANGA" UNA LEY DE ARRENDAMIENTOS RÚSTICOS, POR LA QUE LOS AMOS DEJABAN DE TENER PATENTE DE CORSO ARRENDATRIZ; UNA LEY DE MEJORA AGRARIA QUE HACÍA PERDER EL USO DE LA TIERRA A LOS PROPIETARIOS QUE NO LA CULTIVARAN, Y VARIAS DISPOSICIONES QUE FAVORECÍAN A LOS BRACEROS Y JORNALEROS. A RAÍZ DE SU CESE ABANDONÓ LA POLÍTICA, DEDICÁNDOSE A SU CÁTEDRA DE DERECHO CANÓNICO EN SEVILLA, DESDE LA QUE HIZO LLEGAR SU INQUIETUD CRISTIANA REFORMADORA A UN GRAN GRUPO DE JÓVENES SEVILLANOS Y POR EXTENSIÓN A MUCHOS ESTUDIANTES ESPAÑOLES DE TODOS LOS RINCONES. MURIÓ EN 1968 EN SEVILLA. FUE UN GRAN Y BUEN HOMBRE; POR ESO LE RECORDAMOS MUCHOS YA CARROZAS, CON RESPETO Y ADMIRACIÓN.

FRASE ESPETADA EN LAS CORTES POR SUS COMPAÑEROS DE PARTIDO DESDE LA TRIBUNA DE ORADORES: "SI USTED DESEA QUITARNOS NUESTRAS TIERRAS CON LAS ENCÍCLICAS EN LA MANO, TERMINAREMOS HACIÉNDONOS CISMÁTICOS."

¡Y NO FUE LA ÚNICA! ESTA ES DE LAS MÁS SUAVES.

En plan derechoso-equilibrador a la Alianza de Izquierdas, Víctor Pradera, tradicionalista, y José Calvo Sotelo, máxime y carismático líder de la derecha extremosa, propugnan el Bloque Nacional, aglutinante de sopotocientos partidos (y partidillos), conservadores.

Y EN PLAN SECRETO, LOS CARLISTAS COMPRAN EN BÉLGICA, CON LA PASTA DE MUSSOLINI, 5 MILLONES DE CARTUCHOS, 6.000 FUSILES, 10.000 BOMBAS DE MANO Y 450 AMETRALLADORAS, PERO LA POLICÍA BELGA INTERVINO EL ALIJO, DEL QUE SÓLO LLEGARON A NAVARRA LAS AMETRALLADORAS SECRETAMENTE.

¿TIENE ALGO QUE DECLARAR?

SÍ, QUE SÍ TIENEN ASPIRINAS EN CANTIDAD

(QUÉ RARO; YA ES EL 94º HOY)

Entre tanto Azaña, totalmente exonerado de «asturianas responsabilidades», llena el estadio de Mestalla, en Valencia con una ingente multitud. Con su verbo excepcional (pero despectivo y frío), ante los 80.000 asistentes exige al gobierno en el poder la culminación del proceso legislativo republicano.

«HAY QUE ELABORAR, EN LOS PROBLEMAS ESENCIALES Y URGENTES DEL ESTADO, UN PROGRAMA DE ACCIÓN POLÍTICA QUE PUEDAN APOYAR TODOS LOS PARTIDOS DE IZQUIERDA (...) LA CONDICIÓN FUNDAMENTAL, HOY POR HOY, ES LA UNIÓN ELECTORAL DE LAS IZQUIERDAS...»

...Y DEJEN EL BALÓN, QUE ME DA EL CUELGUE NEURÓTICO, ABELENES

El Tribunal de Garantías Constitucionales ratifica la condena a 30 años de reclusión impuesta por el Supremo al gobierno de la Generalitat Catalana que, Companys incluido, en octubre del pasado 1934, habían proclamado, como ya contamos «...l'Estat Català». Mientras Barcelona hierve de indignaçao anti-madrilé, Primo de Rivera es acusado de antimonárquico por sus palabras en el Cine Madrid, ante unos 5.000 falangistas...

DÍAS ANTES, EN EL RECÓNDITO PARADOR DE GREDOS, LOS JERARCAS FALANGISTAS OYEN ESTA PROPOSICIÓN DE SU JEFE, PRIMO DE RIVERA.

«LA INSURRECCIÓN ARMADA ES POSIBLE; HAY UN GENERAL DISPUESTO A PONERSE AL FRENTE, TENGO OFRECIMIENTOS DE ARMAS, PARA CONCENTRAR UNOS MILES DE HOMBRES EN PORTUGAL E IRRUMPIR POR LA FRONTERA EN SALAMANCA Y ALZAR LA BANDERA INSURRECCIONAL»

VALE, PERO ME PIDO EL MINISTERIO DE TRABAJO

TÚ TE CALLAS, TOCAYO

DE ESO NADA, LA ESTRATEGIA ES LA ESTRATEGIA

El Comunista José Díaz, hombre muy capaz y talentoso se perfila sólidamente como líder de su grupo; suyo es el lanzamiento al ruedo político de la idea de convertir la alianza de las Izquierdas en un Frente Popular electoral...

BUENO, LA IDEA DE FAVORECER LA FORMACIÓN DE UNIONES ELECTORALES DE LAS IZQUIERDAS FUE, EN REALIDAD, DE STALIN, PERO FUE DÍAZ EL QUE INVENTÓ EL TÉRMINO Y ADECUÓ LAS STALINIANAS INSTRUCCIONES. HASTA SU EXTRAÑA MUERTE, EN 1942, EN LA SOVIÉTICA CIUDAD DE TIBLISI, DONDE AL PARECER SE ARROJÓ POR LA VENTANA DEL SANATORIO DONDE CONVALECÍA DE UNA ENFERMEDAD, JOSÉ DÍAZ FUE SECRETARIO GENERAL DEL PARTIDO COMUNISTA DE ESPAÑA. HABÍA NACIDO EN SEVILLA EN 1896 Y ERA MUY QUERIDO DE LOS OBREROS ANDALUCES, POR SU ENTREGA A LA CAUSA DE LOS HUMILDES Y LAS PRIVACIONES, CÁRCELES Y TORTURAS QUE SUFRIÓ EN SU CORTA VIDA EN DEFENSA DE LOS TRABAJADORES.

PADRECITO STALIN: EL ESPAÑOL SE NIEGA A BAILAR SEVILLANAS EN EL ANIVERSARIO DE LA TOMA DEL PALACIO DE INVIERNO

VAYA, HOMBRE; AHORA QUE TENÍA YA LA FOTO DE TROTSKY PARA EL SUELO DEL TABLADO... HABRÁ QUE HACER ALGO...

¿VOLÁTIL?

POR EJEMPLO

El Día de Carnaval de 1935, casi no registra participantes en los tradicionales desfiles carnestoléndicos de la Iberia...¿Motivo? Pues si a los casi 800.000 parados-hambrientos sin Seguro de Desempleo, añadimos los 7 millones de enfermos de la virulentísima «gripe», de ese año sin antibióticos ni vacunas... ya me contarán ustedes, quien tenía ganas de carnavalear o disfrazarse...

— PERO PACO ¿DE QUÉ VAS?
— TU TE CALLAS, QUE YO SÉ LO QUE ME HAGO

Una «cosaza» canaria, Alicia Navarro es electa «Miss España» y luego, en Londres, «Miss Europa» y que conste que estaba tan prieta y mollar que no fue «Miss Mundo» por su radical negativa a cruzar el Atlántico para participar en dicha elección, que se celebró en Baltimore.

— EL JURADO DEL QUE SOY PORTAVOZ, SE COMPROMETE A CRUZARLE EL ATLÁNTICO A LA SILLITA DE LA REINA EN PLAN RELEVOS
— (¡SO REBOSANTA!)
— ...HACIENDO CONSTAR, ASÍ MISMO, QUE ME PIDO PRIMER-TOUCH-CACHE
— DE ESO NADA, PRIMERO LOS HERNIADOS SÚBITOS

«Uzcudun se hará una petaca con la piel del negrito». Así rezaba el titular de un diario barcelonés, el día anterior al newyorkino combate del regilino Uzcudun (33 años) con el jovencito Joe Luis (20 castañas). La dura realidad se impuso: El guipuzcoano mordió el polvo presta y limpiamente... El esfuerzo desesperado de Paulino para rehacerse «... de los acosos mafiosos» de su periplo americano no dio resultado. Su estrella se eclipsó (1).

— COMIDO TXAPELA, OYE

(1) YA VERÁN VORCÉS MÁS ADELANTE EN QUE NÚMERO RESCATATIVO SE METIÓ EL ALUDIDO PÚGIL DE REGIL...

152

«Bromita» anarco-passota en Barcelona: Se coge un tranvía vacío en la Plaza de Cataluña, cuyo conductor se haya bajado a tomar café; se desparraman por los asientos 10 litros de gasolina, se le quitan los frenos, se echa una cerilla y se deja, ya embalado, que el vehículo disfrute, a toda pastilla ardiente, de un paseo ramblístico... Bueno, pues eso hicieron, ante el «regocijo» de los paseantes, un grupo de anarquistas el mes de julio de 1935...

En plan «Baranden-War», Gil-Robles visita en dicho mes, la asturiana fábrica de armas de Trubia... él mismo, en sus memorias, nos cuenta que los militarizados obreros «estrechamente marcados» tras los sucesos en el lugar el año anterior, mostraron su disconformidad con él y con su visita...

...GOLPEANDO CON SUS HERRAMIENTAS DE TRABAJO, AL RITMO DE «UNA COPITA DE OJEN»

TLIN·TLINTLINTLIN·TLIN ♪♪♪♪ TLIN.....

La selección española de fútbol saca la espina deportiva a los hispanos, tras la uzcudiana derrota eeuusística: Capitaneados por el legendario Zamora, los arrolladores Marculeta, Regueiro, Muguerza, Lafuente, etc. forran a los gabachos por un corto 2 a 0, si bien es cierto que: A) pudieron ser más, B) los gabachos se defendieron con todas («todasss», ¿comprenden?) sus armas.

¡JEAN CLAUDE; ILS HAN REBASÉ A NÔSTRE DEFÊNSE ET ARRIVAN AL AREA EN VARONIL TRÔMBE!

¡SACRE BLEU; LE "CHANEL" C'EST FINIE!

Se inicia la «Rereforma» de la enana Reforma Agraria azañística: O se le devuelve la tierra a los terratenientes o las ya pingües indemnizaciones que éstos cobraron se aumentarán en el 300 %... unos 570 millones de pelas de la época (recordamos; con 15 céntimos se compraba un periódico), son dedicados por el derechista gobierno lerrouxista a este «primordial» capítulo presupuestario...

> MIENTRAS JOSE ANTONIO PRIMO DE RIVERA SE REUNE CON DELEGADOS DE LA ILEGAL Y ANTI-REPUBLICANA UNION MILITAR ESPAÑOLA, CON EL OBJETO DE, TRIUNFANTE LA INSURRECCION PREVISTA MILITAR-FALANGISTA, FORMAR UN GOBIERNO EN COALICION CON DERECHISTAS...

> YO PROPONGO PARA EDUCACION A ALNOS; INTERIOR A MOLA; ECONOMIA: CARCELLER; COMUNICACIONES: RUIZ DE ALDA; JUSTICIA: SERRANO SUÑER; DEFENSA: FRANCO...

> ES ABSURDO; MUCHOS DE LOS MINISTROS QUE PROPONE SON PELIGROSOS MARXISTAS

> STUPENDO

Se estrena la versión teatral de «Morena Clara»; Jardiel, entre iras e incomprensión, «espeta» (según un crítico del momento) su comedia «Un adulterio decente»; Juan Ignacio Luca de Tena es muy aplaudido por su melodrama «¿Quién soy yo?»... Franco y su egregia esposa, Doña Carmen, sufren un accidente automovilístico en Cabezuelas (Salamanca); su vehículo oficial atropella a un ciclista, que palma, el pobre, días después...

> ¡FiiiiRRR-ESSS! NADA, MALDITA INDISCIPLINA

Iras facho-reaccionarias por delante, Pío Baroja (por otra parte «más raro que un violín de lana», García-Lorca dixit), ingresa en la Real Academia de la Lengua. El intrépido (y hoy olvidado) aviador cántabro Juan Antonio Dimitro llega a Barcelona, tras su heróica travesía atlántica en una minúscula avioneta monoplaza.

> ESTOY DE HAMBURGUESAS HASTA EL HAZIMUT... NO VUELVO, POR MI PADRE

> GANAS TENGO DE PEGARME UN ENTRIPADO DE PAELLA

> ...Y POR LO MENOS 3.000 TORTILLAS DE PATATAS

> COMO POCO

> ...Y VOY A CERRAR "LA SARDINA" (1) UNA SEMANA PARA MI SOLO Y ME VOY A PONER DE PASTEL DE SANTIAGUIÑOS CON ESPINACAS (2) COMO EL QUICO

(1) FAMOSO RESTAURANTE SANTANDERINO (2) PLATILLO ESPECIALIDAD DE LA CASA.

Curiosa e inexplicablemente, durante los debates de la antes aludida «Desreforma Agraria» Primo de Rivera se muestra asaz «izquierdoso» Relata, a tal efecto, el caso de un pueblo abulense, Narros del Puerto, el cual es de tal manera propiedad de una señora que a ella hay que pagarle hasta la tierra de las sepulturas... en los contratos de arrendamiento que extiende a los pobres campesinos, la «buena mujer» mediante una cláusula, se reserva el derecho «... a desahuciar a los colonos que sean malhablados».

BANDO:
YO, LA DUEÑA, HAGO SABER QUE HABIÉNDOSE DESCUBIERTO UN GRUPÚSCULO QUE SE AUTODENOMINA "LOS DESLENGUADOS IMPUNES" QUEDAN PROHIBIDAS SUS EXPRESIONES:

A) JODIBROLLAS
B) ¡JOPAUTA
C) CUERNIBRÓN
D) CHARICONAZO
E) RECONJOÑETA
F) ME DESVENTRO EN EL OCÉANO

SUS LO AVISO POR PRIMERA Y ÚLTIMA VEZ
LA JEFA
Doña Concha

(ME TEMO QUE HEMOS SIDO DESCUBIERTOS)
(SI)

Anécdota: El cabo Alcalá-Zamora, hijo del Presidente Don Niceto, devuelve al Capitán Cajero del batallón, donde cumple su servicio, emolumentos por razón de su grado, por valor de 49,50 ptas., encargando al oficial receptante «... las haga llegar a las familias de los izquierdistas presos o perjudicados a raíz de la revolución de octubre». Total que el capitán da el «queo» y Don Niceto, viendo que su aureola de «imparcial supremo republicano» peligra, recurre a todas las artimañas con el objeto de que «lo del ninio» no trascienda...

... Y SI NO LO CUENTAN EN SU PERIÓDICO, LES DEJO EL VIDEO "EMMANUELLE EN LA ACADEMIA DE JURISPRUDENCIA Y LEGISLACIÓN"

... Y ME TIENE QUE DEJAR EL COCHE GRANDE PARA FARDAR HOY EN LA SALA DE BAILE "CACHOSA'S"

BUEEEEENOOO

Según un dicho de la época, Alejandro Lerroux «... ha perdido a los obreros que le izaron y no ha ganado los banqueros que esperaba». Porque en efecto, el verdadero presidente del gobierno no es él; el que hace y deshace es Gil-Robles que, ilusionado, acuña su slogan «A por los 300» que usará en las próximas elecciones, refiriéndose a los diputados que cree conseguirá para hacer «su» revolución...

¿CAMPAÑA ELECTORAL A LAS 4 DE LA MAÑANA, SO LUJURISTA?

(300 ESCAÑOS NO SÉ, PERO PUNTOS DE SUTURA 500 COMO POCO)

(CREO QUE SOSPECHA DE LO MÍO CON SANDRA BUSTODURO)

A POR LOS 300

José Antonio, con uniforme de Alférez de Dragones de Caballería de Santiago, en un acto público en el año 1921.

Las vueltas que da la vida: un guardia civil pide la documentación al fundador de la Falange en el año 1935.

Azaña se dirige a los 400.000 asistentes en el gigantesco mitin de Comillas. Hasta el diario católico «El Debate» reconoció tan magna asistencia.

Tantas concesiones a la derecha hacen temer a Don Niceto Alcalá-Zamora una repetición revolucionaria similar a la de 1934... Obliga a dimitir a Lerroux y encarga a Chapaprieta, buen financiero, la formación de un nuevo gobierno; en él Lerroux ocupará la cartera de Estado.

¿SABEN CUAL FUE EL ÚLTIMO ACTO DE LERROUX COMO JEFE DE GOBIERNO ANTES DE DIMITIR? ¿EH?

PUES, NI MÁS NI MENOS: NOMBRAR DIRECTOR GENERAL DE SEGURIDAD A MARTÍN BÁGUENAS, EL POLICÍA AQUEL DE QUE HABLAMOS QUE COORDINÓ A LOS GOLPISTAS DE SANJURJO EN 1932... COBRANDO UN "PATRIÓTICO" SUELDO DE 5.000 PTS. MENSUALES.

MENOS MAL QUE DON NICETO ESTUVO AL QUITE Y SE NEGÓ A FIRMAR EL DECRETO DE NOMBRAMIENTO...

BÁGUENAS HABÍA SIDO JEFE DE LA BRIGADA POLÍTICO-SOCIAL DURANTE LA DICTADURA DE PRIMO Y ERA MUY "MAL RECORDADO".

VAYA, HOMBRE; YO QUE YA ME VEÍA EN PLAN SHERIFF-BARANDEN...

NO VOY A TENER MÁS REMEDIO QUE VENDER LAS ACCIONES DE "CARAMUCHASA".

LO TUYO FATAL Alex

Chapaprieta, sabedor del caos económico generalizado, consigue que las Cortes voten, a duras penas, una Ley de Restricciones Administrativas: 400 millones de pelas al año serán ahorrados con la supresión de 3 Ministerios, 5 Subsecretarías, 20 Direcciones Generales y 300 coches oficiales... Además se reducen todos los gastos administrativos: todos los sueldos del estado, desde el Presidente de la República, hasta el del maestro del más recóndito paraje ibérico, son rebajados en el 10 %...

¡MALDICIÓN; ME HAN QUITADO LA DIRECCIÓN GENERAL DE CUBA E, INHERENTEMENTE, LA PIEDRA OFICIAL!

AL MENOS PODEMOS HACER UN JUGOSO "BANDERÍN AUX FINES CASPAS".

ODIO TU NUEVA COCINA NAÚFRAGA ¿SABES?

En septiembre se levanta, por fin, el Estado de Guerra en Barcelona que desde octubre de 1934 estaba en vigor. Una escisión de los comunistas crea el P.O.U.M. (Partido Obrero de Unificación Marxista), que bajo la hábil dirección de Andrés Nin, se alejará tanto de Moscú que serán el blanco primigenio, antes incluso que el fascismo, del ex-seminarista Stalin...

LIEV DAVIDOVICH BRONSTEIN (a) "TROTSKY"

STALIN HABÍA TENIDO MUCHOS PROBLEMAS CON TROTSKY (Y VICEVERSA, MÁS), YA QUE ESTE ÚLTIMO PRECONIZABA LA REVOLUCIÓN MUNDIAL PERMANENTE Y STALIN ERA MÁS PARTIDARIO DE CONSEGUIR EL ASENTAMIENTO DE LAS INSTITUCIONES BOLCHEVIQUES EN LA U.R.S.S. Y LUEGO "EXPORTARLAS". DE AHÍ QUE TROTSKY HUYERA AL EXTRANJERO, PERSEGUIDO POR STALIN. A RAÍZ DE ESTO, CADA VEZ QUE ALGUIEN DISENTÍA DEL MODELO STALINISTA, ERA ACUSADO DE "TROTSKYSTA", ACABANDO ESTE TÉRMINO POR SIGNIFICAR A CUALQUIER GRUPO QUE NO SIGUIERA LAS DIRECTRICES DE MOSCÚ, CASO DEL P.O.U.M. EN LA ESPAÑA DE 1935. LA PERSECUCIÓN DE MOSCÚ FUE DURA E IMPLACABLE, COMO MÁS ADELANTE VEREMOS.

NACIDO EN 1879, EN UCRANIA, ES CONOCIDO POR EL APELLIDO DE UN CARCELERO ZARISTA, QUE USÓ PARA FALSIFICAR UN PASAPORTE CON EL QUE HUYÓ EN 1902 DE SIBERIA. ENFRENTADO CON STALIN, FUE PERSEGUIDO DURANTE 11 AÑOS POR EL K.G.B., SIENDO ASESINADO EN MÉXICO EN 1940, A GOLPES DE PIOLET, POR EL STALINISTA CATALÁN RAMÓN MERCADER.

El 9 de octubre, 180 diputados homenajean con un banquete al jefe de Gobierno Lerroux. Su fin político está cercano; el «straperlo» ya pudre gravemente su ya pútrido partido… Gil-Robles, en su feudo militar, deroga el decretoazañino, por el que se suprimirán los «Asistentes», soldados-mayordomos que hacían su servicio militar, las más de las veces, cuidando niños o paseando perros de algunos oficiales, en vez de «pegados al mosquetón».

¡JESÚS, QUE MILI!

Y por fin ¡estasha el straperlo! Vamos a volver un poco en el tiempo: Hacia 1933 los holandeses Strauss y Perle han tenido la «genial idea» de crear un aparato, al que la rápida inventiva ibérica denominará «estraperlo» y que, en adelante será, en castellano, sinónimo de negocios sucios o tramposos…

STRAUSS + PERLE = "ESTRAPERLO"

MINISTERIO DE COMERCIO — NEGOCIADO DE CONCESIÓN DE LICENCIAS DE IMPORTACIÓN DE CHICLES SOMERAMENTE DEGUSTADOS

AUNQUE LA PALABRA SE EXPANDE A PARTIR DE 1939, SU CREACIÓN, COMO VEMOS, ES ANTERIOR EN EL TIEMPO.

El aparato consistía en un a modo de juego de ruleta, pero en el que amén del azar, también intervenía el rápido cálculo mental… y ahí estaba el truco; un «croupier» poco «escrupuloso» podía hacer millonarios a sus compinches y arruinar al resto de jugadores…

¡22, LOS 2 PATITOS!

¡CHAFSTL!

VAYA HOMBRE, YA ME HA VUELTO A DAR EL CALAMBRE TONTO

Y así las cosas los holandeses crearon, en 1934, una sociedad, filial de su central bruselense en España, con dos sucursales: una en Madrid y otra en Barcelona... ¿les decimos en qué domicilios sociales? Pues agárrense, que van: En la Ciudad condal, en la casa particular del luego (1935) Gobernador General de Cataluña Pich y Pon (tras la dimisión de Portela), y en la Villa y Corte, en San Rafael, pueblo segoviano próximo, en el chalet veraniego de Don Aurelio Lerroux ¡Sobrino e hijo adoptivo del «Emperador del Paralelo»!

Seguimos en 1934: repartiéndose el cotarro, Pich y Pon se lanza al acoso de Companys, pero llega «lo de octubre» y Lluis va al trullo sin autorizar el straperlo en Cataluña: el chanchullo era descarado y Companys un hombre cabal y honrado hasta la médula.

Valiéndose de su tito-papá putativo, Aurelio Lerroux, al parecer, consiguió la autorización para el resto de España, merced a no muy legales manejos ministeriales... y así, por todo lo alto, en San Sebastián, ante más de 1.000 invitados, llega la gran noche inaugurativa de la novedosa fullero-ruleta...

Asaz molestos los dos holandeses huyen al extranjero y desde allí envían, por correo muy sofisticado, una cuidada relación de los eventos acaecidos, al Presidente Alcalá-Zamora. A Don Niceto, que me ve aquesho, casi me le da un patatíes... además, los dos holandos tienen el rostro de anunciar que pleitearán con el Estado español en el Tribunal que sea, para recuperar las 450.000 pelas que les ha costado la «autorización» de su invento en la vieja Iberia.

LA LISTA-DESGLOSE DE LOS SOBORNOS ERA INTERMINABLE, AMEN DE EXHAUSTIVA.

¡450.000 PTS. DE ENTONCES EQUIVALDRÍAN A UNOS ¡120 MILLONES DE HOY!

PETACA SIMIL-PIEL PARA EL DIRECTOR GENERAL DE ESPORBOLIOS........8,00 PTS
BOCATA CABALLA PARA CONSERJE DE PLANTA NOBLE. Mº DE TRABAJO......0,50 PTS
LIGUERO FANTASÍA PARA 1/0 SECRETARIO GENERAL TÉCNICO Mº ESTADO.........3,25 PTS

¡LAS SALES!

SÍ, AQUÍ ESTÁ: SALES DE BAÑO PARA SECRETARIA Mº INDUSTRIA... 2,80 PTS

Se arma un follón de mucho cuidado: La oposición y la prensa piden la búsqueda total de responsabilidades... todos los implicados cesan automáticamente en el gobierno... pero es inútil: el Ministro de Estado Lerroux ve como su corrupto Partido Radical se le deshace en las manos, arrastrando al Gobierno de Chapaprieta a la dimisión. La CEDA, su aliada, está hecha muy fosfatina.

¡PUAGFS, QUE ASCO!

Inciso: Por esos días un grupo de militares de alta graduación, asaz desafectos con sus juramentos de lealtad republicana, empiezan a bullir, procelosa y oscuramente... Mientras en Montserrat, 40.000 carlistas, venidos de toda España oyen decir a su jefe Fal-Conde...

"...SI LA REVOLUCIÓN QUIERE LLEVARNOS A LA GUERRA ¡HABRÁ GUERRA!"

Aquí vemos a Fal-Conde (es el gordito con gabardina), máximo dirigente operativo carlista, rodeado de un grupo de correligionarios en el curso de unas «maniobras militares» de entrenamiento en las montañas navarras en el año 1935.

José M.ª Valiente, jefe de las juventudes gilrroblianas, expulsado de su cargo por ser demasiado moderado.

El «rojazo» Jiménez Fernández, cuyos intentos de llevar una mínima justicia social al campo español, pusieron en su contra a la práctica totalidad de sus compañeros cedistas.

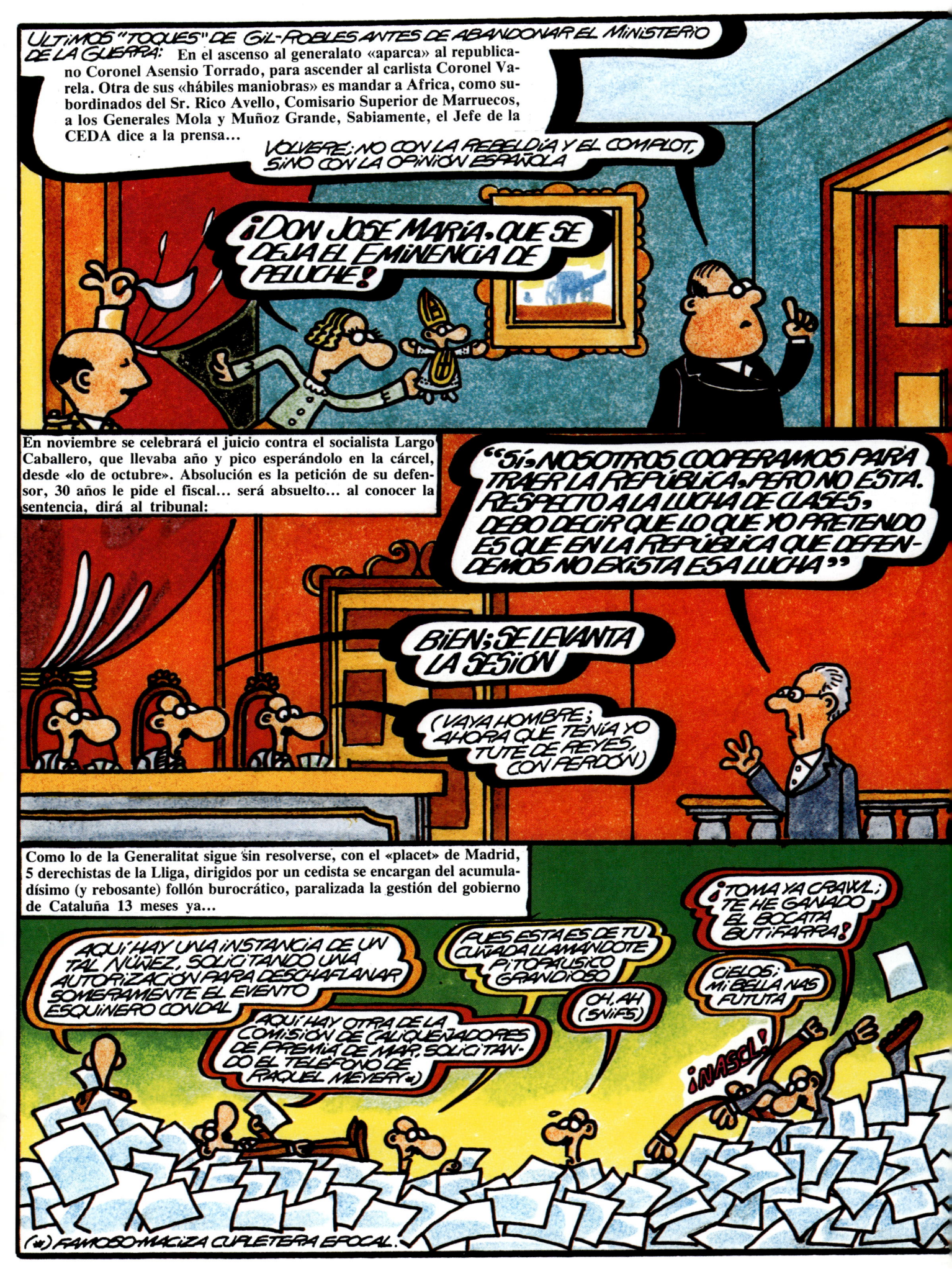

ULTIMOS "TOQUES" DE GIL-ROBLES ANTES DE ABANDONAR EL MINISTERIO DE LA GUERRA: En el ascenso al generalato «aparca» al republicano Coronel Asensio Torrado, para ascender al carlista Coronel Varela. Otra de sus «hábiles maniobras» es mandar a África, como subordinados del Sr. Rico Avello, Comisario Superior de Marruecos, a los Generales Mola y Muñoz Grande. Sabiamente, el Jefe de la CEDA dice a la prensa...

VOLVERE: NO CON LA REBELDIA Y EL COMPLOT, SINO CON LA OPINION ESPAÑOLA

¡DON JOSE MARIA, QUE SE DEJA EL EMINENCIA DE PELUCHE!

En noviembre se celebrará el juicio contra el socialista Largo Caballero, que llevaba año y pico esperándolo en la cárcel, desde «lo de octubre». Absolución es la petición de su defensor, 30 años le pide el fiscal... será absuelto... al conocer la sentencia, dirá al tribunal:

"SI, NOSOTROS COOPERAMOS PARA TRAER LA REPUBLICA, PERO NO ESTA. RESPECTO A LA LUCHA DE CLASES, DEBO DECIR QUE LO QUE YO PRETENDO ES QUE EN LA REPUBLICA QUE DEFENDEMOS NO EXISTA ESA LUCHA"

BIEN, SE LEVANTA LA SESION

(VAYA HOMBRE; AHORA QUE TENIA YO TUTE DE REYES, CON PERDON)

Como lo de la Generalitat sigue sin resolverse, con el «placet» de Madrid, 5 derechistas de la Lliga, dirigidos por un cedista se encargan del acumuladísimo (y rebosante) follón burocrático, paralizada la gestión del gobierno de Cataluña 13 meses ya...

AQUI HAY UNA INSTANCIA DE UN TAL NUÑEZ, SOLICITANDO UNA AUTORIZACION PARA DESCHAFLANAR SOMERAMENTE EL EVENTO ESQUINERO CONDAL

AQUI HAY OTRA DE LA COMISION DE CALIQUEÑADORES DE PREMIA DE MAR, SOLICITANDO EL TELEFONO DE RAQUEL MEYER(*)

PUES ESTA ES DE TU CUÑADA LLAMANDOTE PITOPAUSICO GRANDIOSO

OH, AH (SNIFS)

¡TOMA YA CRAWL; TE HE GANADO EL BOCATA BUTIFARRA!

CIELOS; MI BELLA NAS FUTUTA

¡NASC!

(*) FAMOSA MACIZA CUPLETERA EPOCAL.

FRACASAN MIGUEL MAURA Y MARTÍNEZ DE VELASCO EN LA TAREA ENCOMENDADA POR DON NICETO DE FORMAR GOBIERNO, LO CUAL CONSIGUE PORTELA VALLADARES A DURAS PENAS...

En el nuevo Gobierno central, el ex-jefe de Gabinete Chapaprieta, sigue con su «rollo» financiero como Ministro de Hacienda. Ha adoptado medidas importantes, que han sido muy aplaudidas por la izquierda, y claro, se lleva «no muy bien» con el ala «retro» del Gobierno; dimite y Portela Valladares forma otro gobierno, encomendándole D. Niceto la convocatoria de elecciones generales que clarifiquen el nada claro panorama político. Forman un gabinete de independientes.

—MI GENERAL; NOS HEMOS QUEDADO SIN GASOLINA
—ESTUPENDO; VAYA USTED A BUSCARLA MIENTRAS YO VOY ZURCIENDO LA JUNTA DE LA CULATA

ALTO DEL LEÓN

ACAECE UNA ANÉCDOTA JOCOSA: EL GENERAL MOLERO, COMANDANTE MILITAR DE VALLADOLID, ES NOMBRADO MINISTRO DE LA GUERRA. ACUDE A MADRID, PERO EN LA CARRETERA ES DETENIDO POR ORDEN DEL MINISTRO SALIENTE, GIL-ROBLES, ACUSADO DE HABER ABANDONADO SU DESTINO SIN PERMISO... TRAS VARIAS HORAS DE CONSULTAS ES PUESTO EN LIBERTAD Y PUEDE, AL FIN, LLEGAR A SU DESPACHO MINISTERIAL...

En este aquel, los falangistas madrileños se reúnen para poner la letra al himno musical que les ha confeccionado el maestro Juan Tellería. La letra del himno de la Falange es obra de Foxá y Sánchez Mazas (aunque hubo un acuerdo de los autores para ceder la paternidad de los versos a su fundador Primo de Rivera).

COMO EL ESPÍRITU DE NUESTRA OBRA ES EL DE EVITAR A TODA COSTA QUE NOS DUELAN PRENDAS, ES JUSTO, EQUITATIVO Y NECESARIO RECONOCER QUE EL "CARA AL SOL" ES UN BELLO HIMNO, CON UNA BUENA MÚSICA, Y FUE UNO DE LOS POCOS, ESCASÍSIMOS CANTOS POLÍTICOS QUE NO TRASLUCEN NINGÚN MOTIVO AGRESIVO PARA OTRAS ORGANIZACIONES DE DISTINTO SIGNO. EN NUESTRO MODESTO JUICIO PERSONAL, CREEMOS QUE ES, QUIZÁ, LO ÚNICO QUE SE PUEDE SALVAR DE TODA LA PARAFERNALIA FALANGISTA (EN EL CASO, Y ESA ES OTRA, QUE SE PUDIERA SALVAR ALGUNA COSA).

«CON LA CAMISA NUEEE-EVA»
Y AHORA PONEMOS UN SUBI-DÚ-DUÁAA
NO, QUE SUENA A COGNA
ANTIGUOS, QUE SOIS MÁS ANTIGUOS QUE EL CHALECO DE UN DINOSAURIO

FRONTÓN OR-KOMPON

El ya mencionado Ministro de la Guerra, General Molero, en unas declaraciones a los reporteros, manifestábase en contra de la politicidad de los militares «... como el régimen español es la República, nuestra obligación es ser, simple y firmemente, republicanos y defenderla con todo nuestro entusiasmo».

ESTAS DECLARACIONES DEL GENERAL MOLERO SON UNO DE LOS ESCASOS TESTIMONIOS CINEMATOGRÁFICOS-SONOROS REPUBLICANOS QUE AÚN PODEMOS VER.

¡PLAP!
—NO VALE, VUECENCIA; REPITA OTRA VEZ; DE NUEVO SE HA VISTO UN PELOTILLAZO
—JESÚS BENDITO; QUÉ LEVANTISCOS

NUESTRO PRÓXIMO CAPÍTULO: "LA GUERRA INCIVIL" DE CÓMO UN GRUPO DE PERJUROS INICIARON TRES AÑOS DE DERRAMAMIENTO DE SANGRE.

Portela Valladares, Jefe del Gobierno Republicano y Muñoz Grandes, uno de los máximos implicados en la futura subversión de julio del 36. Curiosamente, en esas fechas ambos cambiaron de tocado: Muñoz Grandes se sublevará «en nombre de los bombines» y Portela Valladares se pondrá al lado de las humildes boinas españolas.

Capítulo IX

"LA GUERRA INCIVIL"

Habíamos dejado a Portela Valladares, en el anterior capítulo, como Jefe de Gobierno, pretendidamente de «Centro», creado por Don Niceto Alcalá-Zamora, el aún presidente de la República, que, en uno de sus habituales-garrafales despistes, no se da cuenta del tremendo enfrentamiento de las 2 Españas, en el que no cabía ninguna clase de moderación centrista.

EL GOBIERNO DE PORTELA-VALLADARES: UN GRUPO DE "INDEPENDIENTES" QUE NO TUVIERON TIEMPO DE DEMOSTRAR QUE LO FUERAN.

El exclusivo fin del gobierno Portela es convocar elecciones generales; así lo hace el gallego presidente, eligiendo la fecha del 16 de febrero de 1936. El mes y pico que falta para celebrarlas será de una trepidante acción política de ambas enormes coaliciones: Bloque Nacional y Frente Popular. Los esfuerzos de Portela para presentar candidaturas centristas en todo el territorio son denodados… y fútiles.

…¡UNA "PETA" MARMOTILLO PURO!¡UNA AUTÉNTICA MANTA DE MATRIMONIO, DE 12 METROS, AL OBJETO DE QUE EL PUEDA TAPARSE, AL MENOS, UNA OREJA!¡UNA BATERÍA DE COCINA, DE LA PRESTIGIOSA MARCA "CONSUELITO LA REPOSTERA CONSUETUDINARIA"!¡UNA LATITA DE BERBERECHOS "EL LOBO DE MAR ÍNCLITO MAYORMENTE"!¡LOS 3 PRIMEROS TOMOS DE LA ENCICLOPEDIA MUNDIAL DE HOJAS PARROQUIALES!¡DOS BUTACAS PARA LA BONITA PIEZA TEATRAL COSTUMBRISTA "ESA MOTO TIRA MILLAS, TE LO AVISO, POVEDILLA"!¡OCHO BARRAS DE REGALIZ "BELAFONTE"!¡UN PAR DE CALCETINES "SINGER DOWN MUCHÍSIMO"!¡UNA SUBSCRIPCIÓN POR UN AÑO A LA DRAMÁTICA NOVELA POR ENTREGAS "LA HIJA DE ONCE PADRES, POR SU MALA CABEZA AL RESPECTO FISIOLÓGICO"!¡UN POSTER DEDICADO DEL CANTANTE DE MODA, ANSELMO PEROLES, "QUE LAS MATA CON BEMOLES"! ¡TODO ESTO, SOLO POR FIGURAR EN NUESTRA CANDIDATURA!

QUE DIGO QUE POR QUE NO TE ASOMAS TU, A VER SI SE DESMAYA DEL SUSTO

Bien es cierto que la campaña electoral es un modelo de corrección: Para muestra diremos que, por ejemplo, el domingo 9 de febrero se celebraron en todo el país 1.948 mítines electorales; bueno, pues no se produjo en ellos ni el más ligero incidente. Ese mismo día fueron proclamados 977 candidatos para 473 puestos. Demostración del fracaso centrista; al final sus candidatos se vieron obligados a coaligarse con el Bloque Nacional (excepto en Lugo, que lo hicieron con el Frente Popular).

UNA CAMPAÑA ELECTORAL DE ABSOLUTO GUANTE BLANCO

SI VOTAS AL FRENTE POPULAR TE QUITARÁN LA TELE EN COLOR

SI AL FRENTE POPULAR VOTAS, TE DEJARÁN EN ~~PELOTAS~~

VOTA AL BLOQUE NACIONAL Y ~~~~ ~~~~ TE DARÁN

VOTANDO AL BLOQUE NACIONAL TE SEGUIRÁN ROBANDO OTROS 20 SIGLOS

¿Y QUE TAL SUS NIÑOS?

PUES EN SUIZA, EN EL COLEGIO

LA MADRE QUE TE PARIÓ… DIGOOO… PUES ME ALEGRO

Cuando en la madrugada del lunes 17 se empiezan a conocer los resultados electorales, asaz adversos para los del Bloque, Gil-Robles despierta a Portela para que declare el Estado de Guerra. Portela dice que no. Franco, Jefe del Estado Mayor, llama al General Pozas, director general de la Guardia Civil y entre ambos se produce el siguiente diálogo:

"TE SUPONGO ENTERADO DE LO QUE SUCEDE..."

"NO CREO QUE SUCEDA NADA..."

"TE LLAMO PARA INFORMARTE DE QUE LAS MASAS ESTÁN EN LA CALLE Y QUE SE QUIERE SACAR DE ESTAS ELECCIONES UNAS CONSECUENCIAS DISTINTAS DE SU RESULTADO, Y ME TEMO QUE AQUÍ Y EN PROVINCIAS VAN A COMENZAR LOS DISTURBIOS"

"CREO QUE TUS TEMORES SON EXAGERADOS"

"VALE; PUES YA ME ESTÁS DEVOLVIENDO LOS "CLICK TURUTAS" QUE TE PRESTÉ"

(PARTE NO CIERTA DE LA CONVERSACIÓN)

Ante el pozeño corte, Franco llama al Ministro de la Guerra, General Molero, proponiéndole la declaración del estado de sitio. El Ministro le recuerda la Constitución, según la cual dicho acto es misión del Jefe de Gobierno... Y así amanece el 17 de febrero; nadie duda ya del éxito del Frente... Monárquicos, extremo-derechistas y aristócratas salen de najas, llevándose «patrióticamente» todas sus pertenencias a engrosar extranjeras bancas...

BANQUE MEFORRO

VOUS SALIZ A LA RUE, Y SI APAREZÚA UN ARISTÓ-CRATE ESPAGNOL, ACOMPAGNEZ-LE HASTA L'INTÉRIEUR DE CETTE BANQUE ¿D'ACORD?

(CARRERA LLEVAS, BENITO: HUIR DE FRANCIA PORQUE NO LOS SOPORTAS, Y VAS A CAER EN EL CANTÓN SUIZO-FRANCÉS)

Aún quedaba por celebrar una 2.ª vuelta en 3 provincias para elegir 20 escaños, pero aún faltando estos resultados, el triunfo de las izquierdas había sido aplastante:

257 — 57 — 139

ABSTENCIÓN: 31%

N.º DE VOTOS (APROXIMADOS)
IZQUIERDA_____4.883.449
CENTRO_____449.320
DERECHA_____3.996.331

APLASTANTE EN ESCAÑOS POR EL SISTEMA ELECTORAL. PERO NO EN VOTOS. OJO.

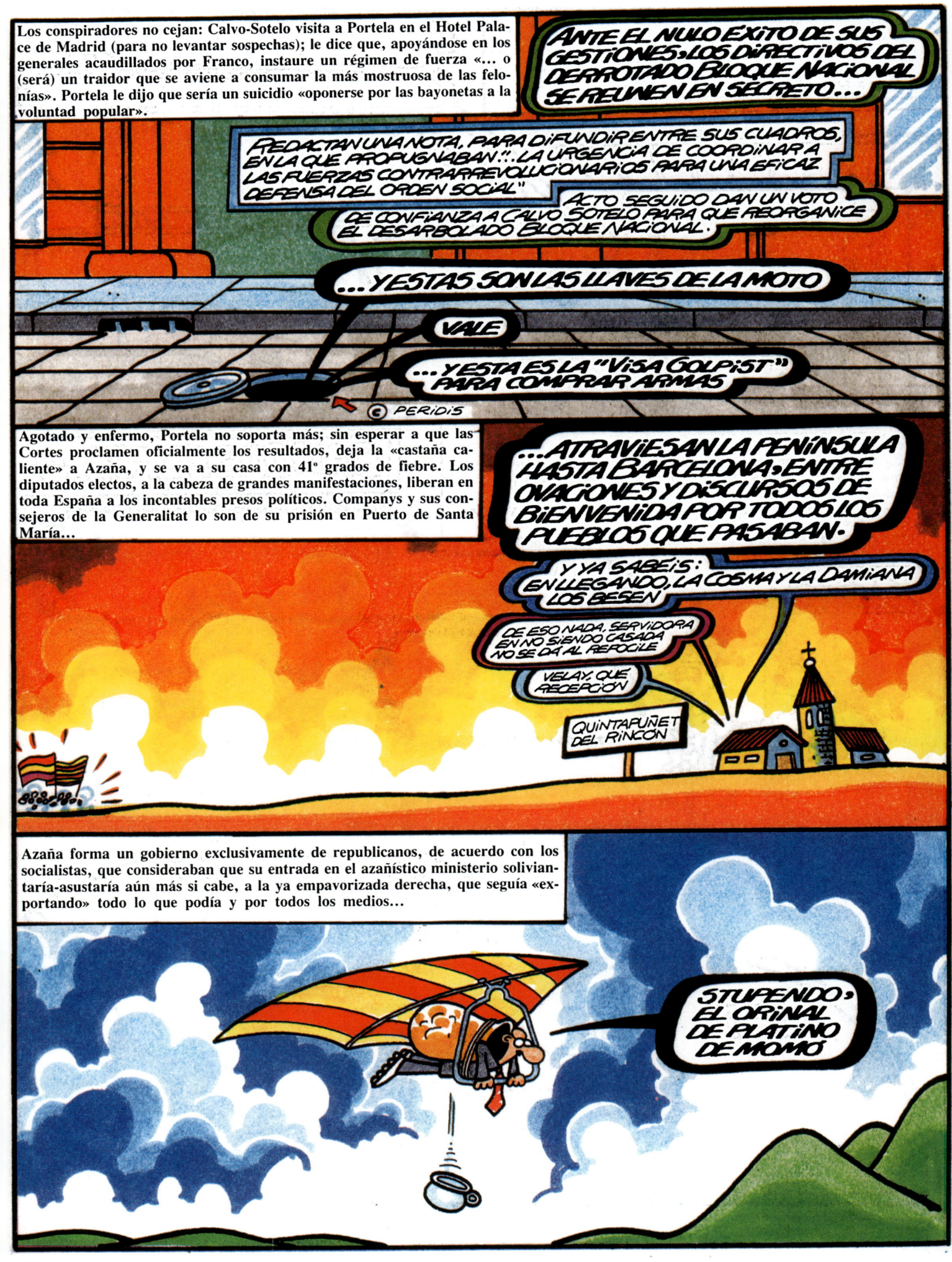

Los conspiradores no cejan: Calvo-Sotelo visita a Portela en el Hotel Palace de Madrid (para no levantar sospechas); le dice que, apoyándose en los generales acaudillados por Franco, instaure un régimen de fuerza «... o (será) un traidor que se aviene a consumar la más mostruosa de las felonías». Portela le dijo que sería un suicidio «oponerse por las bayonetas a la voluntad popular».

ANTE EL NULO ÉXITO DE SUS GESTIONES, LOS DIRECTIVOS DEL DERROTADO BLOQUE NACIONAL SE REÚNEN EN SECRETO...

REDACTAN UNA NOTA, PARA DIFUNDIR ENTRE SUS CUADROS, EN LA QUE PROPUGNABAN "... LA URGENCIA DE COORDINAR A LAS FUERZAS CONTRARREVOLUCIONARIAS PARA UNA EFICAZ DEFENSA DEL ORDEN SOCIAL"

ACTO SEGUIDO DAN UN VOTO DE CONFIANZA A CALVO SOTELO PARA QUE REORGANICE EL DESARBOLADO BLOQUE NACIONAL.

...Y ESTAS SON LAS LLAVES DE LA MOTO

VALE

...Y ESTA ES LA "VISA GOLPIST" PARA COMPRAR ARMAS

© PERIDIS

Agotado y enfermo, Portela no soporta más; sin esperar a que las Cortes proclamen oficialmente los resultados, deja la «castaña caliente» a Azaña, y se va a su casa con 41° grados de fiebre. Los diputados electos, a la cabeza de grandes manifestaciones, liberan en toda España a los incontables presos políticos. Companys y sus consejeros de la Generalitat lo son de su prisión en Puerto de Santa María...

...ATRAVIESAN LA PENÍNSULA HASTA BARCELONA, ENTRE OVACIONES Y DISCURSOS DE BIENVENIDA POR TODOS LOS PUEBLOS QUE PASABAN.

Y YA SABÉIS: EN LLEGANDO, LA COSMA Y LA DAMIANA LOS BESEN

DE ESO NADA, SERVIDORA EN NO SIENDO CASADA NO SE DA AL REFOCILE

VELAY, QUÉ RECEPCIÓN

QUINTAPUÑET DEL RINCÓN

Azaña forma un gobierno exclusivamente de republicanos, de acuerdo con los socialistas, que consideraban que su entrada en el azañístico ministerio soliviantaría-asustaría aún más si cabe, a la ya empavorizada derecha, que seguía «exportando» todo lo que podía y por todos los medios...

STUPENDO, EL ORINAL DE PLATINO DE MOMÓ

Los derrotados del Bloque Nacional, acuerdan que sea Calvo-Sotelo el reorganizador de sus maltrechas huestes, ya que Gil-Robles era acusado de ser el causante del desastre por no haber jugado fuertemente la carta golpista. Gil-Robles se exilia, acosado por unos y otros. Los falangistas, más espectantes, lanzan la siguiente nota a sus afiliados: «Los jefes cuidarán de que no se adopte actitud alguna de hostilidad hacia el nuevo gobierno, ni de solidaridad con las fuerzas derechistas derrocadas.»

♪ "...IMPASIBLE EL ADEMÁN" ♪

DE "IMPASIBLE" NADA; "DESPLOMADO", CHATO

MASÓNICO POZO DE LUJURIA, PROCLAMO

Pero los militares estaban a la que saltaba: Es seguro que nada más conocerse los resultados electorales se reunieron los generales Varela, Orgaz, Villegas, Fanjul, Mola y... (¿lo sospechan?) Franco. Proponen un «golpe» decimonónico nada innovador, para el 20 de abril. Finalizada la reunión conspirativa, Franco asiste a la toma de posesión del nuevo gobierno de Azaña, para desmentir todos los rumores sobre «actitudes suyas»; a los periodistas les dice que «... (vivo) completamente ajeno a la política y atento únicamente a mis deberes militares».

...CONCRETAMENTE; HOY A USTEDES, POR PREGUNTONES, LES TOCA COCINA, CUARTEL E IMAGINARIA ASESINA...

...MAÑANA CALABOZO, Y PASADO MANIOBRAS EN LA BARRANCA MAJASPALDAS

...Y ESTO SÓLO ES EL PRINCIPIO

Cuando Azaña le destina-exilia a la Comandancia Militar de Canarias, Franco no duda, tras prometerle lealtad y profesionalidad, de prevenir a Don Manuel sobre una probable revolución comunista. Azaña le tranquilizó sobre el punto revolucionario del momento: «No la habrá (la Revolución); ni de los comunistas, ni de los militares» (Suponemos el «Enterao ´stás, macho», que diría Franco para sus adentros).

¿OTRA PASTITA, GENERAL FRANCO?

SÍ, SR. PRESIDENTE, CON SU PERMISO...

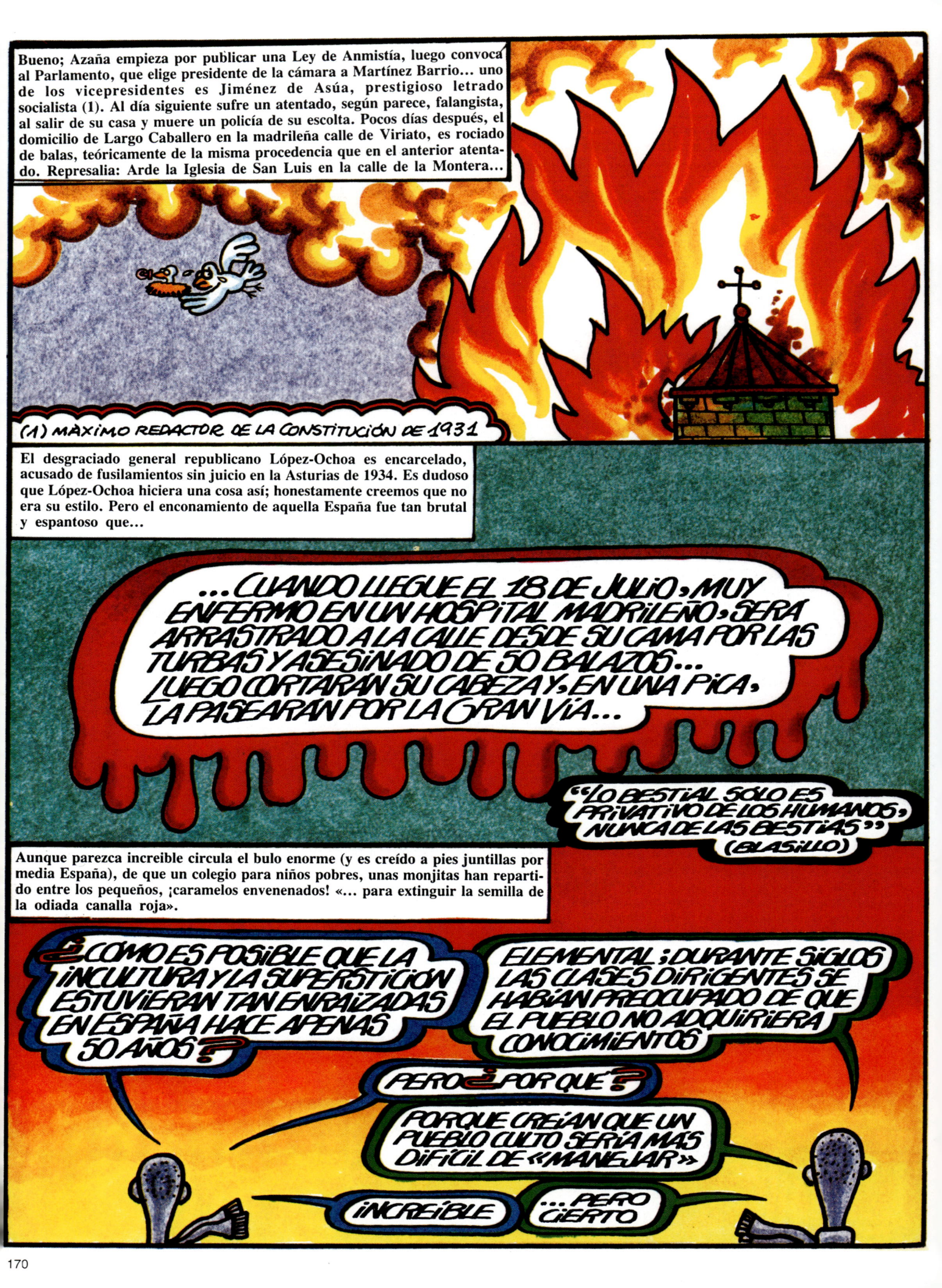

Bueno; Azaña empieza por publicar una Ley de Anmistía, luego convoca al Parlamento, que elige presidente de la cámara a Martínez Barrio... uno de los vicepresidentes es Jiménez de Asúa, prestigioso letrado socialista (1). Al día siguiente sufre un atentado, según parece, falangista, al salir de su casa y muere un policía de su escolta. Pocos días después, el domicilio de Largo Caballero en la madrileña calle de Viriato, es rociado de balas, teóricamente de la misma procedencia que en el anterior atentado. Represalia: Arde la Iglesia de San Luis en la calle de la Montera...

(1) MÁXIMO REDACTOR DE LA CONSTITUCIÓN DE 1931

El desgraciado general republicano López-Ochoa es encarcelado, acusado de fusilamientos sin juicio en la Asturias de 1934. Es dudoso que López-Ochoa hiciera una cosa así; honestamente creemos que no era su estilo. Pero el enconamiento de aquella España fue tan brutal y espantoso que...

...CUANDO LLEGUE EL 18 DE JULIO, MUY ENFERMO EN UN HOSPITAL MADRILEÑO, SERÁ ARRASTRADO A LA CALLE DESDE SU CAMA POR LAS TURBAS Y ASESINADO DE 50 BALAZOS... LUEGO CORTARÁN SU CABEZA Y, EN UNA PICA, LA PASEARÁN POR LA GRAN VÍA...

"LO BESTIAL SÓLO ES PRIVATIVO DE LOS HUMANOS, NUNCA DE LAS BESTIAS"
(BLASILLO)

Aunque parezca increíble circula el bulo enorme (y es creído a pies juntillas por media España), de que un colegio para niños pobres, unas monjitas han repartido entre los pequeños, ¡caramelos envenenados! «... para extinguir la semilla de la odiada canalla roja».

¿CÓMO ES POSIBLE QUE LA INCULTURA Y LA SUPERSTICIÓN ESTUVIERAN TAN ENRAIZADAS EN ESPAÑA HACE APENAS 50 AÑOS?

ELEMENTAL; DURANTE SIGLOS LAS CLASES DIRIGENTES SE HABÍAN PREOCUPADO DE QUE EL PUEBLO NO ADQUIRIERA CONOCIMIENTOS

PERO ¿POR QUÉ?

PORQUE CREÍAN QUE UN PUEBLO CULTO SERÍA MÁS DIFÍCIL DE «MANEJAR»

INCREÍBLE

...PERO CIERTO

Uno de los instructores militares (1) de las Juventudes Socialistas, el Capitán de Ingenieros Carlos Faraudo, es asesinado por la espalda mientras pasea con su esposa, en avanzado estado de gravidez. El Gobierno ordena el registro y posterior clausura de todos los locales de Falange, y la detención de sus máximos dirigentes…

LA FALANGE ES PUESTA FUERA DE LA LEY… PERO SIGUE SU PROCELOSA ACTUACIÓN EN LA SOMBRA.

¡HA SIDO UNA FAENA; HAN DESCUBIERTO EN EL REGISTRO LAS 400 PISTOLAS, LAS 20 METRALLETAS Y LOS 50 SILLONES PARA LOS GOBERNADORES (¡VILES!)

BAÑOS TURCOS "EL JENÍZARO BIEN CRÚ"

¿Y MI (SNIFLS) FASCIO DE PELUCHE?

ME VI OBLIGADO A (PUAGFS) TRAGÁRMELO

STUPENDO

(1) TODOS LOS PARTIDOS POLÍTICOS LOS TENÍAN EN SUS JUVENTUDES: SABÍAN QUE LA LUCHA IBA A LLEGAR PRONTO…

Mientras los jornaleros ocupan gran cantidad de latifundios (71.919 familias se asentaron en 232.199 hectáreas), ante la inquina de los propilatifundistas, que, dónde eran fuertes, no sólo no daban trabajo a nadie, sino que llegaron a quemar sus cosechas para que nadie se beneficiara de ellas. Hasta Gil-Robles, en un artículo publicado en «El Debate», les espetó: «Ahora pagáis el olvido ancestral de vuestros elementales deberes de justicia y caridad.»

SEÑOR MARQUÉS: LA SEÑORA MARQUESA NO SE AVIENE A ABANDONAR SU BAÚL DE BOTES DE FABADA PARA LA AEROSTÁTICA TRAVESÍA A DEAUVILLE

MALDICIÓN: EL GLOBO NO PUEDE CON TODO: ME VERÉ OBLIGADO A ABANDONAR LOS 3.000 KILOS DE ACCIONES DE "CHORIZOSA DE INVERSIONES MUCHAPÁSTICAS"

SI ME LO PERMITE, CON QUE DEJE UNO DE AMBOS CUERNOS, SOLUCIONADO

Don Niceto, hasta entonces Presidente de la República, es sometido a una votación de confianza por las nuevas Cortes… en ella, con sólo 5 votos a su favor, Alcalá-Zamora es destituido de su cargo, pagando así sus veleidades lerrouxiano-radical-cedistas, y su inquina, no por escondida menos cierta, por todo lo que oliera a «gauche».

DON NICETO, TOTALMENTE DESENGAÑADO, SE EXILIARÁ A ARGENTINA, DONDE MORIRÁ EN 1949, A LOS 72 AÑOS.

VENGA; AHORA DIGA EL MENSAJE COMERCIAL…

CURIOSAMENTE, EL MOTIVO LEGAL QUE LE COSTÓ "EL TRONO" A ALCALÁ-ZAMORA FUE LA DISOLUCIÓN DE LAS CORTES PARA EFECTUAR LAS ELECCIONES QUE GANÓ EL FRENTE POPULAR. SEGÚN LA CONSTITUCIÓN DE 1931, SÓLO PODÍA DISOLVER 2 VECES LA CÁMARA Y ÉL LO HIZO 3.

GOBERNANTES EUROPEOS USAN BOLEADORAS "FEFOS"

(LO QUE HAY QUE HACER PARA COMER BIFE, CHE)

(SÍ)

Azaña es elegido Presidente de la República en una Asamblea de Diputados y Compromisarios que se celebró en el madrileño Palacio de Cristal del Retiro, por 754 votos no sólo del Frente Popular, sino también de los republicanos conservadores, la Lliga Catalana, los nacionalistas vascos, agrarios, radicales, centristas... menos los 88 votos en blanco de la CEDA; los 2 para González Peña: 1 a Lerroux, Largo Caballero y Primo de Rivera, la elección de Azaña fue unánime...

AZAÑA, PRESIDENTE DE LA REPÚBLICA, SALE DE LAS CORTES TRAS JURAR SU CARGO.

AZAÑA NOMBRA JEFE DE GOBIERNO A SU AMIGO CASARES QUIROGA.

Ha fracasado el golpe militar que los complotados generales tramaban para el 20 de abril de 1936... el Gobierno ha sancionado, levemente a los generales Varela y Orgaz; desde sus casas donde están arrestados, no pueden ocupar su puesto complotivo. La Junta Golpista se reestructura: Sanjurjo será el Jefe Supremo, ha aceptado, en Estoril, la propuesta que Mola, desde Pamplona, le ha hecho llegar, escrita de su puño y letra, por medio de un mensajero...

DO MAIS GENEROSO DOS CASINOS UNIVERSAIS ESTORIL

¿O NÚMERO 2, SEGUNDO DA INFINITA SERIE NUMÉRICA. NEGRO, COMO BOICA DE LOBO NA NOITE OSCURÍSIMA. PAR, COMO OS GLORIOSOS PARES DO REY DOM ENRIQUE O NAVEGANTE. FALTA, POR NO PASAR DA MITAD DOS 36 AGRADAIBLES CUADROS!

(DECÍDASE, MI GENERAL, QUE TENGO LA BICI EN DOBLE FILA)

La Europa democrática, defendiéndose «panza arriba» del fascismo, las ve venir: el ejemplo frentepopulista español es copiado en Francia, venciendo también en las elecciones generales gabachas. Y viéndolas venir aquí, las Juventudes Socialistas y Comunistas se unifican, formando las Juventudes Socialistas Unificadas... los militares izquierdistas de la U.M.R.A. (Unión de Militares Republicanos Antifascistas), vigilan estrechamente a sus compañeros proclives al cuertelazo...

(NOMENAL, AHORA LA OTRA BOTA)

Y claro, descubren el pastel: Se lo hacen saber al Jefe de Gobierno, Casares Quiroga, que no les hace mucho caso, pero tanto y tanto insisten los militares leales que Casares envía agentes de policía a Pamplona para detener a Mola «con las manos en la masa» en el transcurso de una reunión de golpistas que va a tener lugar...

...PERO LOS GOLPISTAS SON AVISADOS CON TIEMPO, ESCASO PERO SUFICIENTE, PARA ABANDONAR LA REUNIÓN ANTES DE QUE LLEGUE LA AUTORIDAD...

¡ALTO EN NOMBRE DE LA LEY; TODOS CONTRA LA PARED!

OH, AH; MIS "GERANIOS LOGÍSTICOS" ARRUINADOS

Azaña y Casares no creen en un pronunciamiento militar: su miedo es a la extrema izquierda y aledaños, entre otras cosas porque la C.N.T., ha montado en Zaragoza un Congreso, en el que sus 649 delegados (representando 550.595 afiliados), una vez logrado el triunfo del Frente Popular, votan la vuelta a la «oposición antigubernamental», amén de la semana de 36 horas, la expropiación por las bravas, sin indemnización, de las fincas de más de 50 hectáreas, además de la exposición de un programa general de comunismo libertario (con la comuna como unidad político-administrativa), con amplias directrices pedagógicas, culturales, sociales, familiares.. y sexuales.

POR EJEMPLO: PROPUGNAN EL "AMOR LIBRE" Y LA ENSEÑANZA GENERALIZADA DEL AJEDREZ.

COMUNA "VACA"

AHÍ NO PUEDES MOVER; TE COMO LOS BUSTOS

NO CAERÁ ESA BREVA

YA EMPEZAMOS

Inciso: Un día cualquiera en el inicio del verano de 1936. Plaza de Cataluña de Barcelona, café «La Luna» hora, medianoche: Antonio, ejecutivo de una multinacional de electrónica holandesa, 31 años, falangista, ayuda a Manolo, camarero, 33 años, anarquista, a apilar las sillas y mesas de hierro de la terraza del café. Las enlazan con cadenas y bajan por las Ramblas discutiendo de política... como cada noche...

VOSOTROS, LOS ANARQUISTAS, TENÉIS MÁS MORAL QUE EL ALCOYANO, QUE CUANDO SE INTERNA EN EL ÁREA CONTRARIA, VUELVE CON PRISIONEROS

PUES VOSOTROS LOS FALANGISTAS ESTÁIS MÁS SONAOS QUE'L PIANO CHOPIN

VALE, DAME FUEGO

TOMA

173

El «Director» Mola, está a punto de tirar la toalla: no hay manera de poner de acuerdo a los conspiradores: intereses de lo más variado impiden una coordinación de la subversión: Desde los carlistas, que exigen, para poner sus secretamente entrenados hombres a disposición del golpe, que la sedición sea bajo la bandera monárquica....

—...Y ADEMÁS QUEREMOS QUE NUESTRO HIMNO, EL "ORIAMENDI"(1) SEA OFICIAL, Y QUE LA ENSEÑANZA DE LA RELIGIÓN SEA OBLIGATORIA EN LAS ESCUELAS...

—¿PERO ESO IMPEDIRÁ QUE NOS APOYEN EXTENSAS CAPAS DE POBLACIÓN REPUBLICANA DE DERECHAS...!

—NADA, SI NO SE CUMPLEN NUESTRAS CONDICIONES, SE VA A ECHAR AL MONTE LA TÍA DE VUECENCIA

—JESÚS, QUÉ TRADICIÓN

LOGÍSTICA TOMA DE MADRID
BICIS — 22
AMOTOS — 7
PATINETES — 8
ALPARGATAS — 215

... hasta un coronel, jefe de un regimiento de Huesca que según dicen, exigió 100.000 pelas. de entonces para poner sus tropas a las órdenes de Mola...

(1) HIMNO CARLISTA, COMPUESTO POR EL MÚSICO SANTESTEBAN, PARA CONMEMORAR LA VICTORIA SOBRE LOS CRISTINOS EN EL MONTE ORIAMENDI, EN 1837. "ORIAMENDI" EN VASCO QUIERE DECIR "MONTE DE LA CIUDAD."

ESTE CORONEL, APELLIDADO VILLALBA RUBIO, SE DECIDIÓ POR FIN POR LA REPÚBLICA. SERÁ NOMBRADO JEFE DE LA GUARNICIÓN DE MÁLAGA TRAS EL 18 DE JULIO, HUIRÁ ANTE EL AVANCE ITALIANO Y ABANDONARÁ EN SU EQUIPAJE EL TAN NOMBRADO "BRAZO DE SANTA TERESA" QUE IRÁ A PARAR A MANOS DE FRANCO POSTERIORMENTE. ES MUY PROBABLE QUE VILLALBA TUVIERA PERTURBADAS SUS FACULTADES MENTALES DESDE TIEMPO ATRÁS.

MOLA, EN SUS PAPELES SECRETOS, TENÍA PRUEBAS DE LO DE LAS 100.000 PTAS., E HIZO REFERENCIA A ELLO, TRAS EL LEVANTAMIENTO, EN VARIAS ALOCUCIONES RADIADAS PARA DESPRESTIGIAR A LOS MILITARES QUE HABÍAN PERMANECIDO LEALES A LA REPÚBLICA.

—...100.000 PTAS. POR PONERSE AL LADO DEL GLORIOSO MOVIMIENTO SALVADOR

—POCO ES, MÁS DE UNO SE VA A LLEVAR UN MINISTERIO-CHOLLO

—TE CALLES, SO ROJA

—VELAY QUE LO VERÁS

Y para colmo hay filtraciones: Mola teme ser detenido de un momento a otro... Decide abandonar y pedir la baja del ejército... sus ayudantes le convencen para que aguante unos días más... en los que recibe un ultimátum de Primo de Rivera, desde su alicantina prisión: «O el Ejército se echa a la calle antes de 36 horas, o los falangistas lo harán en solitario».

—...Y MIENTRAS, PARA DESPISTAR, PRIMO DE RIVERA SE DEDICA A ESCRIBIR, A RECIBIR A ALGUNOS PERIODISTAS... Y A JUGAR AL FÚTBOL EN EL PATIO DE LA PRISIÓN, COMO DEMUESTRA ESTA CURIOSA FOTO DEL INICIO DEL VERANO DE 1936....

Antonio, el ejecutivo de la multinacional de electrónica lleva casi 2 meses en la Ciudad Condal. Ha sido enviado por Primo de Rivera, que desde la cárcel sigue dirigiendo la Falange, a Barcelona, para coordinar a los 400 falangistas catalanes en el momento de la insurrección… Se aloja en el «Hotel Oriente» de las Ramblas, en cuya terraza ajardinada, bajo una estatua-copia-enana de la Venus de Milo ha escondido una pistola…

QUE TUVO QUE ADQUIRIR EN EL RASTRO MADRILEÑO POR 100 PTAS., CUANDO FUE JEFE DE PERSONAL DE LA MULTINACIONAL EN ESPAÑA, POR ESTAR AMENAZADO POR PISTOLEROS DE LA PATRONAL, A CAUSA DE SUS INQUIETUDES SOCIALES…

ENTONCES ¿CÓMO TIENE EL Nº 33 EN SU CARNET DE FALANGE? COMO MUCHOS, CREE QUE LA FALANGE VA A SER OTRA COSA, QUE VA A ACABAR CON LOS ODIOS ANCESTRALES… COMO TODOS LOS ESPAÑOLES DE ESA ÉPOCA, SABE QUE VA A CORRER LA SANGRE, PERO ÉL QUIERE Y DESEA QUE SEA LA MÍNIMA… ESTABA EQUIVOCADO

(VAYA, HOMBRE; YA HAN VUELTO A MONTAR LAS LOMBRICES EL SALÓN-COMEDOR EN LA RECÁMARA)

(JESÚS, QUÉ REBELIÓN)

Manuel, el anarquista camarero, pasa las noches «de guardia» en la sede del comité de la C.N.T., sita en la calle Conde de Asalto. Sabe que «algo» se prepara. En una silla, con un mosquetón Mauser y 7 balas, «expropiados» a un Guardia de Asalto que hace unos meses se detuvo a atarse una bota en el Paseo de Gracia, dormita hasta el alba, a menos de 500 metros de su amigo Antonio que, en la habitación 36 del Hotel Oriente, pared con pared con un Cuartel de Asalto, vigila las entradas y salidas de los guardias… sólo con apoyar el oído en un vaso pegado a la pared, oye las instrucciones, órdenes y mensajes que reciben los agentes…

MANOLO TAMBIÉN SUEÑA CON UN MUNDO SIN ODIOS NI RENCORES…

MANOLO, EL CAMARERO, ESTÁ HARTO DE UNA REPÚBLICA QUE NO HA SIDO LO QUE ESPERABA, PERO NO VA A PERMITIR QUE LAS COSAS VUELVAN A 1930: ES MUY AMIGO DE DURRUTI, EL MÍTICO ANARQUISTA; PARTIDARIO ACÉRRIMO DE LA AUTODISCIPLINA LIBERTARIA, ESTÁ DISPUESTO A TODO, CON TAL DE QUE LOS RANCIOS PODERES FÁCTICOS NO VUELVAN A INSTITUIRSE EN LA IBERIA; SI HAY QUE COLABORAR CON LA BURGUESÍA REPUBLICANA PARA EVITARLO, SE COLABORA: HAY UN LARGO CAMINO HACIA LA LIBERTAD, QUE VA A SER MUY DURO"… Y NO SE DEBE HACER EN SOLITARIO."

Primo de Rivera, con toda la jerarquía de su partido encarcelada, ha creado otra «en la sombra», mandada por el santanderino Hedilla, mecánico y «toque obrerista» de los fascistas-falangistas. Los 5.000 votos obtenidos por la Falange en toda España son sintomáticos de su imbricación en el Estado… pero ya tienen unos 3.000 militantes, muy concienciados y de ellos 1.000 «dispuestos» a todo…

LA NECESIDAD IMPERIOSA DE CONSEGUIR COMBATIENTES PARA LA CAUSA DE LOS SUBLEVADOS, LLEVARÁ EN LOS PRIMEROS DÍAS DE LA REBELIÓN A LA SIGUIENTE ANÉCDOTA:

HEDILLA: SI USTED CONSIGUE RECLUTAR 10.000 VOLUNTARIOS FALANGISTAS, EMPEÑO MI PALABRA DE GENERAL, EN QUE NUESTRO PATRIÓTICO MOVIMIENTO SALVADOR LE ERIGIRÁ A USTED UNA ESTATUA ECUESTRE EN EL LUGAR DE ESPAÑA QUE DESEE

MAPA DE OPERACIONES
ROJOS
MASONES
JUDEO-CONVERSOS

¿ES UNA BROMA, GENERAL MOLA?

YO NO BROMEO, ACTÚO

ESTA ANÉCDOTA ES RIGUROSAMENTE CIERTA, QUE CONSTE

175

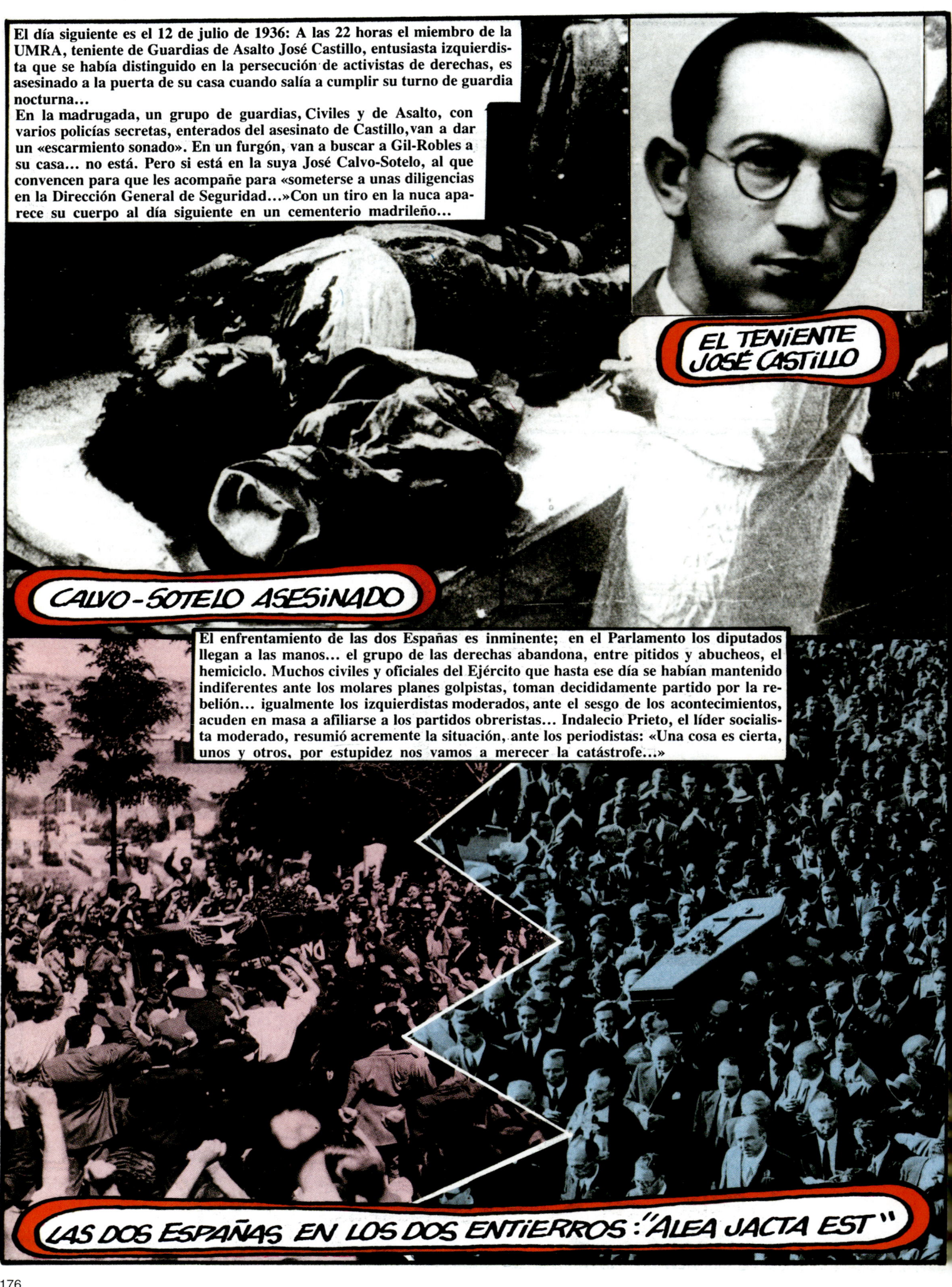

El día siguiente es el 12 de julio de 1936: A las 22 horas el miembro de la UMRA, teniente de Guardias de Asalto José Castillo, entusiasta izquierdista que se había distinguido en la persecución de activistas de derechas, es asesinado a la puerta de su casa cuando salía a cumplir su turno de guardia nocturna...

En la madrugada, un grupo de guardias, Civiles y de Asalto, con varios policías secretas, enterados del asesinato de Castillo, van a dar un «escarmiento sonado». En un furgón, van a buscar a Gil-Robles a su casa... no está. Pero sí está en la suya José Calvo-Sotelo, al que convencen para que les acompañe para «someterse a unas diligencias en la Dirección General de Seguridad...» Con un tiro en la nuca aparece su cuerpo al día siguiente en un cementerio madrileño...

EL TENIENTE JOSÉ CASTILLO

CALVO-SOTELO ASESINADO

El enfrentamiento de las dos Españas es inminente; en el Parlamento los diputados llegan a las manos... el grupo de las derechas abandona, entre pitidos y abucheos, el hemiciclo. Muchos civiles y oficiales del Ejército que hasta ese día se habían mantenido indiferentes ante los molares planes golpistas, toman decididamente partido por la rebelión... igualmente los izquierdistas moderados, ante el sesgo de los acontecimientos, acuden en masa a afiliarse a los partidos obreristas... Indalecio Prieto, el líder socialista moderado, resumió acremente la situación, ante los periodistas: «Una cosa es cierta, unos y otros, por estupidez nos vamos a merecer la catástrofe...»

LAS DOS ESPAÑAS EN LOS DOS ENTIERROS: "ALEA JACTA EST"

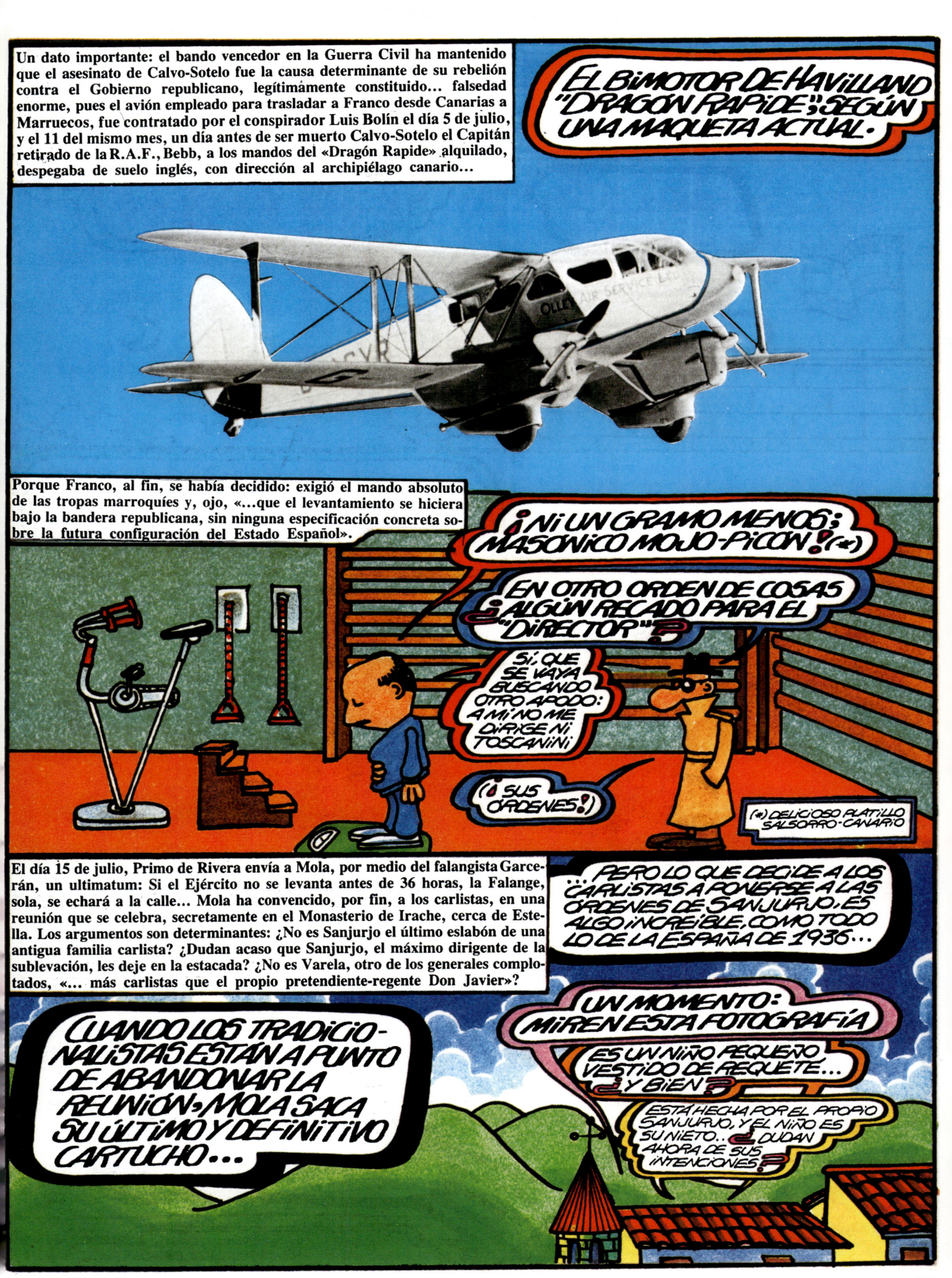

Un dato importante: el bando vencedor en la Guerra Civil ha mantenido que el asesinato de Calvo-Sotelo fue la causa determinante de su rebelión contra el Gobierno republicano, legítimamente constituido... falsedad enorme, pues el avión empleado para trasladar a Franco desde Canarias a Marruecos, fue contratado por el conspirador Luis Bolín el día 5 de julio, y el 11 del mismo mes, un día antes de ser muerto Calvo-Sotelo el Capitán retirado de la R.A.F., Bebb, a los mandos del «Dragón Rapide» alquilado, despegaba de suelo inglés, con dirección al archipiélago canario...

EL BIMOTOR DE HAVILLAND "DRAGÓN RAPIDE", SEGÚN UNA MAQUETA ACTUAL.

Porque Franco, al fin, se había decidido: exigió el mando absoluto de las tropas marroquíes y, ojo, «...que el levantamiento se hiciera bajo la bandera republicana, sin ninguna especificación concreta sobre la futura configuración del Estado Español».

¡NI UN GRAMO MENOS, MASÓNICO MOJO-PICÓN! (*)

EN OTRO ORDEN DE COSAS ¿ALGÚN RECADO PARA EL "DIRECTOR"?

SÍ, QUE SE VAYA BUSCANDO OTRO APODO: A MÍ NO ME DIRIGE NI TOSCANINI.

(¡A SUS ÓRDENES!)

(*) DELICIOSO PLATILLO SALSORRO-CANARIO

El día 15 de julio, Primo de Rivera envía a Mola, por medio del falangista Garcerán, un ultimátum: Si el Ejército no se levanta antes de 36 horas, la Falange, sola, se echará a la calle... Mola ha convencido, por fin, a los carlistas, en una reunión que se celebra, secretamente en el Monasterio de Irache, cerca de Estella. Los argumentos son determinantes: ¿No es Sanjurjo el último eslabón de una antigua familia carlista? ¿Dudan acaso que Sanjurjo, el máximo dirigente de la sublevación, les deje en la estacada? ¿No es Varela, otro de los generales complotados, «...más carlistas que el propio pretendiente-regente Don Javier»?

PERO LO QUE DECIDE A LOS CARLISTAS A PONERSE A LAS ÓRDENES DE SANJURJO, ES ALGO INCREÍBLE, COMO TODO LO DE LA ESPAÑA DE 1936...

CUANDO LOS TRADICIONALISTAS ESTÁN A PUNTO DE ABANDONAR LA REUNIÓN, MOLA SACA SU ÚLTIMO Y DEFINITIVO CARTUCHO...

UN MOMENTO: MIREN ESTA FOTOGRAFÍA.

ES UN NIÑO PEQUEÑO VESTIDO DE REQUETÉ... ¿Y BIEN?

ESTÁ HECHA POR EL PROPIO SANJURJO, Y EL NIÑO ES SU NIETO... ¿DUDAN AHORA DE SUS INTENCIONES?

El Gobierno está reunido en las Cortes. Se decide la prórroga del estado de alarma, en vigor desde Mayo. Hay 150 detenidos, implicados en el asesinato del líder derechista; el diputado José Díaz, comunista, informa al Parlamento de que «... estamos completamente seguros de que en muchas provincias españolas, Navarra, Burgos, La Coruña, Madrid, etc., se están haciendo preparativos para un inminente golpe de Estado...»

LA RED DE INFORMACIÓN DEL PARTIDO COMUNISTA, MONTADA POR ENRIQUE LÍSTER, DEL QUE YA HABLAREMOS MÁS ADELANTE, CONSTABA, DENTRO DEL EJÉRCITO, DE UNOS 400 SUBOFICIALES Y SOLDADOS QUE MANTENÍAN ASAZ INFORMADO AL COMITÉ CENTRAL DE LO QUE ACAECÍA EN LOS CUARTOS DE BANDERAS DE LOS REGIMIENTOS.

—PUES ESTA MAÑANA ESTABAN HABLANDO DE QUIÉN SERÍA EL QUE MANDARÍA LA SECCIÓN QUE TIENE QUE TOMAR EL GOBIERNO CIVIL.
—¿Y A QUIÉN LE HA TOCADO?
—AL "TRONCHA-RELUSOS".
—SIELOS.

El Gobierno empieza a tomarse en serio los rumores: Ordena a todos los Comandantes de las Divisiones Orgánicas (Capitanes Generales) que vigilen estrechamente las acciones de sus Jefes y Oficiales... El General Batet, superior jerárquico de Mola, le llama a Pamplona, para que acuda al día siguiente, 16 de julio, a Burgos para entrevistarse con él...

LA ENTREVISTA TIENE LUGAR EN LA CARRETERA, A 15 KM. DE BURGOS, SIN TESTIGOS, PARA QUE MOLA PUEDA EXPLAYARSE, SI ES QUE TIENE ALGO QUE CONTAR...

—LE DOY MI PALABRA DE MILITAR DE QUE NI ESTOY METIDO NI ME METERÉ NUNCA EN «AVENTURAS».
—ESPERABA ESO DE USTED, MOLA.

SI NO HABÍA TESTIGOS ¿CÓMO SABEMOS EL CONTENIDO DE LA CONVERSACIÓN? PORQUE BATET SE LA TRANSMITIÓ TELEFÓNICAMENTE, DE INMEDIATO, AL JEFE DE GOBIERNO, CASARES QUIROGA Y ÉSTE A AZAÑA, EL CUAL LA HIZO CONSTAR EN SU DIARIO.

Cuando Emilio Mola vuelve a Pamplona, recibe a su hermano, joven capitán de guarnición en Barcelona, que le comunica que el levantamiento es imposible en la capital de Cataluña; allí los anarquistas son los dueños, están armados y son 500 por cada soldado. Mola ordena a su hermano volver a Barcelona y acto seguido envía la señal en clave que iniciará la rebelión...

EL CAPITÁN MOLA MORIRÁ, COMBATIENDO EN BARCELONA, A LAS POCAS HORAS.

...POR MEDIO DE 37 TELEGRAMAS ESCRITOS Y MANDADOS POR EL CONSPIRADOR FÉLIX B. MAÍZ, DESDE LA OFICINA DE CORREOS DE LA GABACHA BAYONA.

LOS IMPLICADOS RECIBEN LA CLAVE: EN EL LEJANO MARRUECOS, LOS OFICIALES DEL TERCIO Y REGULARES QUE, CON UNA COMIDA, CELEBRAN EL FIN DE UNAS MANIOBRAS EN EL LLANO AMARILLO, HACEN EXTRAÑARSE A LOS SOLDADOS CAMAREROS, PUES SE PASAN TODO EL ÁGAPE PIDIENDO...

¡CAFÉ, CAFÉ, CAFÉ; CAFÉ, CAFÉ, CAFÉ! (*)

(*) CONTRASEÑA LEVANTISCA: "CAMARADAS ARRIBA FALANGE ESPAÑOLA"

Franco, desde Tenerife, ha llegado con su familia a Las Palmas. Ha sido autorizado por el Gobierno. ¿Motivo? El entierro (¿suicidio o asesinato?) del General Balmes, Comandante de la guarnición de Las Palmas, que ha fallecido en unos ejercicios de tiro. Asiste, muy circunspecto a la ceremonia y ya de paisano, deja a su mujer y su hija en un barco con destino a El Havre (1) y monta en el «Dragón Rapide», rumbo a Tetuán... pero el avión hace innecesarias escalas en Agadir y Casablanca...

¿MOTIVO DE ESTAS ESCALAS? TODO INDUCE A PENSAR QUE FRANCO QUERÍA GANAR TIEMPO, PARA TENER LA SEGURIDAD DE QUE LA REBELIÓN TRIUNFABA

¿NO VA A TOMAR SU TÉ DE LAS 5, CAPITÁN WEBB?

YES, GENERAL FRANCO, ME ENCANTARRRÍA

PUES EN CASABLANCA, EN EL "OLD AVIATORS BRITISH" LO HACEN EXCELENTE

PUES ATERRICE, NO HAY PRISA

(1) YA HABLAREMOS MÁS ADELANTE DE TODA LA PARTE FAMILIO-ALZAMENTAL DEL "CAUDILLO"

La rebelión ha estallado: En Melilla, los sublevados deponen, y fusilan, al comandante de la Plaza, General Romerales. En Ceuta, Yagüe saca sus tropas a la calle y declara el estado de guerra. En Tetuán, las rebeldes tropas de Regulares dominan la plaza; además cuentan con el apoyo del Califa y del Gran Visir, que, desde el primer momento, ponen a su disposición sus fieras kabilas marroquíes...

...A PESAR DE QUE AZAÑA HABÍA RECIBIDO A UN GRUPO DE NOTABLES MARROQUÍES, AL OBJETO DE TENERLOS "FIJADOS"

...PERO FUE INÚTIL: EL ORO DE LOS REBELDES DEBIÓ DE SER "ENORMEOUSE"

Por fin, viendo que la «cosa marcha» (o sea, que no hay peligro) Franco llega en su avión a Tetuán... tiene que sobrevolar el aeródromo una larga media hora, pues el Jefe del mismo, Comandante Lapuente (casualmente primo carnal y compañero de juveniles juegos del futuro dictador) se ha declarado leal a la República y se ha hecho fuerte en los hangares... pero tras un furioso asalto de los Regulares, los leales se ven obligados a rendirse. En ese momento Franco aterriza...

...Y LO PRIMERO QUE HACE ES DAR EL "ENTERADO" AL FUSILAMIENTO DE SU PRIMO, EL CUAL SE LLEVA A CABO INMEDIATAMENTE, MIENTRAS FRANCO, TRANQUILAMENTE, CAMBIA LA CHILABA MORA CON QUE HA VIAJADO POR EL UNIFORME DE CAMPAÑA.

¡BANG! ¡BANG! ¡BANG! ¡BANG!

Porque todo jefe u oficial que se declare leal es muerto violentamente o lo será en breve tiempo, tras un simulacro de juicio en el que los leales serán acusados por los rebeldes de «auxilio a la rebelión»... Descaro más grande.

EL "INVENTO LEGAL" FUE OBRA DEL OFICIAL JURÍDICO, MARTÍNEZ FUSET, ASESOR DE FRANCO EN MATERIA DE LEYES.

LAS AUTORIDADES CIVILES REPUBLICANAS SON ELIMINADAS DIRECTAMENTE: CUATRO TIROS Y A OTRA COSA. EN LA CONSERVADORA CASTILLA LA VIEJA, GRUPOS DE "SÚBITOS" FALANGISTAS ASESINAN IMPUNEMENTE A SIMPLES VOTANTES DE IZQUIERDAS. UNA DE ESTAS CUADRILLAS DE VULGARES ASESINOS ES MANDADA POR ONÉSIMO REDONDO, QUE, DÍAS MÁS TARDE MORIRÁ EN LABAJOS (SEGOVIA), PARECE QUE AL SER CONFUNDIDA SU PATRULLA CON UNA DE MILICIANOS DE IZQUIERDAS.

DURANTE TODA LA GUERRA, Y VARIOS AÑOS DESPUÉS, FRANCO FIRMARÁ LOS "ENTERADOS" DE INFINITAS CONDENAS A MUERTE, A LA HORA DEL CAFÉ, EN LAS LISTAS QUE LE PRESENTA MARTÍNEZ FUSET, SIN INMUTARSE Y EN EL TRANSCURSO DE DISTENDIDAS CONVERSACIONES TERTULIANAS.

...Y ENTONCES LE DIJE YO AL MORO: "SÍ."

¿Ji, Ji, Ji?

Amanece el 18 de julio: Enterado el Gobierno de lo que sucede en Marruecos, informa por radio a todo el país que se ha rebelado el Ejército de África, pero que ninguna guarnición de la Península le secunda...

NO ES CIERTO: POCO A POCO, EN MUCHAS CAPITALES DE PROVINCIA VAN APARECIENDO LOS REBELDES...

SU TÉCNICA DE TOMA DEL PODER ES CLARA: SE CONMINA A LA AUTORIDAD CIVIL O MILITAR A QUE ENTREGUE EL PODER; SI SE RESISTE SE LE MATA Y SI LO ENTREGA SE LE EJECUTARÁ LUEGO, COMO YA HEMOS VISTO.

TRAIDOR... ...VIVA LA REP...

En Barcelona, la ciudad aún en calma, Manolo el camarero, junto con un centenar de cenetistas, se han hecho con un importante cargamento de armas que, a bordo de cuatro barcos fondeados en el puerto, eran enviadas desde Bélgica a Turquía. Las depositan en el Sindicato de Transporte y se niegan a entregarlas a la Guardia de Asalto enviada por la Generalitat...

...LUEGO MANOLO SALE CORRIENDO HACIA EL HOTEL ORIENTE, A BUSCAR A SU AMIGO ANTONIO, EL EJECUTIVO DE LA MULTINACIONAL, PARA DECIRLE QUE NO SE META EN LÍOS...

...PERO ANTONIO HA SIDO DETENIDO POR UNA PATRULLA DE LA F.A.I. DENUNCIADO POR EL CONSERJE DEL HOTEL, QUE LE HABÍA VISTO ESCONDER LA PISTOLA EN LA TERRAZA... MANOLO RECORRE VARIOS CENTROS ANARQUISTAS, Y POR FIN, EN UNO DE ELLOS ENCUENTRA, JUNTO CON MUCHOS DETENIDOS, A ANTONIO...

MANOLO DICE A LOS GUARDIANES...

A ESTE ME LO LLEVO YO: SE VA A ENTERAR...

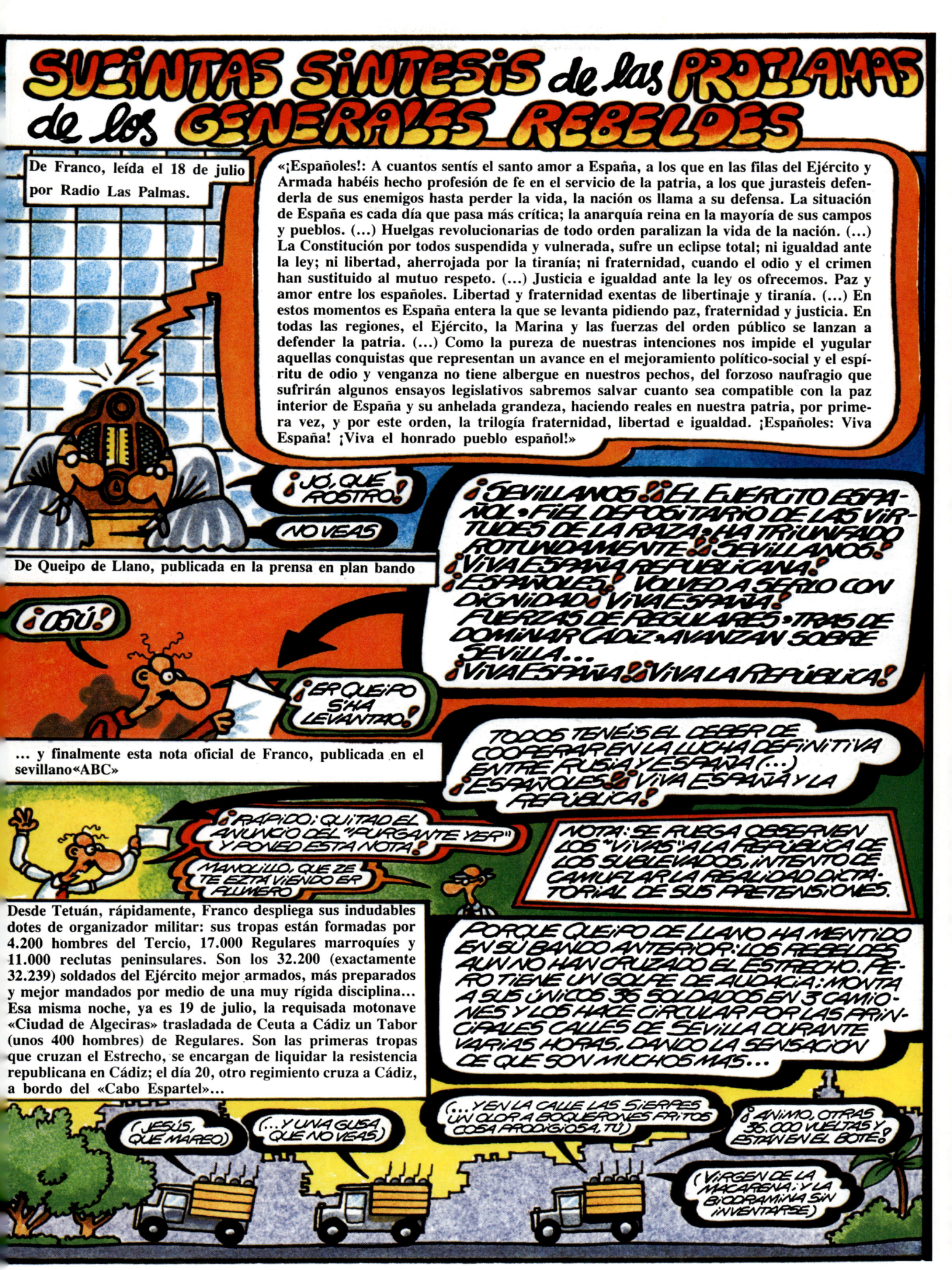

SUCINTAS SÍNTESIS de las PROCLAMAS de los GENERALES REBELDES

De Franco, leída el 18 de julio por Radio Las Palmas.

«¡Españoles!: A cuantos sentís el santo amor a España, a los que en las filas del Ejército y Armada habéis hecho profesión de fe en el servicio de la patria, a los que jurasteis defenderla de sus enemigos hasta perder la vida, la nación os llama a su defensa. La situación de España es cada día que pasa más crítica; la anarquía reina en la mayoría de sus campos y pueblos. (...) Huelgas revolucionarias de todo orden paralizan la vida de la nación. (...) La Constitución por todos suspendida y vulnerada, sufre un eclipse total; ni igualdad ante la ley; ni libertad, aherrojada por la tiranía; ni fraternidad, cuando el odio y el crimen han sustituido al mutuo respeto. (...) Justicia e igualdad ante la ley os ofrecemos. Paz y amor entre los españoles. Libertad y fraternidad exentas de libertinaje y tiranía. (...) En estos momentos es España entera la que se levanta pidiendo paz, fraternidad y justicia. En todas las regiones, el Ejército, la Marina y las fuerzas del orden público se lanzan a defender la patria. (...) Como la pureza de nuestras intenciones nos impide el yugular aquellas conquistas que representan un avance en el mejoramiento político-social y el espíritu de odio y venganza no tiene albergue en nuestros pechos, del forzoso naufragio que sufrirán algunos ensayos legislativos sabremos salvar cuanto sea compatible con la paz interior de España y su anhelada grandeza, haciendo reales en nuestra patria, por primera vez, y por este orden, la trilogía fraternidad, libertad e igualdad. ¡Españoles: Viva España! ¡Viva el honrado pueblo español!»

¡JO, QUÉ ROSTRO!

NO VEAS

De Queipo de Llano, publicada en la prensa en plan bando

¡SEVILLANOS! EL EJÉRCITO ESPAÑOL, FIEL DEPOSITARIO DE LAS VIRTUDES DE LA RAZA, HA TRIUNFADO ROTUNDAMENTE. ¡SEVILLANOS! VIVA ESPAÑA REPUBLICANA. ¡ESPAÑOLES! VOLVED A SER CON DIGNIDAD. ¡VIVA ESPAÑA! FUERZAS DE REGULARES, TRAS DE DOMINAR CÁDIZ, AVANZAN SOBRE SEVILLA... ¡VIVA ESPAÑA! ¡VIVA LA REPÚBLICA!

¡OZÚ!

¡ER QUEIPO S'HA LEVANTAO!

TODOS TENÉIS EL DEBER DE COOPERAR EN LA LUCHA DEFINITIVA ENTRE RUSIA Y ESPAÑA (...) ¡ESPAÑOLES! ¡VIVA ESPAÑA Y LA REPÚBLICA!

... y finalmente esta nota oficial de Franco, publicada en el sevillano «ABC»

¡RÁPIDO! ¡QUITAD EL ANUNCIO DEL "PURGANTE YER" Y PONED ESTA NOTA!

MANOLILLO, QUE ZE TE EZTÁ VIENDO ER PLUMERO

NOTA: SE RUEGA OBSERVEN LOS "VIVAS" A LA REPÚBLICA DE LOS SUBLEVADOS, INTENTO DE CAMUFLAR LA REALIDAD DICTATORIAL DE SUS PRETENSIONES.

Desde Tetuán, rápidamente, Franco despliega sus indudables dotes de organizador militar: sus tropas están formadas por 4.200 hombres del Tercio, 17.000 Regulares marroquíes y 11.000 reclutas peninsulares. Son los 32.200 (exactamente 32.239) soldados del Ejército mejor armados, más preparados y mejor mandados por medio de una muy rígida disciplina... Esa misma noche, ya es 19 de julio, la requisada motonave «Ciudad de Algeciras» trasladada de Ceuta a Cádiz un Tabor (unos 400 hombres) de Regulares. Son las primeras tropas que cruzan el Estrecho, se encargan de liquidar la resistencia republicana en Cádiz; el día 20, otro regimiento cruza a Cádiz, a bordo del «Cabo Espartel»...

PORQUE QUEIPO DE LLANO HA MENTIDO EN SU BANDO ANTERIOR: LOS REBELDES AÚN NO HAN CRUZADO EL ESTRECHO. PERO TIENE UN GOLPE DE AUDACIA: MONTA A SUS ÚNICOS 36 SOLDADOS EN 3 CAMIONES Y LOS HACE CIRCULAR POR LAS PRINCIPALES CALLES DE SEVILLA DURANTE VARIAS HORAS, DANDO LA SENSACIÓN DE QUE SON MUCHOS MÁS...

(JESÚS, QUÉ MAREO)

(...Y UNA GUSA QUE NO VEAS)

...Y EN LA CALLE LAS SIERPES UN OLOR A BOQUERONES FRITOS COSA PRODIGIOSA, TÚ)

¡ÁNIMO, OTRAS 36.000 VUELTAS Y ESTÁN EN EL BOTE!

(VIRGEN DE LA MACARENA, Y LA BIODRAMINA SIN INVENTARSE)

A todo esto ¿qué ha hecho el gobierno de Casares Quiroga? Dimitir. Lo hace antes de entregar armas al pueblo para que se defienda de la agresión. Azaña nombra un gobierno, que, dirigido por el radical-socialista Martínez-Barrio, tiene como misión primigenia pactar con los rebeldes. Las organizaciones políticas de izquierdas se desatan en improperios: «¡Nada de pactos! ¡Armas! ¡Armas! ¡Armas!»

EFECTO ASESINATIVO PENDULAR: PATRULLAS DE VULGARES ASESINOS SE DEDICAN A IRRUMPIR EN LAS CASAS DE LAS "GENTES DE ORDEN", LAS REGISTRAN Y, AUNQUE NO ENCUENTREN NI ARMAS NI PAPELES COMPROMETEDORES, SE LLEVAN A LOS DERECHISTAS Y LOS ASESINAN POSTERIORMENTE.

SERÁ EL CASO DEL COMEDIÓGRAFO DON PEDRO MUÑOZ SECA, AL QUE LOS IZQUIERDISTAS NO HABÍAN PERDONADO SUS BROMAS A LAS IZQUIERDAS EN ALGUNAS DE SUS COMEDIAS...

MUÑOZ SECA DEMOSTRÓ, ANTE EL PELOTÓN DE FUSILAMIENTO, SER UN AUTÉNTICO Y GRAN HUMORISTA, DICIENDO A LOS MILICIANOS:

PODRÉIS QUITARME TODO, INCLUSO LA VIDA, PERO NO PODRÉIS QUITARME EL MIEDO

Martínez Barrio, al no haber logrado su propósito, dimite. Es encargado de formar otro gobierno, un amigo íntimo del Presidente de la República, José Giral. Su primera medida es (¡por fin!) que se den armas a Sindicatos y Partidos democráticos. Y así, en Madrid, cerca de 30.000 madrileños reciben mosquetones, forman improvisadas milicias y, mientras una parte de ellos se dedica a patrullar la ciudad, el resto rodea el Cuartel de la Montaña, donde se han encerrado los indecisos rebeldes que, desconcertados, no han podido aún sublevarse...

TRAS SUCESIVOS ASALTOS DE LOS MILICIANOS, QUE HEROICAMENTE SE ENFRENTARON A LAS AMETRALLADORAS DIESTRAMENTE MANEJADAS POR LOS SITIADOS, EL CUARTEL ES TOMADO... SE PRODUCE UNA MATANZA INJUSTIFICABLE ENTRE LOS QUE SE HAN RENDIDO, POR PARTE DE LOS VENCEDORES...

En Barcelona, los izquierdistas y anarquistas, valientemente, se han hecho con la situación, tras sangrientos combates. El Jefe de los sublevados, General Goded, que ha llegado en hidroavión desde Palma de Mallorca, se ha rendido. Protegido de las iras populares, es trasladado a la Generalitat, donde Companys le dice: «General, cuando se gana o se pierde hay que pagar lealmente». Goded comprende, allí mismo habla por radio a los escasos rebeldes que aún resisten en Barcelona: «Declaro ante el pueblo español que la suerte me ha sido adversa. En adelante, aquellos que quieran continuar la lucha no deben contar conmigo». Es encarcelado en el Barco «Uruguay». Será juzgado por un Consejo de Guerra, condenado y fusilado el mes de agosto.

RETRATO DEL GENERAL GODED

UN MOMENTO DEL CONSEJO DE GUERRA QUE LE CONDENÓ A MUERTE.

¿Qué pasa con Sanjurjo? El piloto Ansaldo, enviado por los rebeldes a Portugal para recogerle y llevarle a Pamplona, es obligado por las autoridades lusas, al efecto de «guardar las apariencias», a despegar del hipódromo de Cascaes, en vez de permitirle hacerlo en el aeródromo de la bonita villa portuguesa...

EL GENERAL INSISTE EN CARGAR UN VOLUMINOSO BAÚL DE UNIFORMES Y CONDECORACIONES... POR ESO EL AVIÓN, NADA MÁS DESPEGAR...

¡CRAK!

...SE ESTRELLA E INCENDIA SIN LOGRAR ELEVARSE; ANSALDO, GRAVEMENTE HERIDO, LOGRA PONERSE A SALVO, PERO SANJURJO, ATRAPADO POR EL VOLUMINOSO BAÚL, PERECE CARBONIZADO... EL CAMINO DE FRANCO HACIA EL "CAUDILLAJE" ES AHORA MÁS NÍTIDO...

«Pero bueno ¿dónde está Mola?» Sigue en Pamplona; ha organizado once columnas (formadas por un número de carlistas que oscilaba entre 200 y 2.000 requetés por columna); ha enviado 4 de ellas contra Guipúzcoa; ha dejado 3 en Pamplona como Reserva Táctica y las otras 4, un total de 5.000 hombres, con sólo 10.000 cartuchos (como lo oyen, 2 balas por carlista), han llegado en camiones al puerto madrileño de Somosierra, donde son detenidos en las alturas por la valentía y arrojo suicida de los inexpertos milicianos republicanos que, también sin municiones, combaten fieramente cuerpo a cuerpo...

LOS CARLISTAS, SIN BALAS; PERO CON "DETENTES", CURIOSOS (Y SUPERSTICIOSOS) ESCAPULARIOS, CUYA FUNCIÓN ERA "DETENER" LAS BALAS ENEMIGAS...

Franco sabe que necesita ayuda; en el mismo «Dragón Rapide» alquilado lleva a Roma, vía Biarritz, a un mensajero sollozante de ayuda ante Mussolinni... otro avión, de la compañía alemana Lufthansa, que estaba en Las Palmas, es requisado por los rebeldes; tripulado por sublevados, lleva como pasajero, en plan intermediario ante Hitler, al Jefe del Partido nazi en Marruecos, Johannes Bernhardt. Se entrevista con Adolf en Bayreuth, donde asiste al festival de Wagner...

...AMBOS DICTADORES ACCEDEN A AYUDAR A SU "COLEGA" FRANCO... UNA ESPAÑA FASCISTA, A LA ESPALDA DE LA DEMOCRÁTICA FRANCIA, LES DESPIERTA UNA "ILU" TOTALITARIA ASAZ MOLONA.

¡¡HEIL HITLER!!

¡PLIF!

STUPENDEN; DIE GRÖSSEN PELUQUEN DE PASEEN

JUDIEMPF APLAUDIDOREMPF

TE LA HAS CARGADEN, MUCHACHEN

¡♪!

Y así, el 27 de julio ayudaban a los rebeldes 11 aviones Savoia-Manchetti italianos y 30 Junkers-52 alemanes, que en dos días, trasladan a la península a 9.000 soldados, amén de bombardear reiteradamente a la escuadra republicana, que se ve obligada a refugiarse en Cartagena...

EN EL MOMENTO DE LA SUBLEVACIÓN, LOS MARINEROS DE LA ARMADA SE AMOTINAN Y ASESINAN A GRAN NÚMERO DE OFICIALES, DEJANDO A LOS BARCOS DE GUERRA REPUBLICANOS EN MANOS DE INEXPERTOS TRIPULANTES... Y ASÍ, LA REPÚBLICA, TENIENDO LA PRÁCTICA TOTALIDAD DE LA FLOTA A SU DISPOSICIÓN, NO PUDO UTILIZARLA EFICAZMENTE DURANTE TODA LA GUERRA CIVIL.

NÚMERO DE JEFES Y OFICIALES DE LA MARINA QUE FUERON EXPULSADOS DE LA ARMADA, EL DÍA 22 DE AGOSTO, POR EL GOBIERNO DEL FRENTE POPULAR:

GRADO:	TOTAL:	DEPURADOS:
ALMIRANTES	19	17
CAPITANES DE NAVIO	31	19
CAPITANES DE FRAGATA	65	58
CAPITANES DE CORBETA	128	115
TENIENTES DE NAVIO	256	246
ALFÉRECES DE NAVIO	172	171
GUARDIAMARINAS	93	90

TÚ Y TUS APARCAMIENTOS LOS MISMOS NERVIOS

La columna rebelde de Yagüe en 12 días, llega a Badajoz; ha tenido que abandonar el proyecto de avanzar hacia Madrid, por la carretera de Andalucía, ante la enconada lucha de los leales republicanos. En Badajoz hay 800 soldados leales y unos 1.000 milicianos que la defienden... sólo durante 4 días: Una compañía, la 16 de la 4.ª Bandera del Tercio, se lanza al asalto de las murallas pacenses, pero es barrida por dos ametralladoras, protegidas por sacos terreros... sólo dos de los soldados profesionales logran llegar hasta ellas y destruirlas con granadas de mano... y por ese hueco, Badajoz es tomada... la represión de Yagüe es brutal: entre 2.000 y 5.000 republicanos son fusilados en la Plaza de Toros, ante emperifolladas damas de la alta sociedad local, que ataviadas convenientemente con claveles, mantillas y peinetas, acuden al coso en plan festivo...

APROXIMADAMENTE, LA MITAD DE LOS EXPULSADOS, UNOS 380, HABÍAN SIDO ASESINADOS CUANDO SE PUBLICÓ EL DECRETO.

Con el frente del Puerto del León estabilizado, aunque lleno de falangistas castellanos; Somosierra con fijados requetés en cantidad y la ya potente columna de Marruecos avanzando hacia la capital, por una carretera llana de menos de 200 km., todos los madrileños se movilizan: Al grito de «¡No pasarán!», hasta los niños cavan trincheras y hacen barricadas... miles y miles de milicianos salen de Madrid para intentar contener el avance de las vanguardias marroquíes desde Extremadura...

RA-TA-TA-TA

¿Y QUÉ HA SIDO DE MANOLO EL ANARQUISTA Y ANTONIO EL FALANGISTA?

CAPITÁN ¿CUÁNDO LLEGAREMOS A MARSELLA? MAÑANA POR LA TARDE

AJAX

MANOLO, "AYUDANDO" A ANTONIO, CON SU "MAUSER" LE LLEVA HASTA UN PORTAL CERCANO A LA SEDE DEL COMITÉ: ALLÍ LE DA UN BRAZALETE DE LA F.A.I., UNA GORRA DE MILICIANO, Y AL MOMENTO SALEN A LA CALLE, DIRIGEN SUS PASOS AL PUERTO Y SUBEN A UN BARCO HOLANDÉS, EL "AJAX". MANOLO DICE: "PATRULLA DEL GOBIERNO EN BÚSQUEDA DE SOSPECHOSOS"... ANTONIO SE QUEDARÁ ESCONDIDO EN EL ARMARIO DE UN CAMAROTE... SU AMIGO MANOLO, TRAS ESTRECHARLE LA MANO, VUELVE A BARCELONA.

ANTONIO SE HA SALVADO DE UNA MUERTE CIERTA, GRACIAS A ALGO QUE, INCLUSO EN LOS MOMENTOS MÁS HORRIBLES DE LA HUMANIDAD COMO ES UNA GUERRA CIVIL, NUNCA HA ABANDONADO A LOS HOMBRES: LA AMISTAD

NUESTRO PRÓXIMO CAPÍTULO: ¡"NO PASARÁN"! LOS MADRILEÑOS SE DEFIENDEN

Capítulo X

"¡NO PASARÁN!"

ESPAÑA el 1 de AGOSTO '36

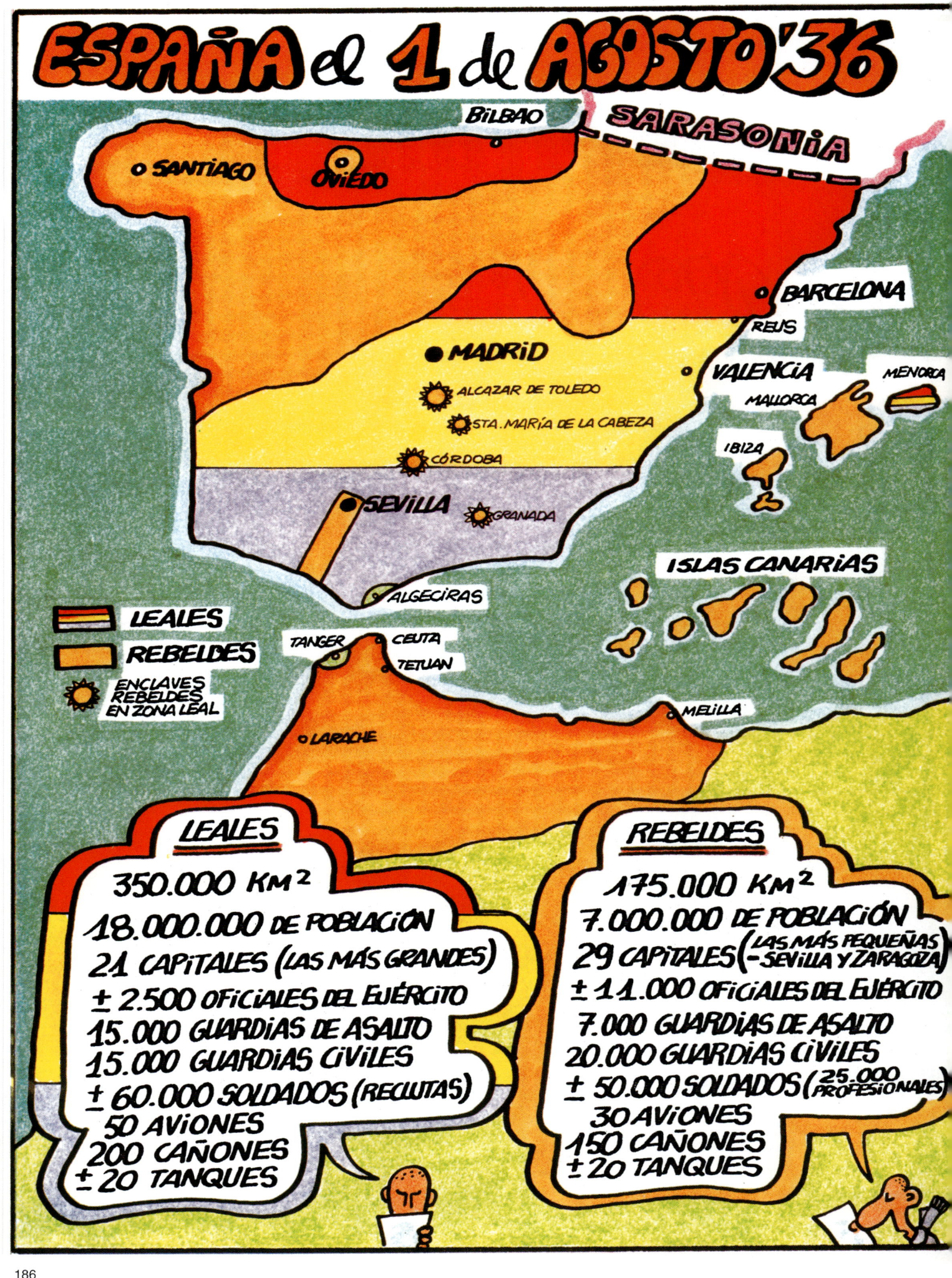

SARASONIA

Bilbao · Santiago · Oviedo · Barcelona · Reus · Madrid · Alcazar de Toledo · Sta. María de la Cabeza · Córdoba · Valencia · Menorca · Mallorca · Ibiza · Sevilla · Granada · Algeciras · Tanger · Ceuta · Tetuan · Melilla · Larache · Islas Canarias

- **LEALES**
- **REBELDES**
- ENCLAVES REBELDES EN ZONA LEAL

LEALES
- 350.000 KM²
- 18.000.000 DE POBLACIÓN
- 21 CAPITALES (LAS MÁS GRANDES)
- ± 2.500 OFICIALES DEL EJÉRCITO
- 15.000 GUARDIAS DE ASALTO
- 15.000 GUARDIAS CIVILES
- ± 60.000 SOLDADOS (RECLUTAS)
- 50 AVIONES
- 200 CAÑONES
- ± 20 TANQUES

REBELDES
- 175.000 KM²
- 7.000.000 DE POBLACIÓN
- 29 CAPITALES (LAS MÁS PEQUEÑAS - SEVILLA Y ZARAGOZA)
- ± 11.000 OFICIALES DEL EJÉRCITO
- 7.000 GUARDIAS DE ASALTO
- 20.000 GUARDIAS CIVILES
- ± 50.000 SOLDADOS (25.000 PROFESIONALES)
- 30 AVIONES
- 150 CAÑONES
- ± 20 TANQUES

19 de AGOSTO de 1936...
DIA MALDITO PARA LA HUMANIDAD

EL REGRESO

Yo vuelvo
por mis alas.
¡Dejadme volver!
¡Quiero morirme siendo
amanecer!
¡Quiero morirme siendo
ayer!

Yo vuelvo
por mis alas.
¡Dejadme retornar!
Quiero morirme siendo
manantial.
Quiero morirme fuera
de la mar.

Federico García Lorca

«ES ASESINADO UN POETA... PERO SUS VERSOS SON NUESTRO CLAMOR...»

En el capítulo anterior habíamos dejado a las tropas del rebelde ejército de Africa «embalás» carretera de Portugal a la viceversa, con dirección a Madrid. El grito de «¡No pasarán!» resuena en todos los rincones de la capital. Un gran número de milicianos (Batallón de Peluqueros, de Tranviarios, Sastres o con resonantes nombres, «Lobos», «Acero», «Leones Rojos»), salen de Madrid y se concentran en Talavera: van a parar, creen, al profesional y preparadísimo ejército de Africa...

¡LA INCREÍBLE ODISEA DE UN GRUPO DE MILICIANOS DEL "BATALLÓN DE ARTES BLANCAS" (PANADEROS Y PASTELEROS)!

¡4 DÍAS PARA RECORRER LOS 100 KM. QUE SEPARAN A MADRID DE TALAVERA!

EN UNA REQUISADA (Y APESTOSA) CAMIONETA DE PESCADO, PINCHARON 9 VECES, SE LES QUEMÓ 2 VECES LA JUNTA DE LA CULATA, SE LES CAYÓ EL DEPÓSITO DE LA GASOLINA, PERDIERON UNA PUERTA (QUE NUNCA SE ENCONTRÓ), Y POR 3 VECES, SÍ, SE LES SALIÓ UNA RUEDA!

¡LA RUEDAAA...!

A TALAVERA 26 KM.

PESCADOS Maruja
C.N.T.

Mientras, desde Barcelona, ha salido una columna para tomar la, entonces, débil Zaragoza. Formada fundamentalmente por anarquistas, sólo Buenaventura Durruti Diumenge, mítico libertario, logra coordinar (algo), las voluntariosas, pero indisciplinadas, masas ácratas de combatientes...

LOS CELOS ENTRE LAS DIFERENTES ORGANIZACIONES POLÍTICAS DE IZQUIERDAS, HACEN QUE EL AVANCE SE DETENGA A LAS MISMAS PUERTAS DE LA CAPITAL DEL EBRO...

EN LAS MILICIAS ANARQUISTAS LOS MANDOS ERAN ELEGIDOS POR LOS MILICIANOS, PERO LA DISCIPLINA NO EXISTÍA: SE SUPLÍA CON LA UTÓPICA "AUTODISCIPLINA" QUE, MILITARMENTE, DABA CONTRADICTORIOS RESULTADOS...

RESULTADO Ⓐ

VICENTE "EL TAXISTA", MILICIANO DE LA COLUMNA DE DURRUTI, TOMÓ ÉL SOLO EL PUEBLO DE BUJARALOZ, HACIENDO PRISIONEROS A 11 SOLDADOS MERCENARIOS DEL TERCIO.

RESULTADO Ⓑ

¡GANGA! SÓLO 300 PTS.

UNA DE LAS ESCASAS AMETRALLADORAS PESADAS DE LA COLUMNA DURRUTI, FUE VENDIDA EN 300 PTS. POR EL ENCARGADO DE SU MANEJO A UN CHATARRERO DE LÉRIDA. AMBOS FUERON DESCUBIERTOS Y FUSILADOS.

Por el contrario los requetés de Mola, ayudados por combatientes falangistas, monárquicos y derechistas en general, encuadrados en las cinco Brigadas de Navarra, adquieren una sólida organización militar. La denominada IV.ª, bordeando la «frontera» navarro-guipuzcoana, al mando por el frío e impasible Coronel Beorlegui (1), han vencido los tímidos esfuerzos de las milicias eibarresas y, dejándolas a un lado, han llegado hasta las puertas de la fronteriza Irún...

ANTONIO, EL EJECUTIVO DE LA MULTINACIONAL ELECTRÓNICA, HA LLEGADO A NAVARRA DESDE MARSELLA EN UN COMPLICADO VIAJE. EL GENERAL MOLA LE HA DADO UN NOMBRAMIENTO DE ALFÉREZ PROVISIONAL. VA A "ENTRAR EN FUEGO" POR PRIMERA VEZ EN SU VIDA, SIN HABER DISPARADO UN TIRO (HIZO LA MILI EN SANIDAD).

LAS MILICIAS SOCIALISTAS EIBARRESAS HAN IMPEDIDO, CON GRANDES PÉRDIDAS, QUE LOS REBELDES IRRUMPAN EN GUIPÚZCOA CRUZANDO EL URUMEA: LOS OFICIALES DE LOS REBELDES SE VEN OBLIGADOS A GOLPEAR A SUS PROPIOS HOMBRES CON GARROTES Y ESTACAS PARA EVITAR LA DESBANDADA QUE PROVOCAN DOS AMETRALLADORAS ESTRATÉGICAMENTE SITUADAS EN LA OTRA ORILLA DEL RÍO...

TIENE MUCHÍSIMO MIEDO A QUE LE DEN UN TIRO, SOBRE TODO EN LA BARRIGA: SON UN MÍNIMO DE 20 DOLOROSÍSIMAS HERIDAS...

...ESPERO QUE CON TODAS ESTAS CANTIMPLORAS Y LATAS DE SARDINAS ATADAS AL CINTURÓN, EL BALAZO EN LA TRIPA NO SERÁ POSIBLE... SUPONGO)

(1) MORIRÁ DESPUÉS DE LA TOMA DE IRÚN, A RAÍZ DE UN DISPARO DE DUDOSA PROCEDENCIA.

Desde Barcelona hay una expedición naval que desembarca a unos 3.000 combatientes, tras una horrorosa noche de marejada, en el Oriente de la isla de Mallorca. Mandados por el intrépido capitán Bayo, a las pocas horas del desembarco en Porto-Cristo, cerca de Manacor, comprenden que las guerras, además de con entusiasmo, se ganan con una cuidadosa logística: Apenas sin municiones y con pocas-malas armas, sin casi enemigos enfrente, deben a toda prisa reembarcarse hacia su puerto de origen.

¡CURIOSIDAD SOCIOLÓGICO-BÉLICA DE LA GUERRA CIVIL!

A LA HORA DE CUBRIRSE LA CABEZA...

TANTO LOS REBELDES COMO LOS LEALES USARON POCO LOS CASCOS

LOS SUBLEVADOS USARON...

LOS MANDOS — LA CLÁSICA GORRA DE PLATO

LOS SOLDADOS — EL CLÁSICO GORRO CUARTELERO

LOS LEALES USARON...

LOS MANDOS — LA GORRA SIN ARMAR

LOS MILICIANOS — EL GORRO CUARTELERO, PERO SIN BORLA Y CON COLORES Y SIGLAS

Las milicias concentradas en Talavera del Tajo (1), empiezan a conocer las noticias de la despiadada actuación de las tropas marroquíes en su avance desde el Sur. La cruda realidad se vé aumentada por la imaginación de los noticiosos transmisores. Incomprensiblemente, sin que aún sepamos de dónde partió la orden, las milicias de vanguardia que defienden Talavera abandonan sus posiciones y se retiran. El miedo cunde y son seguidas por el resto de los combatientes republicanos. Sin apenas un tiro, los rebeldes ocupan Talavera.

LA RETIRADA ES TAN DESORDENADA, QUE LOS MILICIANOS, EN VEZ DE REPLEGARSE CAMPO A TRAVÉS, LO HACEN POR LA CARRETERA GENERAL, SIENDO UN BLANCO PERFECTO PARA LOS AVIADORES REBELDES.

ALGUNOS MILICIANOS NO PIERDEN LA SANGRE FRÍA: CON LA ESPALDA EN EL SUELO, APUNTAN AUDAZMENTE A LOS AVIONES ITALIANOS... JOSÉ GINZO LÓPEZ, TIPÓGRAFO DE 25 AÑOS, DERRIBA ASÍ, DE UN SOLO DISPARO DE MOSQUETÓN, UN ENORME BIMOTOR SAVOIA S-79

¡PORCA MISSERIA! LA BALA HA DADI IN TUTTI LA CAJA DI BENGALAS DI CELEBRATIONI DI HEROICOS DERRIBOS!

(1) ASÍ SE LLAMABA TALAVERA DE LA REINA DESDE EL 14 DE ABRIL DE 1931, POR ACUERDO MUNICIPAL.

Mientras en el lado republicano acaecen los siguientes eventos políticos: A) El socialista Largo Caballero, que comienza a ser llamado «El Lenin Español», forma un gobierno, totalmente «de guerra». B) Llega a Madrid el primer embajador ruso en la historia española; se llama Rosemberg y viene acompañado por un extraño grupo de «diplomáticos»...

...SON LOS "ASESORES" MILITARES SOVIÉTICOS QUE ORGANIZARÁN LA ARTILLERÍA, AVIACIÓN Y TANQUES DE LOS REPUBLICANOS. EN NÚMERO APROXIMADO DE 4.000, PRONTO SE IMBRICARÁN EN LOS ÓRGANOS DE DECISIÓN Y, APOYADOS EN EL P.C.E., SERÁN LOS PROPULSORES DEL FUTURO EJÉRCITO POPULAR DE LA REPÚBLICA.

SR. EMBAJADOR, SE LE ESTÁN SALIENDO LOS ASESORES...

QUE VA, SON LOS DEL K.G.B.

KALINGA, KALINGA, KALINGA...

AKADEMIA ARTILLERÍA PUNBAPOF 100% DE SUFÍS

(... a las 12.03 arroja las octavillas...)

K.G.B. GUARDESE LIMPIO

En el lado sublevado, los rebeldes han creado una Junta de Defensa Nacional, presidida por el anciano General (masón) Cabanellas; un decreto de la misma, publicado en Burgos, anula todas las disposiciones de la Reforma agraria republicana, y otro, de días más tarde, suprime la bandera nacional republicana, implantando en la zona rebeldosa la tradicional bicolor...

Además, los sublevados han creado en Cáceres y en Pamplona, unas academias de formación acelerada de oficiales. Dirigidas por militares alemanes, en un mes escaso, los estudiantes o jóvenes titulados universitarios salen de Alféreces Provisionales. Así, los 4 primeros meses de la guerra, los rebeldes dispusieron de unos 2.500 oficiales, a pesar de que el índice de bajas entre ellos era elevadísimo...

UN "REFRÁN" DE LOS FRANQUISTAS: «ALFÉREZ PROVISIONAL, CADÁVER EFECTIVO»

INVESTIGACIONES POSTERIORES A LA 2ª GUERRA MUNDIAL HACEN REFERENCIA EN DIVERSOS DOCUMENTOS NAZI-ALEMANES A UN TOTAL DE 56.000 OFICIALES Y SUBOFICIALES REBELDES FORMADOS POR LOS INSTRUCTORES ALEMANES EN LA GUERRA CIVIL ESPAÑOLA.

DURANTE ESTOS CASI 3 AÑOS, 10.473 FUERON ASCENDIDOS A TENIENTES Y EN 1939, 497 HICIERON UN CURSO PARA ASCENDER A CAPITÁN.

LAMENTABLEMENTE, PARA EL GOBIERNO REPUBLICANO, NO LOGRÓ, A PESAR DE DENODADOS ESFUERZOS, UN CUERPO DE OFICIALES TAN IDÓNEO COMO EL REBELDE. SÓLO AL FINAL DE LA CONFRONTACIÓN, LA REPÚBLICA TENÍA BUENOS Y EXPERIMENTADOS OFICIALES Y SUBOFICIALES... *PERO YA ERA TARDE...*

Casi desde los primeros días de la guerra los rebeldes cuentan con dos compañías de tanques alemanes, un grupo de asesores en guerra blindada, una compañía de transportes y otra de comunicaciones radiográficas, que perfeccionan, aún más si cabe, su ya muy perfecta organización militar.

LOS ENTORCHADOS DEL EJÉRCITO DE FRANCO ERAN LOS MISMOS QUE LOS ACTUALES. POR SU RAREZA, MOSTRAMOS AHORA ALGUNOS DE LOS DE LOS OFICIALES DE LAS MILICIAS FALANGISTAS Y DE LOS REQUETÉS.

SUBJEFE DE BANDERA — JEFE DE CENTURIA
JEFE NACIONAL — HERIDO DE GUERRA (2 VECES)

CORONEL — COMANDANTE — TTE. CORONEL
BRIGADA — SARGENTO — CABO

LOS DEL EJÉRCITO POPULAR DE LA REPÚBLICA, LOS MOSTRAREMOS EN SU MOMENTO DE CREACIÓN.

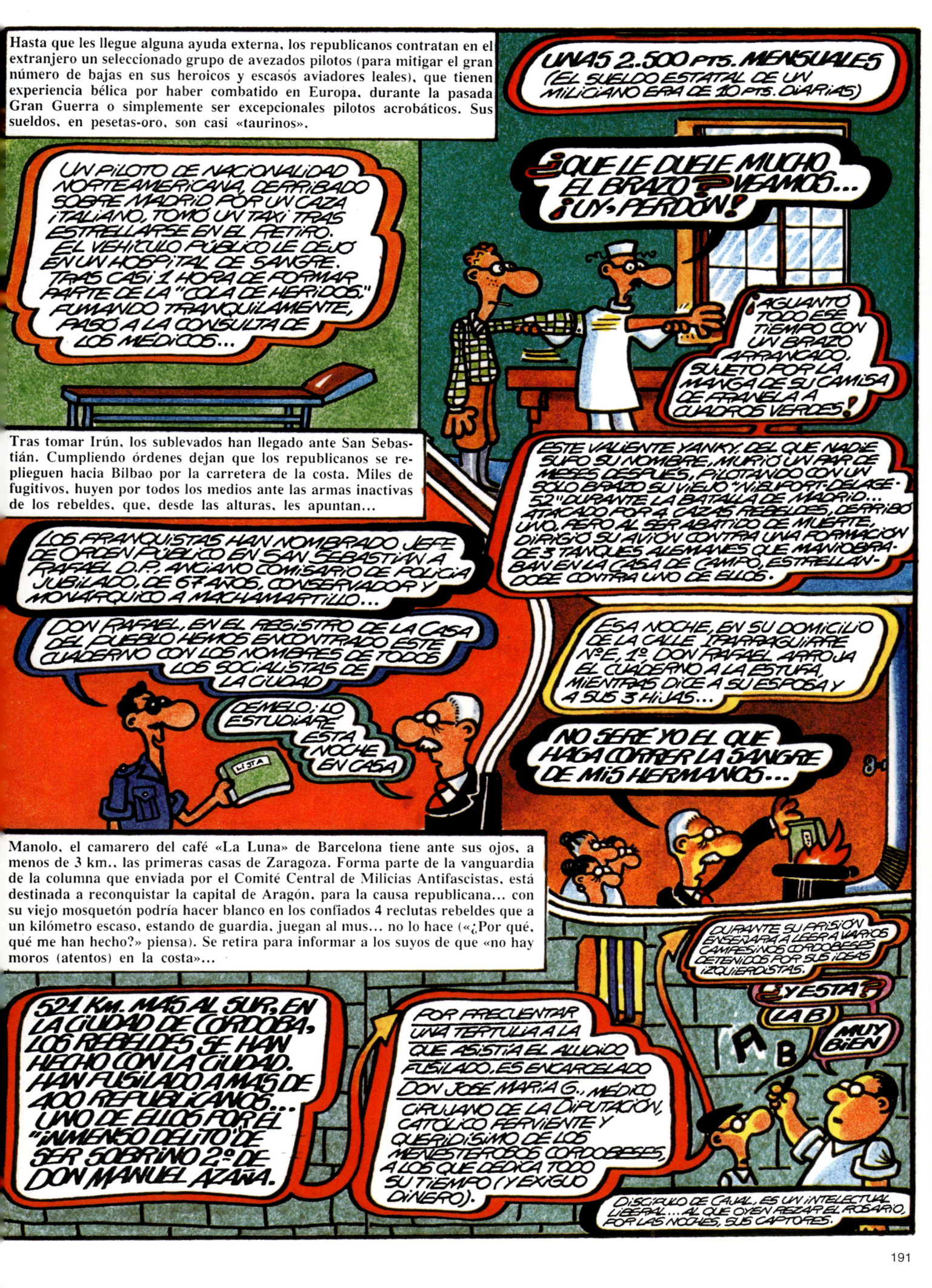

Hasta que les llegue alguna ayuda externa, los republicanos contratan en el extranjero un seleccionado grupo de avezados pilotos (para mitigar el gran número de bajas en sus heroicos y escasos aviadores leales), que tienen experiencia bélica por haber combatido en Europa, durante la pasada Gran Guerra o simplemente ser excepcionales pilotos acrobáticos. Sus sueldos, en pesetas-oro, son casi «taurinos».

UNAS 2.500 PTS. MENSUALES (EL SUELDO ESTATAL DE UN MILICIANO ERA DE 10 PTS. DIARIAS)

¿QUE LE DUELE MUCHO EL BRAZO? VEAMOS... ¡UY, PERDÓN!

UN PILOTO DE NACIONALIDAD NORTEAMERICANA, DERRIBADO SOBRE MADRID POR UN CAZA ITALIANO, TOMÓ UN TAXI TRAS ESTRELLARSE EN EL RETIRO. EL VEHÍCULO PÚBLICO LE DEJÓ EN UN HOSPITAL DE SANGRE. TRAS CASI 1 HORA DE FORMAR PARTE DE LA "COLA DE HERIDOS," FUMANDO TRANQUILAMENTE, PASÓ A LA CONSULTA DE LOS MÉDICOS...

AGUANTÓ TODO ESE TIEMPO CON UN BRAZO ARRANCADO, SUJETO POR LA MANGA DE SU CAMISA DE FRANELA A CUADROS VERDES!

Tras tomar Irún, los sublevados han llegado ante San Sebastián. Cumpliendo órdenes dejan que los republicanos se replieguen hacia Bilbao por la carretera de la costa. Miles de fugitivos, huyen por todos los medios ante las armas inactivas de los rebeldes, que, desde las alturas, les apuntan...

ESTE VALIENTE YANKY, DEL QUE NADIE SUPO SU NOMBRE, MURIÓ UN PAR DE MESES DESPUÉS, PILOTANDO CON UN SOLO BRAZO SU VIEJO "NIEUPORT-DELAGE-52" DURANTE LA BATALLA DE MADRID... ATACADO POR 4 CAZAS REBELDES, DERRIBÓ UNO, PERO AL SER ABATIDO DE MUERTE, DIRIGIÓ SU AVIÓN CONTRA UNA FORMACIÓN DE 3 TANQUES ALEMANES QUE MANIOBRABAN EN LA CASA DE CAMPO, ESTRELLÁNDOSE CONTRA UNO DE ELLOS.

LOS FRANQUISTAS HAN NOMBRADO JEFE DE ORDEN PÚBLICO EN SAN SEBASTIÁN A RAFAEL D.P. ANCIANO COMISARIO DE POLICÍA JUBILADO, DE 67 AÑOS, CONSERVADOR Y MONÁRQUICO A MACHAMARTILLO...

DON RAFAEL, EN EL REGISTRO DE LA CASA DEL PUEBLO HEMOS ENCONTRADO ESTE CUADERNO CON LOS NOMBRES DE TODOS LOS SOCIALISTAS DE LA CIUDAD

DÉMELO, LO ESTUDIARÉ ESTA NOCHE EN CASA

ESA NOCHE, EN SU DOMICILIO DE LA CALLE IPARRAGUIRRE Nº6, 1º, DON RAFAEL ARROJA EL CUADERNO A LA ESTUFA, MIENTRAS DICE A SU ESPOSA Y A SUS 3 HIJAS...

NO SERÉ YO EL QUE HAGA CORRER LA SANGRE DE MIS HERMANOS...

Manolo, el camarero del café «La Luna» de Barcelona tiene ante sus ojos, a menos de 3 km., las primeras casas de Zaragoza. Forma parte de la vanguardia de la columna que enviada por el Comité Central de Milicias Antifascistas, está destinada a reconquistar la capital de Aragón, para la causa republicana... con su viejo mosquetón podría hacer blanco en los confiados 4 reclutas rebeldes que a un kilómetro escaso, estando de guardia, juegan al mus... no lo hace («¿Por qué, qué me han hecho?» piensa). Se retira para informar a los suyos de que «no hay moros (atentos) en la costa»...

DURANTE SU PRISIÓN ENSEÑARÁ A LEER A VARIOS CAMPESINOS CORDOBESES DETENIDOS POR SUS IDEAS IZQUIERDISTAS.

521 Km. MÁS AL SUR, EN LA CIUDAD DE CÓRDOBA, LOS REBELDES SE HAN HECHO CON LA CIUDAD. HAN FUSILADO A MÁS DE 400 REPUBLICANOS... UNO DE ELLOS POR EL "INMENSO DELITO" DE SER SOBRINO 2º DE DON MANUEL AZAÑA.

POR FRECUENTAR UNA TERTULIA A LA QUE ASISTÍA EL ALUDIDO FUSILADO, ES ENCARCELADO DON JOSÉ MARÍA G., MÉDICO CIRUJANO DE LA DIPUTACIÓN, CATÓLICO FERVIENTE Y QUERIDÍSIMO DE LOS MENESTEROSOS CORDOBESES, A LOS QUE DEDICA TODO SU TIEMPO (Y EXIGUO DINERO).

¿Y ESTA? LA B MUY BIEN

DISCÍPULO DE CAJAL, ES UN INTELECTUAL LIBERAL... AL QUE OYEN REZAR EL ROSARIO, POR LAS NOCHES, SUS CAPTORES.

Antonio, el ejecutivo de la multinacional de electrónica, tras 4 días en una camilla, «danzando bajo la lluvia» está en un improvisado hospital de guerra de San Sebastián. Alférez provisional de la 4.ª Compañía de la IV Brigada de Navarra, a las órdenes del maduro capitán de la Guardia Civil Landa, ha recibido 2 impactos de ametralladora en la toma de la «Casa de las siete ventanas» de Irún. Su sección, 36 hombres, ha sido totalmente aniquilada. El Coronel Beorlegui «no entiende de bajas»...

HORAS ANTES, EN UN DESTROZADO CASERÍO, 23 HERIDOS GRAVES, CON EL BARRO HASTA LAS CEJAS, HAN ESPERADO LARGAS HORAS A SER EVACUADOS... ALLÍ LLEGA UN GRUPO DE PREBOSTES FALANGISTAS, EN PLAN VISITA-APOYO MORAL, ENCABEZADOS POR F.S.O., QUE LLEGARÁ A MINISTRO FRANQUISTA...

IMPECABLEMENTE VESTIDO CONTRA LA LLUVIA, CON UNA AUTÉNTICA CAZADORA DE CUERO DE CHAROL, EL JERARCA SE PASEA ENTRE LOS HERIDOS, QUE CALADOS HASTA LOS HUESOS, EN LAS CAMILLAS NO TIENEN APENAS MANTAS CON QUE CUBRIRSE...

ANTONIO SACA SU PISTOLA-AMETRALLADORA ITALIANA "BERETTA", DE LA QUE NO SE SEPARA, Y COLOCÁNDOLA SOBRE LA EMPAPADA MANTA QUE LE CUBRE, DICE AL "HEROICO" VISITANTE...

GRACIAS POR LA VISITA Y POR REGALAR TU CAZADORA PARA QUE AQUEL HERIDO REQUETÉ TAN GRAVE NO PASE TANTO FRÍO

ESTO... CLARO

MUY CORTADO, EL PREBOSTE SE DESPOJA DE LA PRENDA, Y AL POCO, LOS VISITANTES HACEN LO MISMO CON SU ROPA DE ABRIGO.

... pero es de lógica que 36 hombres no pueden atacar un nido de ametralladoras cuesta arriba, ¡y qué cuesta! sin una sola protección, a pecho limpio... en ese momento aparece un «machacante» (asistente), el navarro Elarre, gigantesco requeté: «Oye alférez, que nos toca fusilar». Antonio es ayudado por el carlista a vestirse, pero son sorprendidos por una monja-enfermera que, a toda costa quiere impedir que el herido grave se mueva...

POR ESOS DÍAS, EN BARCELONA, EL DOCTOR TRUETA HA IDEADO UN NUEVO SISTEMA DE TRATAMIENTO DE LAS HERIDAS DE BALA, QUE EN LA 2.ª GUERRA MUNDIAL SALVARÁ MILES DE VIDAS.

¿QUÉ VA A DAR EL CHIVATAZO? ¿SABE LO QUE ES ESTO?

ANTONIO FLAMEA ANTE LA SOR UNA CARTA QUE HA RECIBIDO DE SU FAMILIA...

¡ES UNA LISTA DE BLASFEMIAS; SI IMPIDE QUE ME VAYA, EMPEZAREMOS A RECITARLAS!

¡VIIRGEN SANTA! ¡NO, NO, VÁYASE!

A duras penas, se presentan en el Gobierno Militar. Reciben de un Jefe militar la lista de las personas a ejecutar... claro, sin juicio, en las tapias del cementerio de Irún. Son 41 reos, ¿delitos? Ninguno, simples nacionalistas vascos; 4 son sacerdotes y 5 mujeres, hay 6 chavales de apenas 20 años. Atados a pares suben a 2 camiones. Elarre va en una de las cabinas y Antonio en la otra. El pelotón de fusilamiento, 12 soldados, 6 en cada vehículo vigilan a los presos....

A IRÚN 6 KM.

... Parten los camiones en la noche donostiarra. Llueve. Los reos rezan el rosario al unísono. Llegan a Irún, pero los camiones no se desvían al cementerio... a punta de pistola Antonio y Elarre, obligan a los soldados conductores a que se dirijan al Puente Internacional. Se detienen en la misma raya fronteriza. Obligan a bajar a los presos. Antonio les acompaña hasta los sorprendidos gendarmes franceses: «Entréguelos a la Cruz Roja, son heridos de guerra» Los 41 vascos no se lo creen, una mujer llora. Antonio les dice: «Hasta pronto, espero que algún día me invitéis a cenar».

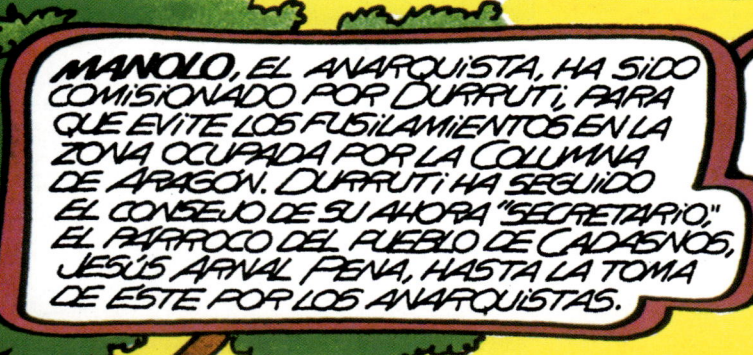

...A LA VUELTA A SAN SEBASTIÁN, A ANTONIO LE SALVARÁ DE UN CONSEJO DE GUERRA SUMARÍSIMO LA AMISTAD DE UN TÍO SUYO CON MOLA, QUE DARÁ "CARPETAZO" AL ASUNTO.

MANOLO, EL ANARQUISTA, HA SIDO COMISIONADO POR DURRUTI, PARA QUE EVITE LOS FUSILAMIENTOS EN LA ZONA OCUPADA POR LA COLUMNA DE ARAGÓN. DURRUTI HA SEGUIDO EL CONSEJO DE SU AHORA "SECRETARIO", EL PÁRROCO DEL PUEBLO DE CADAÑOS, JESÚS ARNAL PENA, HASTA LA TOMA DE ÉSTE POR LOS ANARQUISTAS.

...Y ASÍ, EN EL ÚLTIMO SEGUNDO, EVITA QUE UN YA FORMADO PELOTÓN ASESINE A 5 REQUETÉS CAPTURADOS, ¡TODOS HERMANOS! JAVIER, LUIS, IGNACIO, SANTIAGO Y CARLOS MÉNDEZ-NAVARRO, PAMPLONESES.

¡QUÍTATE DE ENMEDIO!

¡DISPARA, PERO APÚNTAME A MÍ EL PRIMERO, Y LUEGO A LA ORDEN DE DURRUTI!

¡GLAPS!

Volvemos al centro de la Península. Las fuerzas rebeldes que avanzan desde Talavera en vez de dirigirse directamente a Madrid, van a torcer a su derecha para que el bando rebelde se apunte un tanto propagandístico que dará la vuelta al mundo: Liberar a los defensores del Alcázar de Toledo.

¿CÓMO AVANZAN LOS SUBLEVADOS?

¡LAS MILICIAS HUYEN EN DESBANDADA!

¡LOS MOROS, LOS MOROS!

*FORMAN UNA COLUMNA, CON:
80 AUTOBUSES DE LEGIONARIOS.
40 DE MARROQUÍES.
8 CAMIONES DE MUNICIÓN.
1 CAMIÓN CISTERNA DE GASOLINA.
1 AMBULANCIA.*

LES ABRE PASO UN TURISMO CON DOS AMETRALLADORAS PESADAS.

¡AH! SOBRE LOS AUTOBUSES, LOS MOROS LLEVAN EL PRODUCTO DE SU AUTORIZADO PILLAJE.

Unos 1.300 rebeldes, con 1.000 civiles y 300 rehenes, al fracasar el levantamiento en Toledo, se han encerrado en el imponente edificio del alcázar toledano. Rodeados de desorganizados milicianos atacantes, desoyen las intimidaciones a la rendición. Su jefe, el Coronel Moscardó, a pesar de los suicidios entre los encerrados y al par de deserciones diarias, ha soportado hasta la posibilidad de que los milicianos fusilen a su capturado hijo, pero no se rinde... y así, el día 27 de septiembre las avanzadillas del carlista general rebelde Varela, rescatan a los sitiados: la noticia conmueve al mundo, los sediciosos se apuntan un gran tanto propagandístico...

CON ESTA MOTO "HARLEY-DAVIDSON" LOS DEFENSORES DEL ALCÁZAR MOLÍAN TRIGO PARA HACER PAN.

FOTO OROÑOZ

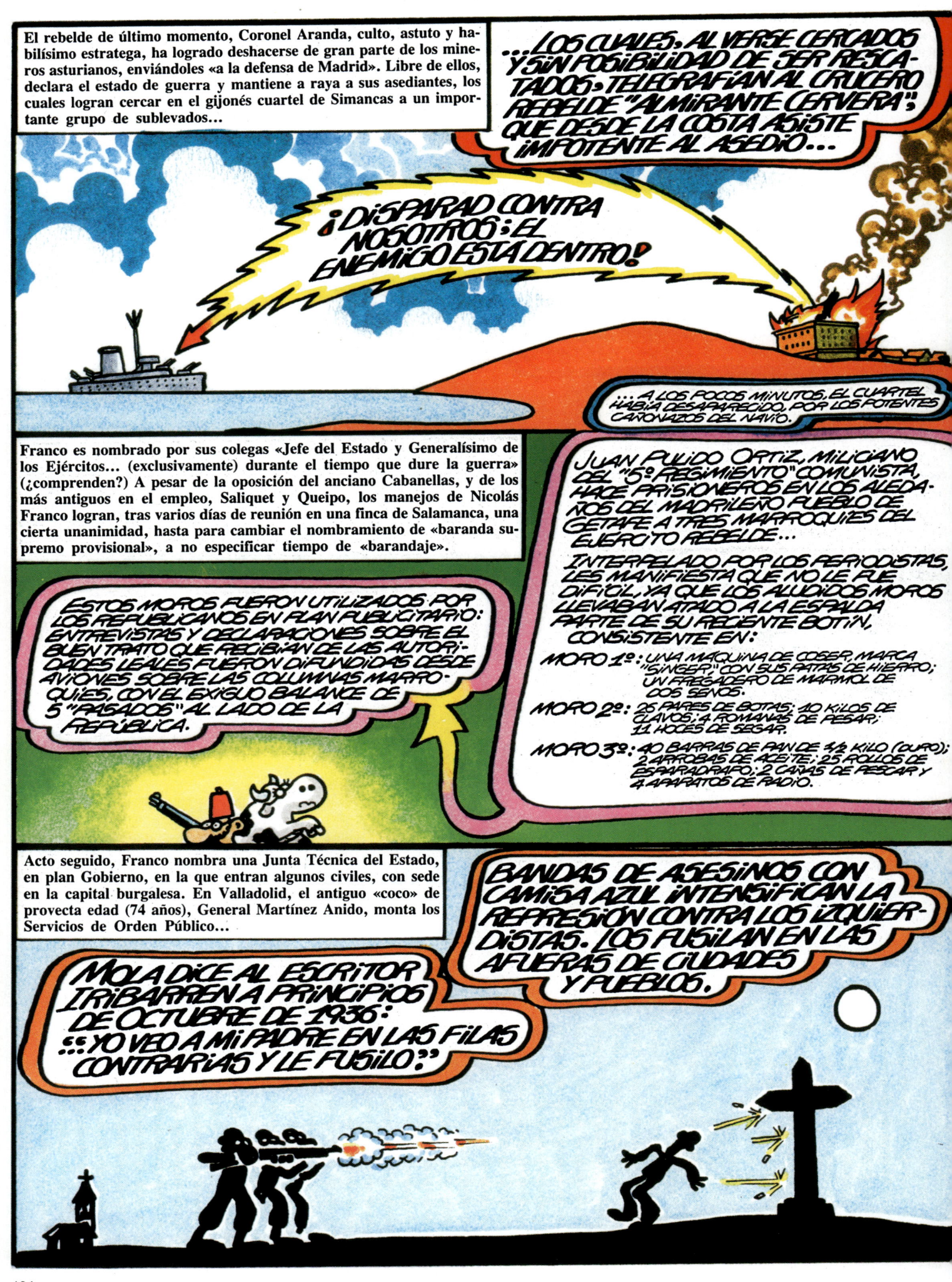

El rebelde de último momento, Coronel Aranda, culto, astuto y habilísimo estratega, ha logrado deshacerse de gran parte de los mineros asturianos, enviándoles «a la defensa de Madrid». Libre de ellos, declara el estado de guerra y mantiene a raya a sus asediantes, los cuales logran cercar en el gijonés cuartel de Simancas a un importante grupo de sublevados...

...LOS CUALES, AL VERSE CERCADOS Y SIN POSIBILIDAD DE SER RESCATADOS, TELEGRAFÍAN AL CRUCERO REBELDE "ALMIRANTE CERVERA", QUE DESDE LA COSTA ASISTE IMPOTENTE AL ASEDIO...

¡DISPARAD CONTRA NOSOTROS; EL ENEMIGO ESTÁ DENTRO!

...A LOS POCOS MINUTOS, EL CUARTEL HABÍA DESAPARECIDO POR LOS POTENTES CAÑONAZOS DEL NAVÍO.

Franco es nombrado por sus colegas «Jefe del Estado y Generalísimo de los Ejércitos... (exclusivamente) durante el tiempo que dure la guerra» (¿comprenden?) A pesar de la oposición del anciano Cabanellas, y de los más antiguos en el empleo, Saliquet y Queipo, los manejos de Nicolás Franco logran, tras varios días de reunión en una finca de Salamanca, una cierta unanimidad, hasta para cambiar el nombramiento de «baranda supremo provisional», a no especificar tiempo de «barandaje».

JUAN PULIDO ORTIZ, MILICIANO DEL "5º REGIMIENTO" COMUNISTA, HACE PRISIONEROS EN LOS ALEDAÑOS DEL MADRILEÑO PUEBLO DE GETAFE A TRES MARROQUÍES DEL EJÉRCITO REBELDE...

INTERPELADO POR LOS PERIODISTAS, LES MANIFIESTA QUE NO LE FUE DIFÍCIL, YA QUE LOS ALUDIDOS MOROS LLEVABAN ATADO A LA ESPALDA PARTE DE SU RECIENTE BOTÍN, CONSISTENTE EN:

MORO 1º: UNA MÁQUINA DE COSER, MARCA "SINGER", CON SUS PATAS DE HIERRO; UN FREGADERO DE MÁRMOL DE DOS SENOS.

MORO 2º: 25 PARES DE BOTAS; 10 KILOS DE CLAVOS; 4 ROMANAS DE PESAR; 11 HOCES DE SEGAR.

MORO 3º: 40 BARRAS DE PAN DE 1/2 KILO (DURO); 2 ARROBAS DE ACEITE; 25 ROLLOS DE ESPARADRAPO; 2 CAÑAS DE PESCAR Y 4 APARATOS DE RADIO.

ESTOS MOROS FUERON UTILIZADOS POR LOS REPUBLICANOS EN PLAN PUBLICITARIO: ENTREVISTAS Y DECLARACIONES SOBRE EL BUEN TRATO QUE RECIBÍAN DE LAS AUTORIDADES LEALES FUERON DIFUNDIDAS DESDE AVIONES SOBRE LAS COLUMNAS MARROQUÍES, CON EL EXIGUO BALANCE DE 5 "PASADOS" AL LADO DE LA REPÚBLICA.

Acto seguido, Franco nombra una Junta Técnica del Estado, en plan Gobierno, en la que entran algunos civiles, con sede en la capital burgalesa. En Valladolid, el antiguo «coco» de provecta edad (74 años), General Martínez Anido, monta los Servicios de Orden Público...

BANDAS DE ASESINOS CON CAMISA AZUL INTENSIFICAN LA REPRESIÓN CONTRA LOS IZQUIERDISTAS. LOS FUSILAN EN LAS AFUERAS DE CIUDADES Y PUEBLOS.

MOLA DICE AL ESCRITOR IRIBARREN A PRINCIPIOS DE OCTUBRE DE 1936: "...YO VEO A MI PADRE EN LAS FILAS CONTRARIAS Y LE FUSILO."

Pero, ojo; la sangre injustamente derramada corre en todas partes. El Gobierno de Madrid se ve impotente para contener las patrullas de asesinos que, en las noches, recorren las ciudades de la zona republicana, asaltando los hogares de los sospechosos, deteniéndoles y asesinándolos posteriormente en muchos casos…

EL CASO DE LA CARCEL MODELO: UN INCENDIO, AL PARECER, PROVOCADO POR ALGUNO DE LOS 3.000 PRESOS DERECHISTAS, HACE CREER A LOS MILICIANOS, QUE LOS DETENIDOS QUIEREN APROVECHAR EL FOLLÓN PARA FUGARSE EN BLOQUE…

UNA MASA INCONTROLADA DE MILICIANOS ARMADOS, IRRUMPE EN LA PRISIÓN: DESARMA Y ENCIERRA A LOS GUARDIANES Y EFECTÚA UNA HORRIBLE MASACRE ENTRE LOS INDEFENSOS PRESOS… AL MENOS 300 FUERON ASESINADOS IMPLACABLEMENTE, ANTES DE LA LLEGADA DE LOS GUARDIAS DE ASALTO QUE DESALOJAN A TIROS A LOS ASESINOS…

El Gobierno de Largo Caballero concede (¡a buenas horas!) el Estatuto al País Vasco: J. A. Aguirre, joven abogado y popular ex-jugador de fútbol, obtiene 291.471 votos de sus correligionarios del P.N.V… Con esta medida de Largo Caballero, la República intenta animar a los «gudaris» vascos que, con la guerra dentro de Euskadi, han visto cómo, unos días antes, un bombardeo aéreo de alemanes e italianos han causado en Bilbao 129 muertos y 300 heridos.

LA DESORGANIZACIÓN REPUBLICANA EN EL NORTE ES TOTAL, Y PARA MUESTRA, VA ESTA ANÉCDOTA…

¡ESTO ES INDIGNO! ¡SOY VUESTRO GENERAL EN JEFE!

OYE, QUE SÍ; QUE EN ESTA CREDENCIAL LO PONE…

EN VISITA DE INSPECCIÓN AL FRENTE, EL GENERAL JEFE DE LAS TROPAS REPUBLICANAS EN EL FRENTE VASCO, ÓAMIR ULIBARRI, ES OBLIGADO A DESCENDER DE SU COCHE OFICIAL POR UNA PATRULLA DE CONTROL, FORMADA POR MILICIANOS SOCIALISTAS…

EL NÚMERO MÁXIMO DE AVIONES LEALES EN EUSKADI, EN EL INVIERNO DE 1936-37 FUE DE 8, Y EL MÍNIMO ¡NINGUNO! MUCHAS VECES.

…LOS MILICIANOS LE DEJAN MARCHAR AL CONVENCERSE DE SU IDENTIDAD… PERO… ¡LE REQUISAN UN QUESO DE IDIAZÁBAL QUE EL GENERAL ACABABA DE ADQUIRIR!

LOS REBELDES UTILIZARON ENTRE 50 Y 110, SEGÚN SUS DISPONIBILIDADES.

MONTE SOLLUBE

¡ESTO LO CUENTO EN LA OFICINA Y NO SE LO CREEN!

¡EL PILOTO REPUBLICANO ASTIGARRIBIA, ACOSADO POR TRES AVIONES ITALIANOS, Y AGOTADAS SUS MUNICIONES, AVERÍA UNO DE ELLOS, ROMPIÉNDOLE LAS HÉLICES DE UNO DE LOS MOTORES AL ARROJARLE UNA LLAVE INGLESA!

Ante la proximidad de los sublevados, el Gobierno decide que las Cortes de la República se trasladen a Valencia. Para evitar la evidente desorganización de las milicias, Largo decreta su militarización y crea el Comisariado General de Guerra. En Barcelona, la Generalitat promulga un decreto de Colectivizaciones y Control Obrero…

... con el objeto de que la huída de gran parte de los dueños de los negocios y fábricas no produjera un colapso económico. Con diversa suerte el mundo laboral de Cataluña efectúa la primera experiencia mundial de autogestión obrera, en el marco de un estado democrático. Aunque la experiencia estuvo marcada por la guerra, el balance final de la autogestión en Cataluña es ligeramente positivo, pero lamentablemente no hay aún un estudio profundo y serio de tan importante evento social.

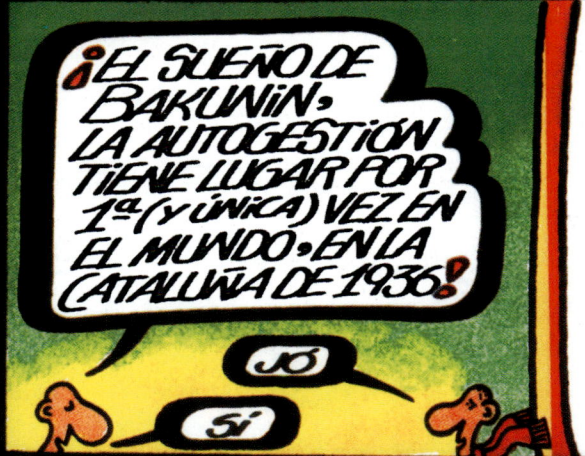

ESTE ES EL TEXTO DEL ALUDIDO DECRETO, PUBLICADO POR LA GENERALITAT CATALANA, EN LOS INICIOS DE LA GUERRA CIVIL.

¡EL SUEÑO DE BAKUNIN, LA AUTOGESTION TIENE LUGAR POR 1ª (y ÚNICA) VEZ EN EL MUNDO, EN LA CATALUÑA DE 1936!

JÓ *SÍ*

Primero. Regulación de la producción de acuerdo con las necesidades del Consejo, sacrificando aquellas industrias o producciones que estime necesarias y estimulando enérgicamente la instalación de las nuevas industrias que por efecto de la alteración del valor de la peseta sea conveniente instaurar en nuestro pueblo.
Segundo. Monopolio del comercio exterior para evitar nuevas acometidas desde fuera contra el nuevo orden económico que está naciendo.
Tercero. Colectivización de la gran propiedad rústica para ser explotada por Sindicatos de Campesinos con la ayuda de la Generalidad, y sindicación obligatoria de los productores agrícolas que exploten la pequeña y mediana propiedad.
Cuarto. Desvalorización parcial de la propiedad urbana mediante la reducción de alquileres o el establecimiento de tasas equivalentes cuando no sea conveniente beneficiar a los inquilinos.
Quinto. Colectivización de las grandes industrias, de los servicios públicos y de los transportes en común.
Sexto. Incautación y colectivización de los establecimientos abandonados por sus propietarios.
Séptimo. Intensificación del régimen cooperativo y distribución de los productos, y en particular explotación en régimen cooperativo de las grandes Empresas de distribución.
Octavo. Control obrero de los negocios bancarios hasta llegar a la nacionalización de la Banca.
Noveno. Control sindical obrero en todas las industrias que continúan explotadas con régimen de Empresa privada.
Décimo. Reabsorción enérgica por la agricultura y la industria de los obreros sin trabajo. A este efecto se estimulará la revalorización de los productos del campo, el retorno al campo, en lo posible, de los obreros que pueda absorber la nueva organización del trabajo agrícola; creación de grandes industrias para suplir artículos manufacturados que sería difícil importar, y electrificación integral de Cataluña, y principalmente de los ferrocarriles.
Undécimo. Supresión rápida de los diversos impuestos para llegar a la implantación del impuesto único.

En estas ¡Zas! que los rebeldes llegan a Madrid; son casi 30.000 hombres perfectamente entrenados y equipados. Un grupo de marroquíes cruza el río (?) Manzanares por el Parque del Oeste y, despistados, por el Paseo del Pintor Rosales, casi llegan, paseando, a la Plaza de España...

Nadie les ataca. Los madrileños, todos, están muy ocupados haciendo trincheras y barricadas, preparándose para el asalto final... José María Ponzano, estudiante de Magisterio, de 19 años de edad, miliciano sin militancia política, que transporta una carretilla de adoquines, casi se topa con ellos «¡Los moros, los moros!» grita, asustadísimo, mientras arroja los adoquines a los también muy asustados africanos...

...SE ORGANIZA TAL ESCANDALERA QUE SE ASOMAN GRAN CANTIDAD DE MADRILEÑOS A LAS VENTANAS. LAS MUJERES ARROJAN TODA SUERTE DE ENSERES CASEROS A LOS MARROQUÍES QUE, DESPENDOLADOS, SE "REPLIEGAN" A SUS LÍNEAS...

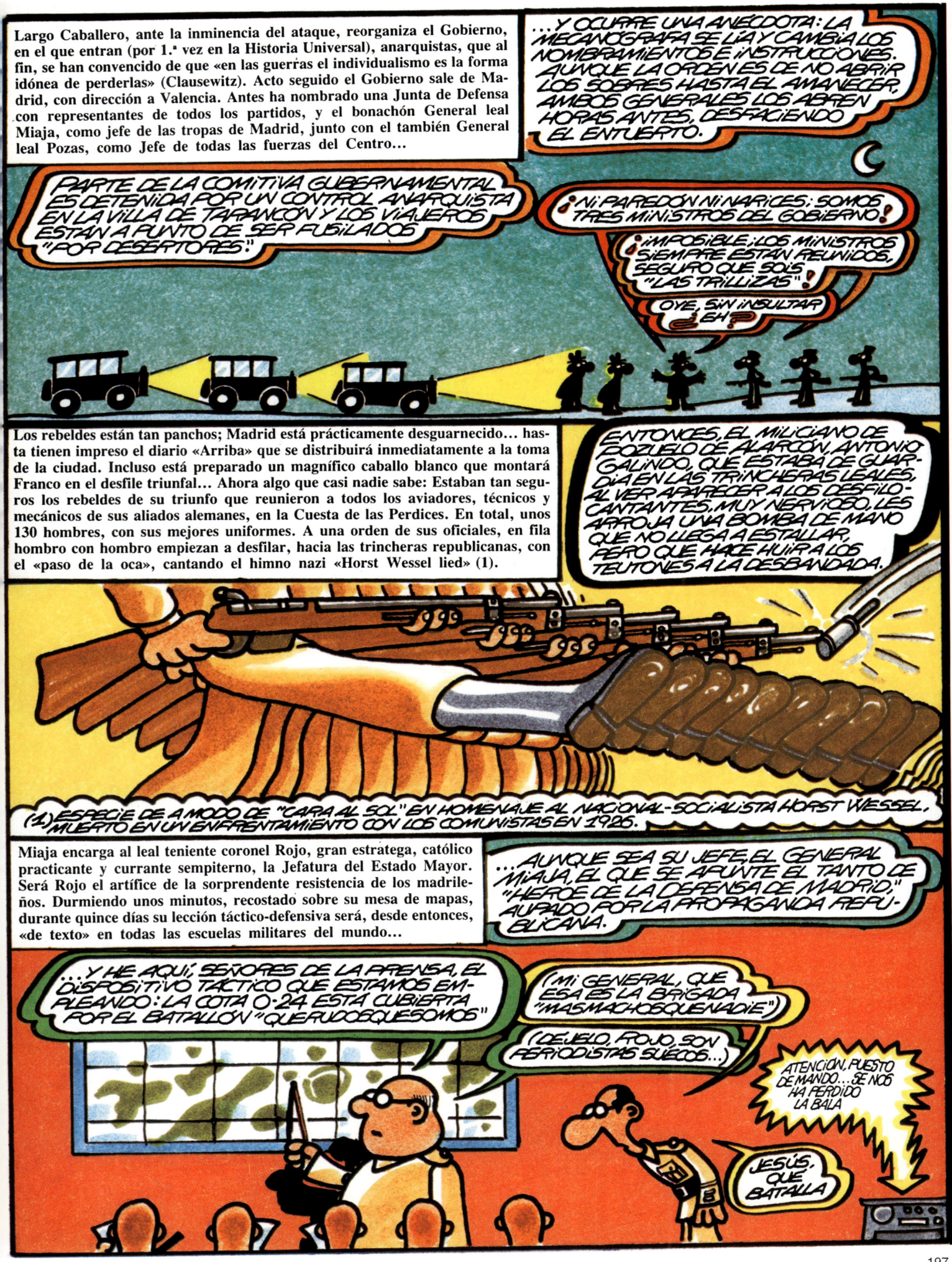

Largo Caballero, ante la inminencia del ataque, reorganiza el Gobierno, en el que entran (por 1.ª vez en la Historia Universal), anarquistas, que al fin, se han convencido de que «en las guerras el individualismo es la forma idónea de perderlas» (Clausewitz). Acto seguido el Gobierno sale de Madrid, con dirección a Valencia. Antes ha nombrado una Junta de Defensa con representantes de todos los partidos, y el bonachón General leal Miaja, como jefe de las tropas de Madrid, junto con el también General leal Pozas, como Jefe de todas las fuerzas del Centro…

…Y OCURRE UNA ANÉCDOTA: LA MECANÓGRAFA SE LÍA Y CAMBIA LOS NOMBRAMIENTOS E INSTRUCCIONES. AUNQUE LA ORDEN ES DE NO ABRIR LOS SOBRES HASTA EL AMANECER, AMBOS GENERALES LOS ABREN HORAS ANTES, DESFACIENDO EL ENTUERTO.

PARTE DE LA COMITIVA GUBERNAMENTAL ES DETENIDA POR UN CONTROL ANARQUISTA EN LA VILLA DE TARANCÓN Y LOS VIAJEROS ESTÁN A PUNTO DE SER FUSILADOS "POR DESERTORES".

¡NI PAREDÓN NI NARICES: SOMOS TRES MINISTROS DEL GOBIERNO!

¡IMPOSIBLE; LOS MINISTROS SIEMPRE ESTÁN REUNIDOS, SEGURO QUE SOIS "LAS TRILLIZAS"!

OYE, SIN INSULTAR ¿EH?

Los rebeldes están tan panchos; Madrid está prácticamente desguarnecido… hasta tienen impreso el diario «Arriba» que se distribuirá inmediatamente a la toma de la ciudad. Incluso está preparado un magnífico caballo blanco que montará Franco en el desfile triunfal… Ahora algo que casi nadie sabe: Estaban tan seguros los rebeldes de su triunfo que reunieron a todos los aviadores, técnicos y mecánicos de sus aliados alemanes, en la Cuesta de las Perdices. En total, unos 130 hombres, con sus mejores uniformes. A una orden de sus oficiales, en fila hombro con hombro empiezan a desfilar, hacia las trincheras republicanas, con el «paso de la oca», cantando el himno nazi «Horst Wessel lied» (1).

ENTONCES, EL MILICIANO DE POZUELO DE ALARCÓN, ANTONIO GALINDO, QUE ESTABA DE GUARDIA EN LAS TRINCHERAS LEALES, AL VER APARECER A LOS DESFILOCANTANTES, MUY NERVIOSO, LES ARROJA UNA BOMBA DE MANO QUE NO LLEGA A ESTALLAR, PERO QUE HACE HUIR A LOS TEUTONES A LA DESBANDADA.

(1) ESPECIE DE A MODO DE "CARA AL SOL" EN HOMENAJE AL NACIONAL-SOCIALISTA HORST WESSEL, MUERTO EN UN ENFRENTAMIENTO CON LOS COMUNISTAS EN 1926.

Miaja encarga al leal teniente coronel Rojo, gran estratega, católico practicante y currante sempiterno, la Jefatura del Estado Mayor. Será Rojo el artífice de la sorprendente resistencia de los madrileños. Durmiendo unos minutos, recostado sobre su mesa de mapas, durante quince días su lección táctico-defensiva será, desde entonces, «de texto» en todas las escuelas militares del mundo…

…AUNQUE SEA SU JEFE, EL GENERAL MIAJA, EL QUE SE APUNTE EL TANTO DE "HÉROE DE LA DEFENSA DE MADRID," AUPADO POR LA PROPAGANDA REPUBLICANA.

Y HE AQUÍ, SEÑORES DE LA PRENSA, EL DISPOSITIVO TÁCTICO QUE ESTAMOS EMPLEANDO: LA COTA 0-24 ESTÁ CUBIERTA POR EL BATALLÓN "QUERUDOQUESOMOS"

(MI GENERAL, QUE ESA ES LA BRIGADA "MASMACHOSQUENADIE")

(DÉJELO, ROJO, SON PERIODISTAS SUECOS...)

ATENCIÓN, PUESTO DE MANDO... SE NOS HA PERDIDO LA BALA

JESÚS, QUÉ BATALLA

Exactamente el día 7 de noviembre de 1936, los defensores de Madrid, a las 10 de la noche, capturan una tanqueta rebelde, en las inmediaciones del Puente de Praga... en la cazadora del oficial rebelde, encuentran la orden de operaciones para el ataque final que será al día siguiente a las 7 de la mañana; consistía en un ataque de diversión por el Puente de Segovia para fijar las fuerzas republicanas allí, con el objeto de atacar realmente unos 5 km. más arriba, a la altura de la Ciudad Universitaria...

"GRANDIOSO" TANQUE RENAULT TT-17, MODELO 1917, DE 6,7 TONELADAS DE PESO, 8 KM/HORA DE VELOCIDAD MAXIMA, 3 TRIPULANTES, Y CON UN CAÑON DE 3,7 M/M, QUE ES EL GORDO DE LOS DOS, EL OTRO ES EL VISOR DEL ARTILLERO. OBSERVEN LAS RANURAS BAJO LA TORRETA, POR DONDE JUNABA EL CONDUCTOR. EL BLINDAJE ERA DE 8 M/M. HABIA DOS REGIMIENTOS DE AQUESTA CLASE AL INICIARSE LA GUERRA CIVIL: AMBOS BANDOS SE LOS REPARTIERON.

Ni que decir tiene que «les estaban esperando»: 3.000 milicianos, los únicos con armas, cargan contra los atacantes de la Ciudad Universitaria, cantando «La Internacional»; tras ellos hay 2 escalones de otros 3.000 milicianos cada uno, desarmados, que esperan a que caigan sus camaradas armados, para, sucesivamente, tomar sus fusiles y cargar ellos...

Aún así hay un momento en que los defensores vacilan; algunos «se pegan» al suelo y contienen el ataque, pero la situación es desesperada... el gordinflón General leal Miaja, llega a las líneas rápidamente y pistola en mano arenga a los vacilantes, gritándoles...

¡ADELANTE, HIJOS MIOS; NO DEJEIS SOLO A VUESTRO GENERAL!

(JO, QUE CORTE, TÚ)

ME DEIS EL MOSQUETON A MI, QUE VOY YO A DEFENDERLE

SO MARICONAS

El ataque del día 8 ha sido detenido, pero los milicianos están rotos y maltrechos. El único logro de los rebeldes es la muy importante posición del Cerro de Garabitas, en la Casa de Campo, desde la que emplazarán la artillería que, durante toda la guerra, bombardeará los hogares madrileños...

EN OBUSÍSTICA CONTRAPRESTACAO, LOS REPUBLICANOS TENDRÁN ALGUNOS CAÑONES QUE, DESDE EL RETIRO O EL PARQUE DEL CONDE DE ORGAZ, BOMBARDEABAN LAS POSICIONES ENEMIGAS DE LA CASA DE CAMPO.

DE ESTOS CAÑONES REPUBLICANOS DESTACA EL POPULAR "ABUELO", LLAMADO ASÍ POR LOS CASTIZOS A CAUSA DE SU GRAVE TRONAR, CON EL QUE RESPONDÍA AL FUEGO ARTILLERO DE LOS REBELDES, SIN MUCHA EFECTIVIDAD, ES CIERTO, PERO DANDO UN GRAN APOYO MORAL SU SONIDO A LOS SITIADOS CAPITALINOS.

"A LA UNA... A LAS DOS... Y A LAS..."

"UN MOMENTO, QUE ME SUJETO LOS PINOS"

"PLASTITA DE PIORREICO"

LOS ARTILLEROS REPUBLICANOS TENÍAN SU PUESTO DE OBSERVACIÓN EN LA TELEFÓNICA, A LA QUE LOS REBELDES AMETRALLABAN DESDE EL AIRE, PERO NO SE ATREVÍAN A BOMBARDEAR EN SERIO, POR EL DESASTRE HUMANO-ECONÓMICO QUE HUBIERA SUPUESTO SU DESPLOME.

Amanece el día 9: los republicanos colocan sus últimas reservas de combatientes armados en las trincheras... de improviso una caravana de 6 camiones, destrozados y polvorientos se presentan en la retaguardia: ¡Son los mosquetones que la república de México regala «... al heroico pueblo español»!. Desembarcados a última hora de la tarde del día anterior en Valencia, los 6 conductores voluntarios, jugándose el tipo han llegado al frente en el momento exacto: 12.000 combatientes más son rápidamente armados.

PUERTO DE CONTRERAS

"¡ESTUPENDO FRENAZO: DOCENITA BAYONETAS EN TOS LOS GLÚTEOS!"

"NO HA SIDO UN FRENAZO, ES QUE SE HA GRIPADO EL MOTOR"

TRANSPORTES PUPAS

Claro, que las ayudas exteriores eran, hasta el momento, pelín más importantes para los rebeldes, verbi gratia: 3 días antes llegó, oficialmente esta vez, la «Legión Cóndor» alemana, a los aviadores y mecánicos ya combatientes, se unen ahora 6.500 hombres, al mando del Teniente General Speerle, equipados con 48 bombarderos Junkers 52, 48 cazas Heinkel 51 y Merserchmidt 109, 4 hidroaviones, cañones antitanques y antiaéreos, y 32 tanques la mar de gordos. Rápidamente todos los aviones son enviados a «machacar» Madrid.

OTRA ANÉCDOTA: UNO DE LOS AVIONES ALEMANES SE LÍA... Y ATERRIZA EN EL AERÓDROMO DE BARAJAS, MILITARIZADO POR LOS REPUBLICANOS... EL TEUTÓN, QUE SE DA CUENTA YA EN TIERRA, INTENTA DESPEGAR, PERO SE LO IMPIDEN: COMO LA REPÚBLICA SEGUÍA TENIENDO RELACIONES DIPLOMÁTICAS CON ALEMANIA, ES LIBERADO EL PILOTO, PERO EL AVIÓN ES INCAUTADO.

"¿PUEDON RECOGER-MPF LA FOTEMPF DE MEIN FRAU Y DE MEINS NIÑIEMS?"

"BUEEENOOO... (SNIFEN)"

QUE NO ENTRY
NO ENTRY

Los milicianos esperan, más animados por los mexicanos fusiles, el inminente ataque... pero algo está ocurriendo tras sus líneas, en la Gran Vía; entre los aplausos y abrazos de los madrileños, cantando en extraños idiomas «La Internacional», empujando modernas ametralladoras con ruedas, impecablemente uniformados y tocados con unas boinas azules, desfilan los voluntarios de la XI Brigada Internacional, formada por 2.000 alemanes, polacos y gabachos... Cuando ese día los rebeldes suspendan su ataque, tras 8 horas de combate cuerpo a cuerpo, sólo vivirán 183, de ellos 108 heridos...

Un recluta de la Armada, con destino en el Ministerio de Marina, ocupa las primeras páginas de los periódicos mundiales al haber inventado una fórmula para acabar con los tanques: 5 en 2 horas, oiga, arrojándoles botellas de gasolina a los bajos y luego granadas de mano. Interrogado por un periodista norteamericano no muy ducho en el idioma de Cervantes, de como lo hace, le contesta: «Pues echándole c...». Al parecer, por las premuras bélicas, el corresponsal salió corriendo a telegrafiar la crónica, y el titular de su periódico, al día siguiente fue...

APRISA Y CORRIENDO HAN LLEGADO DESDE ALBACETE, DONDE HAN MONTADO SU CUARTEL GENERAL, DONDE SE HAN CONCENTRADO DESDE LOS DIVERSOS PUNTOS DEL GLOBO, ATENDIENDO A LA LLAMADA REPUBLICANA, PARA DEFENDER LA LIBERTAD Y LA DEMOCRACIA.

¡PLOF!

BALA PERDIDA ARRUINANDO A BRITÁNICO BRIGADISTA SU TE DE LAS 5 EN PLENA BATALLA.

THE GLOBE
THE BATTLE OF MADRID.-
"DESTROY TANKS WITH COJONES" (*)
THE NEW DEVICE SURPRISES THE MILITAR WORLD.
¿IS IT AN ELECTRIC SYSTEM OR A RECENT DEFLAGRATOR?

(*) BATALLA DE MADRID.- "DESTROZAN CARROS DE COMBATE CON ~~COJONES~~"

Alemania e Italia, reconocen a Burgos. Antes lo han hecho el Salvador y Guatemala, ésta por medio de un telegrama de su general-dictador Ubico, dirigido a Franco, que decía así: «Felicito a V. E. y tropas a sus órdenes por feliz entrada a la capital de España», bueno, hay que decir que el mensaje telegráfico lo recibió, muy sorprendido... el General leal Miaja, ya que el capullo guatemalteco lo envió a Madrid...

LA RADIO OFICIAL PORTUGUESA LLEGA A DAR EN DIRECTO EL "DESFILE TRIUNFAL" DE LOS REBELDES EN MADRID". PARECE INCREÍBLE ¿VERDAD? PUES ES UN HECHO HISTÓRICO.

OLIVEIRA SALAZAR ESTÁ, DECIDIDAMENTE DEL LADO DE FRANCO, HA COMETIDO LA VILLANÍA DE ENTREGAR A LOS SUBLEVADOS, A TODOS LOS REPUBLICANOS QUE PASARON A PORTUGAL CUANDO LO DE BADAJOZ QUE, INMEDIATAMENTE FUERON FUSILADOS.

CONTESTACIÓN: «CARRERA LLEVAS, UBICO. STOP ¿GRADO DE GENERAL REGALO PUNTO SOPICALDO? STOP MIAJA»

MÁS FLIPAO QUE UN CATADOR "PORRO S.A."

LUEGO PERMITE QUE UNOS 6.000 VOLUNTARIOS PORTUGUESES SE ALISTEN EN EL EJÉRCITO SUBLEVADO... BAJO EL SONORO NOMBRE DE "VIRIATOS"

¡CABO DA SILVA MORAIS, UN PASO AL FRENTE!

PERDÓN, EXCMO. SEÑOR TENIENTE, PERO EO NON SOI CABO, SINO "CAPORAL EXCELSO, AVANZAÍNTE A CABEÇA DO EROICO AGRUPAMENTO DE 10 LUSITANOS INVENCIBLES"

(JESÚS, QUÉ CRUZADA)

Queipo de Llano el «Virrey de Sevilla», todas las noches hacía por radio unas emisiones, con las que exageraba y deformaba habitualmente la realidad, en una ejemplar y magnífica muestra de propaganda intoxicadora; en una de ellas se le ocurrió decir que «antes del 10 de noviembre, el General rebelde Mola, tomaría café en la Gran Vía madrileña…

GRAN HISTRIÓN, QUEIPO ERA MUY HÁBIL EN EL USO DE LA RADIO, SE PUEDE DECIR QUE "METÍA MIEDO EN EL CUERPO" DE TODO EL QUE LE OÍA. FUSTIGABA A LOS MILITARES LEALES CON FRASES COMO LAS SIGUIENTES:

—AL TRAIDOR CORONEL N, QUE SE QUE ESTA EN EL SECTOR DE POZOBLANCO, LE COMUNICO QUE LA CASA DONDE VIVEN SUS PADRES, EN LA CALLE DE LA ENCARNACIÓN 23, AQUÍ EN SEVILLA, HA SIDO PASTO DE LAS LLAMAS.

Y AHÍ ACABABA EL MENSAJE; SIN ESPECIFICAR SI LOS INQUILINOS HABÍAN PERECIDO O NO… IMAGÍNENSE EL ESTADO DEL RECEPTOR DEL MENSAJE HASTA CONSEGUIR ALGUNA NOTICIA COMPLEMENTARIA…

UN CAMARERO SOCIALISTA, DE LA CAFETERÍA "REX", SITA EN LA ALUDIDA AVENIDA, INSTALÓ EN UNA MESA DEL LOCAL, UN CARTEL EN EL QUE PONÍA "RESERVADO PARA MOLA," Y UN CAFÉ SOLO…

HASTA EL FALLECIMIENTO DE MOLA, LA MESA PERMANECIÓ ASÍ… PERO CON LA CHUNGA DE PUBLICAR EN LOS PERIÓDICOS DE MADRID, CADA PAR DE DÍAS EL SIGUIENTE ANUNCIO:

GENERAL MOLA: EL CAFÉ SE LE ESTÁ QUEDANDO FRÍO.

SINDICATO DE HOSTELERÍA

Una frase estúpida del General Mola causa ríos de sangre inocente en el sitiado Madrid; a preguntas de un periodista inglés sobre si son 4 las columnas que asedian Madrid, Mola dice: «Bueno, son 5; las 4 exteriores y la 5.ª, la interior, formada por nuestros partidarios que en el momento indicado atacarán a los rojos por la espalda».

ENLOQUECIDOS GRUPOS DE EXALTADOS SACAN DE SUS CASAS A CIENTOS DE SOSPECHOSOS Y, ANTE LA IMPOTENCIA DE LAS AUTORIDADES, LES ASESINAN IMPUNEMENTE.

EL TÉRMINO "5ª COLUMNA" PASA A ENGROSAR EL ACERVO IDIOMÁTICO COMÚN DEL GÉNERO HUMANO; SERÁ EMPLEADO ASIDUAMENTE EN LA FUTURA 2ª GUERRA MUNDIAL.

¡QUÍTESE DE ENMEDIO, ABUELA!

¡ASESINOS, CRIMINALES!

¡BANG! ¡BANG!

Mientras los anarquistas crean el Consejo de Defensa de Aragón, desligado de toda autoridad republicana, el Gobierno legal, en Valencia, reconoce el Consejo de Asturias-León. Llega a Salamanca, el «encargado de negocios» alemán, en plan embajador, Von Faupel…

¡EXCELENCIA; EL EMBAJADOR ALEMÁN…

QUE SE ESPERE

A VER SI SE VA A MOLESTAR…

NO ME MOLESTO, PERO NO ME AGRADA QUE ME INTERRUMPAN CUANDO PREPARO BATALLAS

Sobre el cielo de Madrid, aparecen los primeros aviones rusos, son los I-15 e I-16; muchos más modernos que sus antagonistas italo-germanos y, con muy experimentados pilotos soviéticos, pronto se hacen «los amos» del cielo madrileño. Son castizamente llamados «chatos» y «moscas» por los madrileños, que, a la fresca, sacan sus sillas de enea a la puerta de sus casas, para observar, con gran regocijo, los furibundos combates... el ataque rebelde a la capital se paraliza...

—ME PIDO EL RUBIO

TITERE INFORMATIVO

HE AQUÍ EL TEXTO DEL FAMOSO PUNTO 27 FALANGISTA, ANULADO POR FRANCO EN EL MOMENTO MISMO QUE TUVO PODER PARA HACERLO:
"Nos afanaremos por triunfar en la lucha con sólo las fuerzas sujetas a nuestra disciplina. Pactaremos muy poco. Sólo en el empuje final para la conquista del Estado gestionará el mando las colaboraciones necesarias, siempre que esté asegurado nuestro predominio." ¿COMPRENDEN?

PRIMO DE RIVERA ESTÁ SIENDO JUZGADO EN ALICANTE, JUNTO A SU HERMANO MIGUEL Y A SU CUÑADA MARGARITA LARIOS. PERSONALMENTE ASUME LA DEFENSA DE LOS TRES Y, EN EL TRANSCURSO DE LA MISMA, DICE QUE TRABAJÓ "... PARA IMPEDIR QUE SE PRODUJERA (EL ALZAMIENTO) Y QUE "HABÍA SIDO DELIBERADAMENTE AISLADO" (EN SU PREPARACIÓN), AUNQUE LUEGO DIRÁ A SUS AMIGOS QUE DICHAS FRASES ERAN "... RECURSOS DE MI OFICIO DE ABOGADO."

Noticia novedosa, con bastantes pruebas de verosimilitud, que aporta datos nuevos en el «caso José Antonio»: Días antes del reconocimiento de Burgos por Alemania, concretamente a principios de Noviembre, un grupo de 8 falangistas a bordo de una lancha rápida, portando sofisticadas metralletas italianas, con 30 millones de pesetas en varios maletines, en plan soborno, vestidos de paisano, salen de Palma de Mallorca, en travesía hacia Alicante...

Y AHORA OTRA COSA: SOLO SE CONOCE UNO DE LOS DOS TESTAMENTOS QUE HIZO JOSÉ ANTONIO ¿ DÓNDE ESTÁ EL OTRO? ¿ POR QUÉ NO SE HA HECHO PÚBLICO?

Uno de ellos es un famoso púgil guipuzcoano, que combate con los rebeldes. Sus potentes puños, mundialmente conocidos, «noquearán» a quien se ponga a la liberación de su carismático jefe... a 4 millas de la bocana del puerto alicantino, amaneciendo, un barco de guerra alemán les detiene; informan de quienes son y lo que intentan... el oficial alemán dice que va a pedir instrucciones; vuelve al cuarto de hora y les obliga a volver a Mallorca, bajo amenaza de ametrallarles...

¿CON QUIÉN HABLÓ EL OFICIAL ALEMÁN POR RADIO, SABIENDO QUE SU TRANSMISOR NO LLEGABA HASTA ALEMANIA? ¿FUE CON BURGOS? EN CASO AFIRMATIVO ¿CON QUIÉN?

¿QUIÉN PODRÍA ESTAR INTERESADO EN QUE PRIMO DE RIVERA DESAPARECIERA A TODA COSTA?

—TAL QUE ASÍ LES DABA O ASÍ, TÚ, OYE

—¡UFS! MENOS MAL QUE NOS HEMOS QUITADO, QUE SI NO NOS NOQUEA

DEUTSCHLAND

MANUELA

El día 20 de noviembre, al amanecer, es fusilado en la prisión de Alicante el líder de la Falange, J. A. Primo de Rivera. Condenado a muerte por un tribunal, es fusilado antes de que el gobierno republicano pueda (o quiera) actuar. Valientemente se enfrenta al pelotón de fusilamiento, grita: «¡Arriba España!» y la descarga cerrada le impidió saludar a sus ejecutores con el brazo en alto. Primo de Rivera, no nos duelen prendas, fue, sin ninguna duda, un español que quiso lo mejor para su Patria. Equivocado o no, supo morir por sus ideales y eso es motivo suficiente para que le guardemos el máximo respeto.

Y una cosa es cierta: Alguien que lo conoció muy bien, dijo una vez al autor de esta «Historia Forgesporánea»: «José Antonio jamás hubiera consentido una dictadura militar, y menos de Franco, durante 40 años».

Son las 10 de la mañana del 20 de noviembre: Una columna de anarquistas catalanes toma posiciones en la Ciudad Universitaria Madrileña. La estabilización del frente aragonés ha permitido al gobierno republicano concentrar fuerzas en Madrid. Manolo, el anarquista, camarero del café «La Luna» de Barcelona, de pie en el estribo del coche «Packard» que lleva a Durruti y su estado mayor a la primera línea, va avisando al chófer, desde su elevada posición, sobre los agujeros que en el terreno, han hecho los obuses lanzados por los rebeldes desde Garabitas... al fin el auto se detiene, Manolo baja del estribo y abre la puerta del automóvil; Buenaventura Durruti se incorpora para salir, y ya en el estribo, se desploma fulminado. Una bala perdida le ha destrozado la columna vertebral; morirá horas más tarde en el Hospital de Sangre motando en el Hotel Ritz.

José Antonio y Durruti; dos jóvenes españoles de 33 y 37 años son el símbolo sangriento de las dos enfrentadas Españas: En ellos queremos representar a toda la juventud ibérica que, en dos rigurosas mitades, se enfrentó salvajemente en un duelo total con un sólo objetivo: Un mundo, una España, mejor... Pero no lo consiguieron: jamás de una guerra civil ha cambiado, para bien, a un país...

EJEMPLO DE LO QUE "VALÍAUNPEINE" EN LA ZONA DE LOS REBELDES

Con motivo de un acto académico en la Universidad de Salamanca, presiden el mismo D.ª Carmen Polo de Franco, D. Miguel de Unamuno, catedrático jubilado desde 1934 y Rector Vitalicio de dicha Universidad, D. José M.ª Pemán, Secretario de Cultura de la Junta Técnica de Burgos y el Coronel rebelde Millán Astray, fundador del Tercio, que se presenta al académico acto con una escolta imponente de legionarios armados hasta los dientes. Tras las palabras del Rector efectivo-salmantino, inflamadas de fuerte contenido doctrinal y político a favor de los rebeldes, el coronel rebelde Millán Astray grita «¡Muera la inteligencia, viva la muerte!» a lo que azoradísimo Pemán apostilla entre dientes: «Mueran los intelectuales traidores»... el anciano Unamuno incorpora sus cansados 72 años y en pocas palabras explica que comprende que el mutilado Millán Astray quiera una España de muerte y mutilación para que se parezca más a él; defiende a vascos y catalanes de las injurias vertidas en el discurso del Rector Magnífico y finaliza con la siguiente frase lapidaria: «Venceréis, porque tenéis la fuerza en vuestras manos, pero no convenceréis». Se organiza un revuelo enorme, Millán Astray grita: «¡A mí el Tercio!». La escolta se abalanza hacia el estrado montando sus armas... entonces se produce un hecho insólito: por primera y única vez en la Historia (al parecer) D.ª Carmen Polo de Franco, efectúa un gesto; ofrece su brazo a Unamuno y la pareja abandona la sala en un ambiente de gran tensión. D. Miguel se encierra en su casa y fallece a las 23 horas del día 31 de diciembre de 1936, apenas 2 meses después del hecho. El día 1 de enero en su entierro, sólo un grupo de falangistas asisten a él; incluso dan el grito ritual de «¡Camarada Miguel de Unamuno, presente!». Autores sostienen que lo hicieron para «avisar» al ejército rebelde de que la Falange no compartía los denuestos millanastraynescos. A saber.

Capítulo XI
"¡AY CARMELA!"

POPURRÍ DEL EVENTO ARMAL

PISTOLA "ASTRA" CON SU FUNDA EN PLAN CULATA (7.63 m.m.)

PISTOLA AUSTRIACA "MALINCHER" (7.66 mm.)

AUTOMÁTICA "LLAMA" (9 mm.)

SUBFUSIL ALEMÁN DE ASALTO "SCHMEISSER" DE 9 m.m.

FUSIL AMETRALLADOR "FIAT" ITALIANO (6.5 m.m.)

FUSIL AMETRALLADOR ALEMÁN "PARABELLUM" (7.92 mm.)

GRANADA DE PIÑA

BOMBA DE MANO DE ARTESANÍA, CON LAS SIGLAS "UHP" JUNTO A LA MECHA

BOMBA "BREDA" ITALIANA

BOMBA "LAFFITE" CON EL FAMOSO CORDÓN QUE AL DESENROSCARSE EN EL AIRE ACTIVABA LA EXPLOSIÓN

Se inicia el año 1937 con la internacionalización absoluta de la Guerra Civil Española, a pesar de sopotocientos mil Comités de No Intervención, totalmente ineficaces y enfollonadores.

EN LOS CUALES, CON RARA HABILIDAD, FRANCIA LOGRA CERRAR LA FRONTERA CON LA ESPAÑA REPUBLICANA, AMÉN DE NO VENDERLE LAS ARMAS QUE LOS REPUBLICANOS NECESITAN IMPERIOSAMENTE...

...Y ADEMÉS, JE PROPONGE QUE AL QUE LES VENDE ARMES SE LE DÉ CON EL BOLSE.

TAL QUE ASÍ, FORTEMENT, DAN LE CARDADE.

¿ÇA?

Y así desembarcan en Cádiz, procedente de Nápoles, los primeros contingentes italianos mandados por el general fascista Roatta...

...QUE SE HABÍA DISTINGUIDO EN LA SALVAJE INVASIÓN Y CONQUISTA DE ABISINIA.

♪ ARENALI DI SEVIGLIA... TORRI DELL'ORO... DONDI LEI ITALIANIS FARDAN A MODDO ♪

ERÓICO TRANSPORTI NAVALE "LEI MACARRONI ARDITI"

(ZI HAY ARGO QUE NO ZOPORTO E LA POLIFONÍA)

(PUE YA TE PUEDE IR PREPARANDO, QUIYO)

Hasta entonces habían combatido italianos con los rebeldes, utilizando el viejo truco de enrolarles en el Tercio, y así la «Aviación Legionaria Italiana» tuvo un gran papel en los cuatro últimos meses de 1936.

HORRIBILE, MIO CARO BOCADIGLIO DI FETUCCINI DESPARRAMATO PER LA IBERIA

...SEI LA SIEMBRA GLORIOSI DELLA NOSTRA CULTURA

MA LA GUSA SEI MORBIDA

"SACRIFICARE E VENCERE"

Llamados «Corpo di Truppe Volontarie» (abreviadamente C.T.V.), «Camisas Negras» voluntarios y soldados de infantería obligados, formarán hasta su retirada de la península cuatro divisiones con los bonitos nombres de «Penne Nere» (Plumas negras), «Fiamme Nere» (Llamas negras), «Littorio» (el haz de leña con el hacha de los jueces del Imperio Romano, que los fascistas italianos tomaron como emblema), y por último la división con el «precioso» nombre de «Dio lo Voule» (Dios lo quiere).

LOS ITALIANOS APORTARAN A LOS REBELDES FRANQUISTAS INGENTES CANTIDADES DE MODERNO MATERIAL BÉLICO: DESDE MÁS DE 1.000 CAÑONES HASTA UN MILLAR Y PICO DE LAS LIGERAS Y RÁPIDAS (80 KM./H) TANQUETAS "FIAT".

ARMADAS SÓLO DE AMETRALLADORAS Y CON UN REDUCIDO PESO QUE MERMABA SU ESTABILIDAD, A CADA TANQUETA ERAN ASIGNADOS 6 COMBATIENTES DE INFANTERÍA... ¿PARA QUÉ?

COMO "AYUDANTES DE CURRE" DE LOS DOS TRIPULANTES, PARA ENDEREZAR LAS TANQUETAS, YA QUE VOLCABAN AL MENOR DESNIVEL DEL TERRENO.

CAPITANO ¿E IL "GRUPPO DE AGUERRITI ENDEREZATORI DEL MONSTRUOSO INGENIO BELICO"?

HAN SIDO AUTORIZATIS PER ME A ACUDIRE A LES ENSAGLIOS DELL' "CORO EPICO DE TOMATORES DI MADRITI".

¡OH, QUI BELLA SITUACIONE! PROCLAMI ILLUSIONATAMENTE.

Ya hablaremos de los 75.000 italianos que llegaron a combatir en España a lo largo de los 3 años de guerra. No compartimos, en absoluto, su fachoso imperialismo, pero queremos hacer constar aquí nuestro respeto a sus 3.327 muertos y 11.227 heridos.

El durísimo invierno que bate la Península hace que se paralicen prácticamente las operaciones militares. En las diversas escaramuzas que ambos bandos contendientes llevan a cabo, por primera vez en la Guerra Civil, comienzan a hacerse prisioneros; o sea se deja de fusilar en el acto hasta a los heridos. La Cruz Roja Internacional ha desplegado un gran esfuerzo para conseguirlo.

INCLUSO EN EL PARALIZADO FRENTE GUADALAJAREÑO DE COGOLLUDO, LLEGAN A JUGARSE PARTIDOS DE FÚTBOL ENTRE AMBOS MANDOS, ARBITRADOS POR EL PÁRROCO DE LA BELLA VILLA.

DEBERÍAMOS REGALARLE UN SILBATO.

SI, PORQUE DE PITAR CON EL ARMONIUM, ME LE VA A DAR ALGO.

ESTOS PARTIDOS DE FÚTBOL FUERON PROHIBIDOS POR LOS MILITARES SUBLEVADOS: QUE CONSTE, OJO.

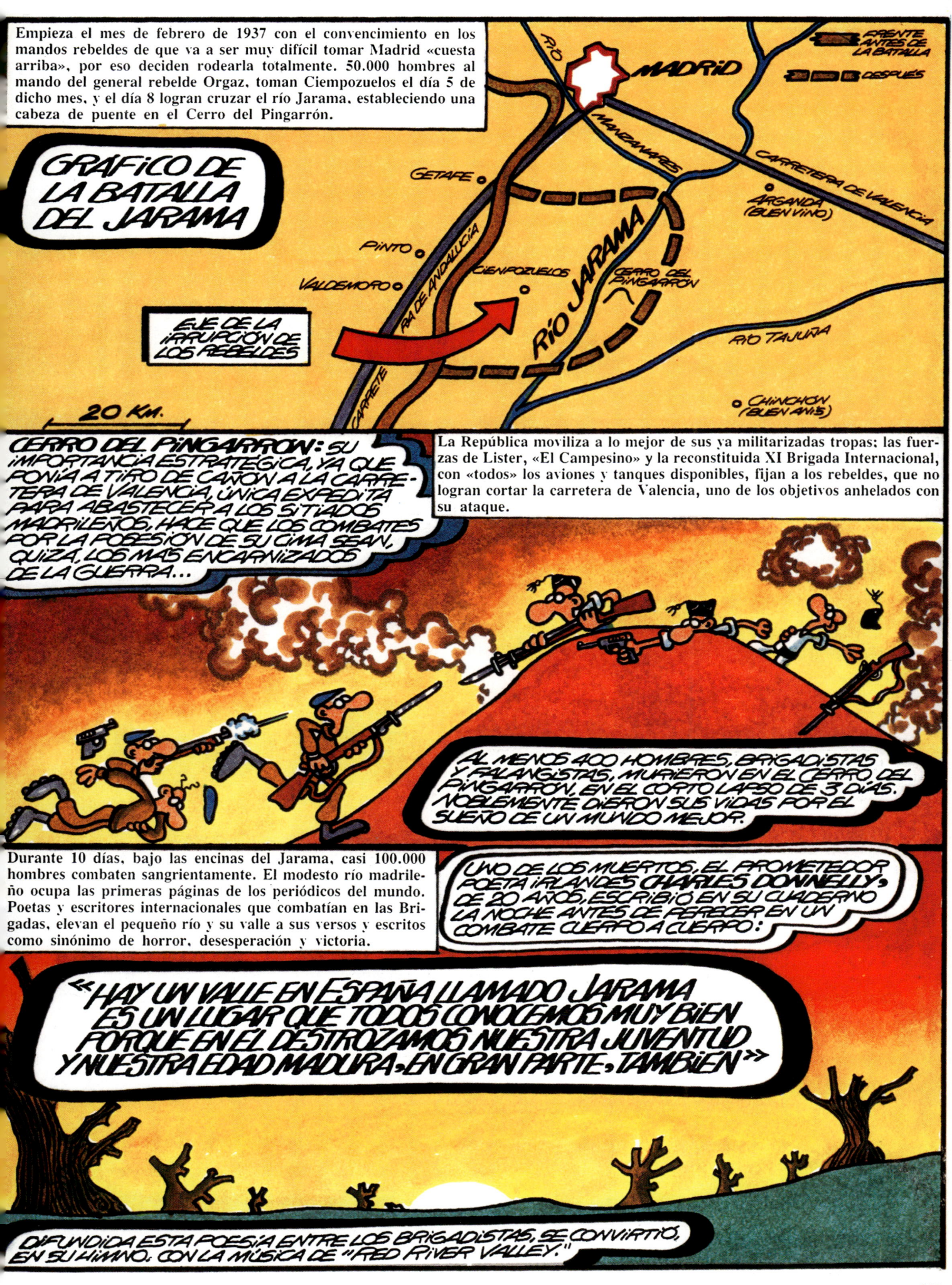

Empieza el mes de febrero de 1937 con el convencimiento en los mandos rebeldes de que va a ser muy difícil tomar Madrid «cuesta arriba», por eso deciden rodearla totalmente. 50.000 hombres al mando del general rebelde Orgaz, toman Ciempozuelos el día 5 de dicho mes, y el día 8 logran cruzar el río Jarama, estableciendo una cabeza de puente en el Cerro del Pingarrón.

GRÁFICO DE LA BATALLA DEL JARAMA

FRENTE ANTES DE LA BATALLA
DESPUÉS

MADRID
RÍO MANZANARES
GETAFE
CARRETERA DE VALENCIA
ARGANDA (BUEN VINO)
PINTO
VALDEMORO
CRA. DE ANDALUCÍA
CIEMPOZUELOS
CERRO DEL PINGARRÓN
RÍO JARAMA
RÍO TAJUÑA
CHINCHÓN (BUEN ANÍS)

EJE DE LA IRRUPCIÓN DE LOS REBELDES

20 KM.

CERRO DEL PINGARRÓN: Su importancia estratégica, ya que ponía a tiro de cañón a la carretera de Valencia, única expedita para abastecer a los sitiados madrileños, hace que los combates por la posesión de su cima sean, quizá, los más encarnizados de la guerra...

La República moviliza a lo mejor de sus ya militarizadas tropas: las fuerzas de Líster, «El Campesino» y la reconstituida XI Brigada Internacional, con «todos» los aviones y tanques disponibles, fijan a los rebeldes, que no logran cortar la carretera de Valencia, uno de los objetivos anhelados con su ataque.

AL MENOS 400 HOMBRES, BRIGADISTAS Y FALANGISTAS, MURIERON EN EL CERRO DEL PINGARRÓN, EN EL CORTO LAPSO DE 3 DÍAS. NOBLEMENTE DIERON SUS VIDAS POR EL SUEÑO DE UN MUNDO MEJOR.

Durante 10 días, bajo las encinas del Jarama, casi 100.000 hombres combaten sangrientamente. El modesto río madrileño ocupa las primeras páginas de los periódicos del mundo. Poetas y escritores internacionales que combatían en las Brigadas, elevan el pequeño río y su valle a sus versos y escritos como sinónimo de horror, desesperación y victoria.

UNO DE LOS MUERTOS, EL PROMETEDOR POETA IRLANDÉS CHARLES DONNELLY, DE 20 AÑOS, ESCRIBIÓ EN SU CUADERNO LA NOCHE ANTES DE PERECER EN UN COMBATE CUERPO A CUERPO:

«HAY UN VALLE EN ESPAÑA LLAMADO JARAMA ES UN LUGAR QUE TODOS CONOCEMOS MUY BIEN PORQUE EN ÉL DESTROZAMOS NUESTRA JUVENTUD Y NUESTRA EDAD MADURA, EN GRAN PARTE, TAMBIÉN»

DIFUNDIDA ESTA POESÍA ENTRE LOS BRIGADISTAS, SE CONVIRTIÓ EN SU HIMNO, CON LA MÚSICA DE "RED RIVER VALLEY."

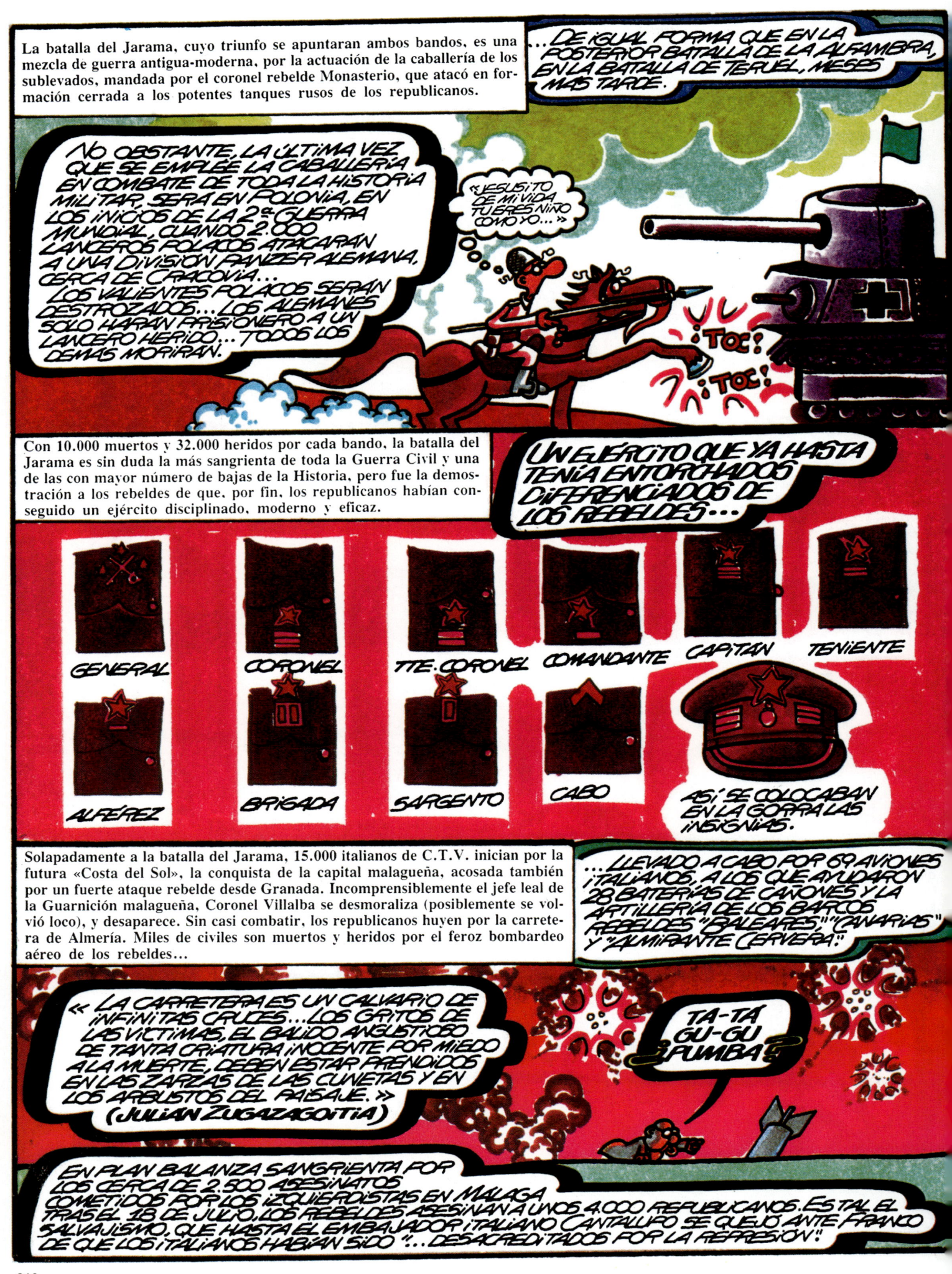

La batalla del Jarama, cuyo triunfo se apuntaran ambos bandos, es una mezcla de guerra antigua-moderna, por la actuación de la caballería de los sublevados, mandada por el coronel rebelde Monasterio, que atacó en formación cerrada a los potentes tanques rusos de los republicanos.

...DE IGUAL FORMA QUE EN LA POSTERIOR BATALLA DE LA ALFAMBRA, EN LA BATALLA DE TERUEL, MESES MÁS TARDE.

NO OBSTANTE, LA ÚLTIMA VEZ QUE SE EMPLEÓ LA CABALLERÍA EN COMBATE DE TODA LA HISTORIA MILITAR, SERÁ EN POLONIA, EN LOS INICIOS DE LA 2ª GUERRA MUNDIAL, CUANDO 2.000 LANCEROS POLACOS ATACARÁN A UNA DIVISIÓN PANZER ALEMANA, CERCA DE CRACOVIA... LOS VALIENTES POLACOS SERÁN DESTROZADOS... LOS ALEMANES SOLO HARÁN PRISIONERO A UN LANCERO HERIDO... TODOS LOS DEMÁS MORIRÁN.

«JESUSITO DE MI VIDA, TU ERES NIÑO COMO YO...»

Con 10.000 muertos y 32.000 heridos por cada bando, la batalla del Jarama es sin duda la más sangrienta de toda la Guerra Civil y una de las con mayor número de bajas de la Historia, pero fue la demostración a los rebeldes de que, por fin, los republicanos habían conseguido un ejército disciplinado, moderno y eficaz.

UN EJÉRCITO QUE YA HASTA TENÍA ENTORCHADOS DIFERENCIADOS DE LOS REBELDES...

GENERAL — CORONEL — TTE. CORONEL — COMANDANTE — CAPITÁN — TENIENTE
ALFÉREZ — BRIGADA — SARGENTO — CABO — *ASÍ SE COLOCABAN EN LA GORRA LAS INSIGNIAS.*

Solapadamente a la batalla del Jarama, 15.000 italianos de C.T.V. inician por la futura «Costa del Sol», la conquista de la capital malagueña, acosada también por un fuerte ataque rebelde desde Granada. Incomprensiblemente el jefe leal de la Guarnición malagueña, Coronel Villalba se desmoraliza (posiblemente se volvió loco), y desaparece. Sin casi combatir, los republicanos huyen por la carretera de Almería. Miles de civiles son muertos y heridos por el feroz bombardeo aéreo de los rebeldes...

LLEVADO A CABO POR 69 AVIONES ITALIANOS, A LOS QUE AYUDARON 28 BATERÍAS DE CAÑONES Y LA ARTILLERÍA DE LOS BARCOS REBELDES "BALEARES", "CANARIAS" Y "ALMIRANTE CERVERA".

«LA CARRETERA ES UN CALVARIO DE INFINITAS CRUCES... LOS GRITOS DE LAS VÍCTIMAS, EL BALIDO ANGUSTIOSO DE TANTA CRIATURA INOCENTE POR MIEDO A LA MUERTE, DEBEN ESTAR PRENDIDOS EN LAS ZARZAS DE LAS CUNETAS Y EN LOS ARBUSTOS DEL PAISAJE.» (JULIÁN ZUGAZAGOITIA)

TA-TÁ GU-GU ¡PUMBA!

EN PLAN BALANZA SANGRIENTA POR LOS CERCA DE 2.500 ASESINATOS COMETIDOS POR LOS IZQUIERDISTAS EN MÁLAGA TRAS EL 18 DE JULIO, LOS REBELDES ASESINAN A UNOS 4.000 REPUBLICANOS. ES TAL EL SALVAJISMO, QUE HASTA EL EMBAJADOR ITALIANO CANTALUPO SE QUEJÓ ANTE FRANCO DE QUE LOS ITALIANOS HABÍAN SIDO "...DESACREDITADOS POR LA REPRESIÓN".

Los italianos entran en Málaga, con gran alborozo en Roma de la jerarquía fascista. El yerno de Mussolini y Ministro de Asuntos Exteriores, Ciano, contó en sus memorias que el dictador, al enterarse de que ¡por fin! los italianos tenían una «victoria» militar, saltó de alegría sobre la mesa de su despacho. Acto seguido autorizó a que en los estandartes y emblemas de C.T.V. figurara la frase «Vincitore di Málaga».

Mussolini tenía un despacho larguísimo, con una imponente mesa en un "lejano extremo". Los que acudían a visitarle se ponían nerviosísimos al tener que andar, bajo la mirada del dictador, los casi 130 metros que separaban la puerta del despacho hasta la mesa.

¡¡VITTORIA·VITTORIA!!

¿Qui cosa dici, Descaratti? ¿Non gritare il nome dell'mio ligue, Vicky Matettosa? ¡Vogli que la Petacci me forri la calva!

El día 27 de febrero una disposición de los rebeldes restablece el antiguo himno nacional, la Marcha Real, sustituyendo a el hasta entonces oficial Himno de Riego. También son, a partir de entonces, himnos oficiales rebeldes, el falangista «Cara al Sol», el carlista «Oriamendi» y el del Tercio, que precisamente, en 1937 fue reorganizado y pasó a llamarse Legión Española.

Anfiloquio González, un cabo del Regimiento de San Marcial, repite el titere que "... fizo en Flandes el capitán don Luis de Salas en el anno del sennor de 1594."

Al frente de su pelotón, asalta una posición republicana cerca de Durango. Un cañonazo le arranca un brazo... con el sano lo recoge del suelo y ondeándolo sobre su cabeza, arenga a sus hombres...

¡Adelante, muchachos; esto no es nada!

Tras denodados esfuerzos en el lado republicano el orden público empieza a mantenerse a rajatabla; nadie podrá efectuar registros ni detenciones, si no son ordenados por el Gobierno. En Barcelona, la Generalitat arrebata a los anarquistas el predominio del orden público, gracias al incansable trabajo del joven Primer Consejo de Finanzas de 38 años, José Tarradellas.

En Garellano, el capitán don Diego de Saavedra pasó el primero el río"... e fizo huir al francés, rescibiendo de arcabuces nuebe golpes de bala."

Antonio Lezcano, miliciano del "5º Regimiento" en el frente de Madrid, desaloja el solo un nido de ametralladoras de los marroquíes tras recibir ocho impactos de bala.

Los rebeldes, «erre que erre» intentan ahora la toma (o como poco, cerco) de Madrid, «Napoleón Style», o sea por el NE: Concentran en Guadalajara un gran número de hombres y material bélico, a la altura de Sigüenza...

"ASOMBROSI BATAGLIONI FLECHI ORANGI CON PINTI FUCSIA" GALARDONATTI CON LA MASSIMA CONDECORATIONI PER LA TOMA EN ADDIS-ABEBA DE UN TAXI A LAS SETE DELLA TARDE LLOVIENDI

MI JAQUIÍÍÍ... GALOPI E CORTA IL VENTI QUANDI PASSI PER LA SIERRI CAMI-NIÍÍÍ... TI DE XERECCIÍÍÍ

El Cuartel General de los rebeldes en Burgos atiende los ruegos-órdenes de Mussolini, que tras lo de Málaga quiere otra epatante victoria, para que sus bambinos vuelvan a «sorprender a il mondo». Franco dice que «bueeeno» y son 35.000 italianos con 250 tanques, 400 camiones, 500 cañones y 132 aviones, los que el día 8 de marzo rompen la débil línea republicana y llegan a Trijueque fácilmente...

RICORDO DI LA EPICA ROMPETTURA DI FRENTI GUADALAJAREGNI FOTO PER 20 LIRE

IL FIERO GESTO MÁS ACUSSATO... BENE, COSÍ QUIETTO

Pero tras la sorpresa inicial, lo más florido del ejército republicano les sale al paso. Una tromba de agua y una densa niebla hace que tanques, camiones y cañones de los «macarronis» se atasquen en el barro, mientras sus aviones no pueden actuar.

AVIONES REPUBLICANOS LANZAN OCTAVILLAS PROMETIENDO UN SALVOCONDUCTO A LOS ITALIANOS QUE SE RINDAN, MÁS 50 PTS. (100 SI SE RENDIAN CON LAS ARMAS). (1)

ASALTADOS A LA BAYONETA POR EL EJÉRCITO REPUBLICANO, ENCABEZADO POR LOS INTERNACIONALES ANTIFASCISTAS ITALIANOS DEL BATALLÓN "GARIBALDI," LOS OFENSORES INICIAN UNA RETIRADA "EXCESSIVAMENTE MOLTO VIVACCE"

LOS ALTAVOCES DE PROPAGANDA DEL GOBIERNO LEAL TRANSMITEN, EN ITALIANO, A LOS QUE INTENTAN RESISTIR, MENSAJES DE AQUESTA ÍNDOLE...

HERMANOS ¿POR QUÉ HABÉIS VENIDO A UNA TIERRA EXTRANJERA A ASESINAR TRABAJADORES?

...Y ADEMÁS LEI PARACQUAS DI REGLAMENTI SON APOLILLATTI

(1) EN LOS AERÓDROMOS REPUBLICANOS NO HABÍA NIEBLA.

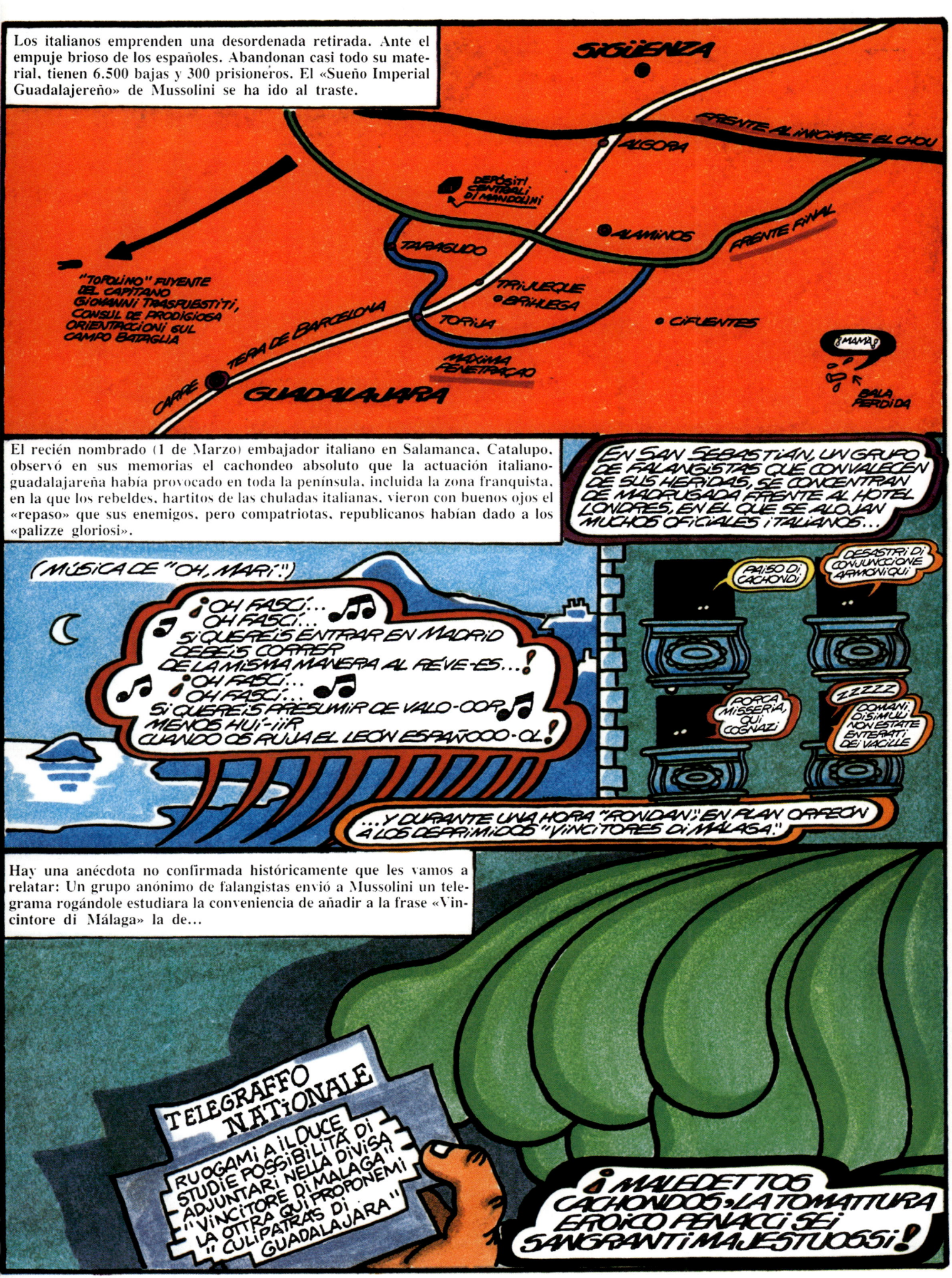

Los italianos emprenden una desordenada retirada. Ante el empuje brioso de los españoles. Abandonan casi todo su material, tienen 6.500 bajas y 300 prisioneros. El «Sueño Imperial Guadalajereño» de Mussolini se ha ido al traste.

El recién nombrado (1 de Marzo) embajador italiano en Salamanca, Catalupo, observó en sus memorias el cachondeo absoluto que la actuación italiano-guadalajareña había provocado en toda la península, incluida la zona franquista, en la que los rebeldes, hartitos de las chuladas italianas, vieron con buenos ojos el «repaso» que sus enemigos, pero compatriotas, republicanos habían dado a los «palizze gloriosi».

Hay una anécdota no confirmada históricamente que les vamos a relatar: Un grupo anónimo de falangistas envió a Mussolini un telegrama rogándole estudiara la conveniencia de añadir a la frase «Vincintore di Málaga» la de...

THE CARTELES

AMBOS BÁNDICOS

Se firma en Burgos un protocolo comercial con Alemania, por el cual, a cambio de gran parte de la producción minera de la zona rebelde (y en su momento, de la de toda la península), los alemanes se comprometen a soltar a los rebeldes un pastón enorme. Parece ser que Franco llevó personalmente las negociaciones en total «plan galaico», liando a los teutones y sacándoles «Die Grössem Tajadem».

¿POR QUE ME HA PREGUNTADO PARA QUE NECESITO LOS 200 MILLONES DE AVIONES?

¿DESMESURADEMPF CANTIDADEMPF?

¿DEBO ENTENDER QUE LE PARECEN MUCHOS?

JA ¿Y POR QUE SE RIE?

NEIN RISEN "JA" ES ASENTIMIENTEN

MUY BIEN ¿CUANDO RECIBIRE LOS PRIMEROS 100.000 AVIONES?

YA ME HA LIADOSMPF

JUDIEN CALCULADOREMPF

Tras un follón enorme en el que los falangistas partidarios de Franco y los que no le tragan, llegan a liarse a tiros, el ya Caudillo se saca de la manga el Decreto de Unificación, por el que se establece la unión de Falangistas y Carlistas y de las Juntas Ofensivas Nacionales Sindicalistas quedando el nombre tal que así: *Falange Española Tradicionalista y de las Juntas Ofensivas Nacional Sindicalistas*.

AL QUE SEGUN EL TALENTOSO FALANGISTA AGUSTIN DE FOXA, SOLO LE FALTABA AÑADIR...

«... y de los Grandes Expresos Europeos»

QUE DIGO YO QUE EN LUGAR DEL SELLO OFICIAL DEL PARTIDO, PODIAMOS PONER A LOS PAPELES UN LAPILLO...

TU ERES UN MASONAZO; ESO ES LO QUE PASA

CLARO, COMO TU NO ERES EL "SELLOFASC"

Franco será el Jefe Nacional del partido único, y se disuelven todos los hasta entonces vigentes en la zona rebelde. Condena a muerte (y luego indulta), al falangista más «rabisalsero» Hedilla, y el «Generalísimo» se queda también de gran baranda político de los sublevados...

ESTOY MAS TULLIDO QUE LA OREJA MATUSALEN EL DIA QUE CUMPLIO 954 AÑOS

ME APRIETA UN POCO DE LA SISA; INGRESE INMEDIATAMENTE 4 AÑOS EN NANCLARES DE OCA

SASTRERIA "EL PULIDO FALANGISTA"

PERO...

5 AÑOS

Gil-Robles disuelve su partido Acción Popular y Goicoechea su Renovación Española. Los militantes engrosan la nueva Falange, dándole un tinte que hace empalidecer a muchos falangistas auténticos, que, según un decreto «unificador» son obligados a tocarse con la boina roja de los requetés.

SURGEN MILES DE EXCUSAS ENTRE LOS FALANGISTAS PARA NO PONERSE LA ROJA BOINA TRADICIONALISTA...

SURGEN MILES DE EXCUSAS ENTRE LOS TRADICIONALISTAS PARA NO PONERSE LA CAMISA AZUL...

SURGEN LAS FRASES INSULTATIVO-CABEZONICAS DEL ESTILO: "MACHO, SI TE HACES FALANGISTA, CON ESE TORRAO, LOS CURAS DIRÁN LA MISA DE MÁRTIRES CON CASULLA COLOR BEIGE (1)."

(1) LA SUERTE DE INGENIO RESIDE EN EL COLOR ROJO DE LA CASULLA DE LA MISA DE MÁRTIRES. O SEA: CABEZÓN = BOINA ROJA = SE AGOTA EL TEJIDO ROJO ¿COMPRENDEN?

YA ESTA EL "SORDERAS" DANDO LA NOTA

SI

120 FALANGISTAS BURGALESES CON DESTINO AL ESTABILIZADO FRENTE MADRILEÑO DE SOMOSIERRA, SON ARRESTADOS POR PRESENTARSE PARA LA EXPEDICIÓN CON LAS CABEZAS VOLUMINOSAMENTE VENDADAS.

Unos días después, Franco declara oficial el saludo fascista-falangista del brazo en alto; los militares podrán no obstante seguir haciendo su saludo reglamentario.

EL PRESIDENTE AZAÑA EN VALENCIA, CON UN GRUPO DE MILITARES LEALES

Iniciada la ofensiva sobre Bilbao, los «gudaris» vascos retroceden lentamente ante el empuje rebelde que, con la ayuda italo-alemana es, francamente, abrumador.

EMBLEMA DE LA "ERTZAINA"

FUERZAS REPUBLICANAS EN EUZKADI EN MARZO DE 1937:-
30.000 HOMBRES ENCUADRADOS EN 27 BATALLONES DEL P.N.V., 8 SOCIALISTAS Y 11 DE COMUNISTAS, ANARQUISTAS, REPUBLICANOS DE IZQUIERDA.
AVIONES: 5 CAZAS.
ARTILLERÍA: 75 CAÑONES.
TANQUES: 11 T-26 RUSOS.
CURIOSIDAD: LOS "GUDARIS" DEL P.N.V. ERAN ATENDIDOS POR 82 CAPELLANES CASTRENSES, SIENDO LAS ÚNICAS UNIDADES REPUBLICANAS QUE EN LA GUERRA CIVIL TUVIERON SACERDOTES ASIGNADOS.
(LAS FUERZAS REBELDES ERAN, APROXIMADAMENTE, EL DOBLE EN HOMBRES Y EL CUÁDRUPLE EN MATERIAL.)

TENIENTE DE LA "ERTZAINA" O POLICÍA VASCA, VESTIDO DE CAMPAÑA DURANTE LA GUERRA CIVIL.

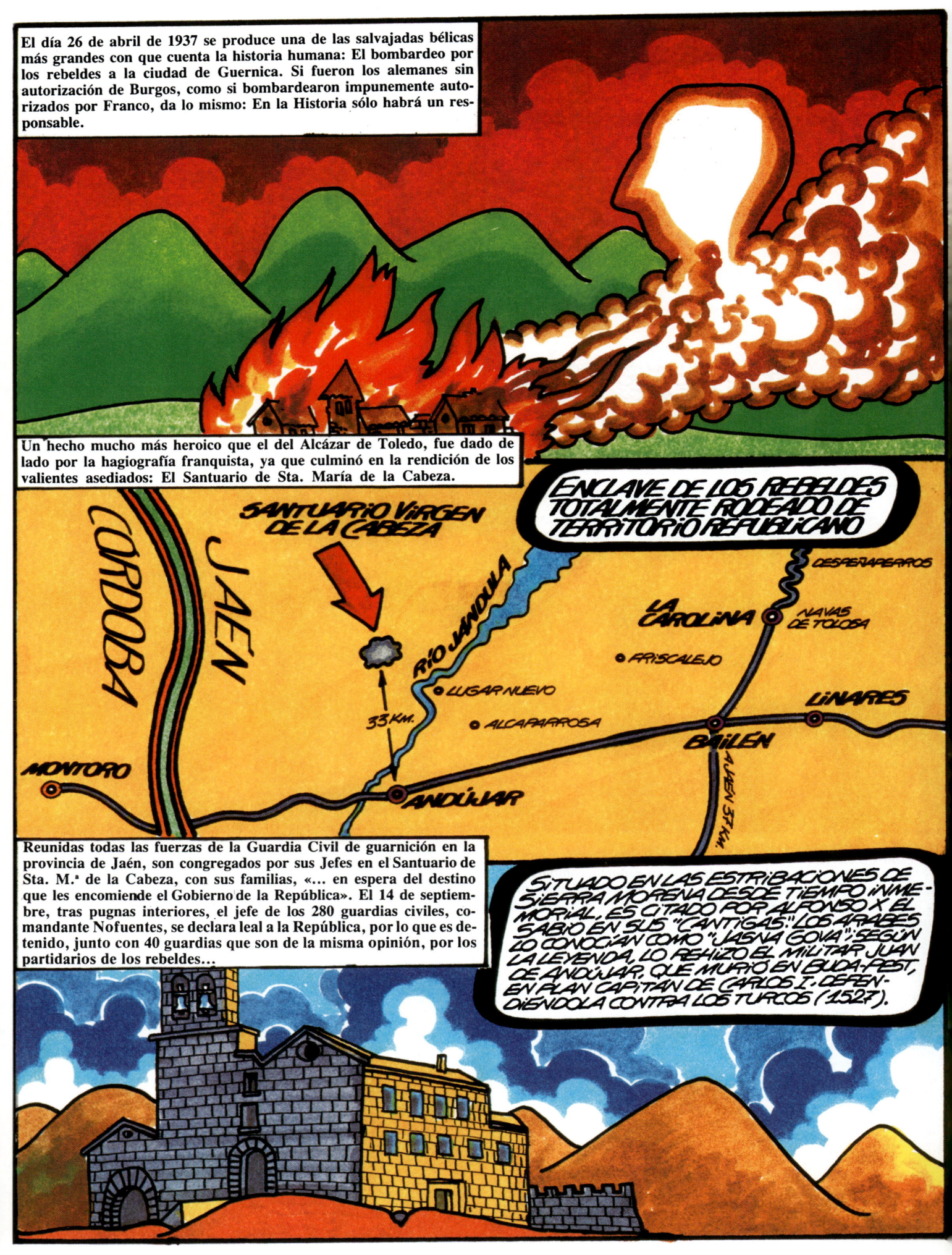

El día 26 de abril de 1937 se produce una de las salvajadas bélicas más grandes con que cuenta la historia humana: El bombardeo por los rebeldes a la ciudad de Guernica. Si fueron los alemanes sin autorización de Burgos, como si bombardearon impunemente autorizados por Franco, da lo mismo: En la Historia sólo habrá un responsable.

Un hecho mucho más heroico que el del Alcázar de Toledo, fue dado de lado por la hagiografía franquista, ya que culminó en la rendición de los valientes asediados: El Santuario de Sta. María de la Cabeza.

ENCLAVE DE LOS REBELDES TOTALMENTE RODEADO DE TERRITORIO REPUBLICANO

Reunidas todas las fuerzas de la Guardia Civil de guarnición en la provincia de Jaén, son congregados por sus Jefes en el Santuario de Sta. M.ª de la Cabeza, con sus familias, «... en espera del destino que les encomiende el Gobierno de la República». El 14 de septiembre, tras pugnas interiores, el jefe de los 280 guardias civiles, comandante Nofuentes, se declara leal a la República, por lo que es detenido, junto con 40 guardias que son de la misma opinión, por los partidarios de los rebeldes...

SITUADO EN LAS ESTRIBACIONES DE SIERRA MORENA DESDE TIEMPO INMEMORIAL, ES CITADO POR ALFONSO X EL SABIO EN SUS "CANTIGAS". LOS ÁRABES LO CONOCÍAN COMO "JASNA GOVA". SEGÚN LA LEYENDA, LO REHIZO EL MILITAR JUAN DE ANDÚJAR, QUE MURIÓ EN BUDA-PEST, EN PLAN CAPITÁN DE CARLOS I, DEFENDIÉNDOLA CONTRA LOS TURCOS (1527).

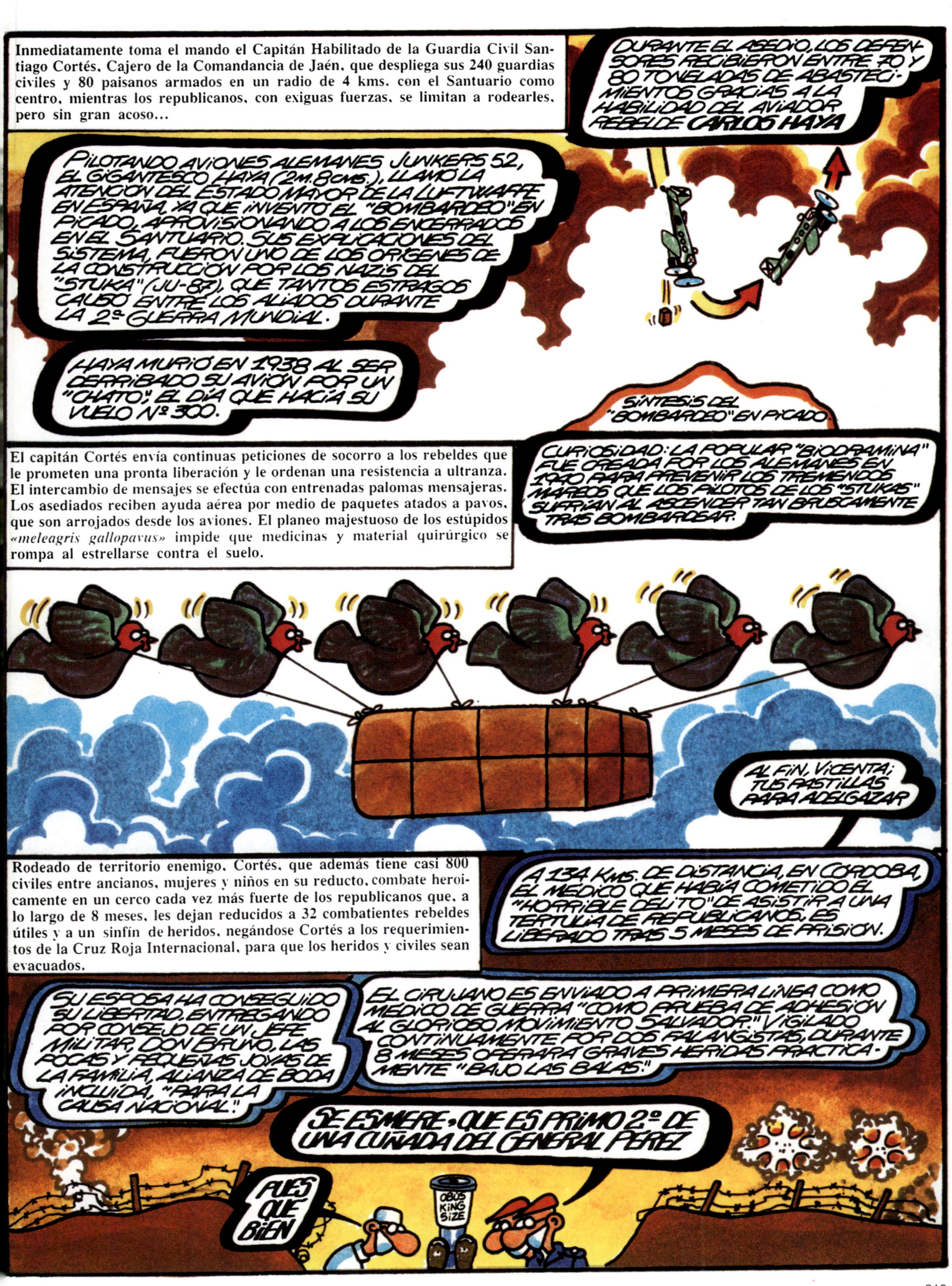

Inmediatamente toma el mando el Capitán Habilitado de la Guardia Civil Santiago Cortés, Cajero de la Comandancia de Jaén, que despliega sus 240 guardias civiles y 80 paisanos armados en un radio de 4 kms. con el Santuario como centro, mientras los republicanos, con exiguas fuerzas, se limitan a rodearles, pero sin gran acoso...

> DURANTE EL ASEDIO, LOS DEFENSORES RECIBIERON ENTRE 70 Y 80 TONELADAS DE ABASTECIMIENTOS GRACIAS A LA HABILIDAD DEL AVIADOR REBELDE CARLOS HAYA

> PILOTANDO AVIONES ALEMANES JUNKERS 52, EL GIGANTESCO HAYA (2 m. 8 cms.), LLAMÓ LA ATENCIÓN DEL ESTADO MAYOR DE LA LUFTWAFFE EN ESPAÑA, YA QUE INVENTÓ EL "BOMBARDEO" EN PICADO, APROVISIONANDO A LOS ENCERRADOS EN EL SANTUARIO. SUS EXPLICACIONES DEL SISTEMA, FUERON UNO DE LOS ORÍGENES DE LA CONSTRUCCIÓN POR LOS NAZIS DEL "STUKA" (JU-87), QUE TANTOS ESTRAGOS CAUSÓ ENTRE LOS ALIADOS DURANTE LA 2ª GUERRA MUNDIAL.

> HAYA MURIÓ EN 1938 AL SER DERRIBADO SU AVIÓN POR UN "CHATO", EL DÍA QUE HACÍA SU VUELO Nº 300.

> SÍNTESIS DEL "BOMBARDEO" EN PICADO

> CURIOSIDAD: LA POPULAR "BIODRAMINA" FUE CREADA POR LOS ALEMANES EN 1940 PARA PREVENIR LOS TREMENDOS MAREOS QUE LOS PILOTOS DE LOS "STUKAS" SUFRÍAN AL ASCENDER TAN BRUSCAMENTE TRAS BOMBARDEAR.

El capitán Cortés envía continuas peticiones de socorro a los rebeldes que le prometen una pronta liberación y le ordenan una resistencia a ultranza. El intercambio de mensajes se efectúa con entrenadas palomas mensajeras. Los asediados reciben ayuda aérea por medio de paquetes atados a pavos, que son arrojados desde los aviones. El planeo majestuoso de los estúpidos «meleagris gallopavus» impide que medicinas y material quirúrgico se rompa al estrellarse contra el suelo.

> AL FIN, VICENTA; TUS PASTILLAS PARA ADELGAZAR

Rodeado de territorio enemigo, Cortés, que además tiene casi 800 civiles entre ancianos, mujeres y niños en su reducto, combate heroicamente en un cerco cada vez más fuerte de los republicanos que, a lo largo de 8 meses, les dejan reducidos a 32 combatientes rebeldes útiles y a un sinfín de heridos, negándose Cortés a los requerimientos de la Cruz Roja Internacional, para que los heridos y civiles sean evacuados.

> A 134 KMS. DE DISTANCIA, EN CÓRDOBA, EL MÉDICO QUE HABÍA COMETIDO EL "HORRIBLE DELITO" DE ASISTIR A UNA TERTULIA DE REPUBLICANOS, ES LIBERADO TRAS 5 MESES DE PRISIÓN.

> SU ESPOSA HA CONSEGUIDO SU LIBERTAD, ENTREGANDO POR CONSEJO DE UN JEFE MILITAR, DON BRUNO, LAS POCAS Y PEQUEÑAS JOYAS DE LA FAMILIA, ALIANZA DE BODA INCLUIDA, "PARA LA CAUSA NACIONAL."

> EL CIRUJANO ES ENVIADO A PRIMERA LÍNEA COMO MÉDICO DE GUERRA "COMO PRUEBA DE ADHESIÓN AL GLORIOSO MOVIMIENTO SALVADOR" VIGILADO CONTINUAMENTE POR DOS FALANGISTAS, DURANTE 8 MESES OPERARÁ GRAVES HERIDAS PRÁCTICAMENTE "BAJO LAS BALAS."

> SE ESMERE, QUE ES PRIMO 2º DE UNA CUÑADA DEL GENERAL PÉREZ

> PUES QUE BIEN

OBÚS KING SIZE

Sin ya casi armas ni municiones, los valientes defensores del Santuario son atacados por unos 2.000 republicanos al amanecer del día 1 de mayo de 1937. Resisten heroicamente hasta las 10 de la mañana, en que gravemente herido el capitán Cortés, capitula. Trasladado éste urgentemente a un hospital de campaña, fallece tras ser sometido a una desesperada operación quirúrgica, no sin antes estrechar la mano del jefe de los sitiadores, el teniente coronel leal Antonio Cordón.

Por la zona rebelde corrió la noticia de que Cortés había sido asesinado, lo cual, como veremos, fue un bulo tremendo.

Y ahora una anécdota del asedio: el valiente capitán Cortés escondió la antiquísima imagen de la Virgen que daba nombre al Santuario, para que no sufriera en los combates... Pero la escondió tan bien que aún hoy no ha podido ser encontrada...

Rendición del Santuario de la Cabeza: lo más próximo a la de Breda en esta horrible Guerra Civil.

...y que conste que ningún defensor fue fusilado. Los civiles fueron entregados a la Cruz Roja.

En Barcelona, del 3 al 8 de mayo, anarquistas y comunistas protagonizan una auténtica batalla campal que causa más de 500 muertos y varios miles de heridos. El Gobierno Central, desde Valencia, se ve obligado a hacerse cargo de las Consejerías de Gobierno y Defensa de la Generalitat.

Síntesis de esta Guerra Civil pitufa dentro de la Guerra Civil enorme...

SE ENFRENTAN:

ANARQUISTAS → CONTRA ← **COMUNISTAS**

ANARQUISTAS	COMUNISTAS
Militantes en España: ± 2.200.000	Militantes en España: ± 600.000
En Barcelona: ± 1.000.000	En Barcelona: ± 150.000
Partidarios de hacer la revolución social a la vez que la guerra.	Partidarios de ganar la guerra en primer lugar, para luego llevar a cabo la revolución social.

Los comunistas, mucho mejor organizados, acaban imponiendo sus tesis. A partir de ese momento, iniciarán una ascensión en los órganos de decisión de todo el Estado Republicano, sobre todo en lo referente a la dirección militar de la guerra. Los anarquistas, muy quebrantados, ya "no levantarán cabeza."

Muy «tocado de ala» por su oposición a la prepotencia de los comunistas, el Jefe de Gobierno Republicano, Largo Caballero, hasta las narices de las ingerencias de los asesores rusos que inundan la administración republicana, dimite y Azaña encarga al Doctor Negrín, Ministro Socialista de Hacienda en el Gobierno precedente, la formación de un nuevo Gabinete.

JUAN NEGRÍN (Las Palmas, 1892 - París, 1956) UNA CABEZA PRIVILEGIADA.

Don Juan Negrín, mundialmente famoso fisiólogo, pertenecía al ala "prietista" del socialismo español. Con muchas relaciones en el extranjero (hablaba 6 idiomas correctamente) y una capacidad de trabajo (y de comer) desusada en el pueblo español (dormía un par de horas, o no dormía durante meses). Hábil organizador y muy inteligente (fueron alumnos suyos en la época en que ganó la cátedra de fisiología en la Universidad de Madrid, a los 30 años, nada más ni nada menos que Severo Ochoa y Grande Covián) puso la industria bajo control estatal para coordinar el esfuerzo bélico. Potenció el ejército y puso bastante en orden la retaguardia.

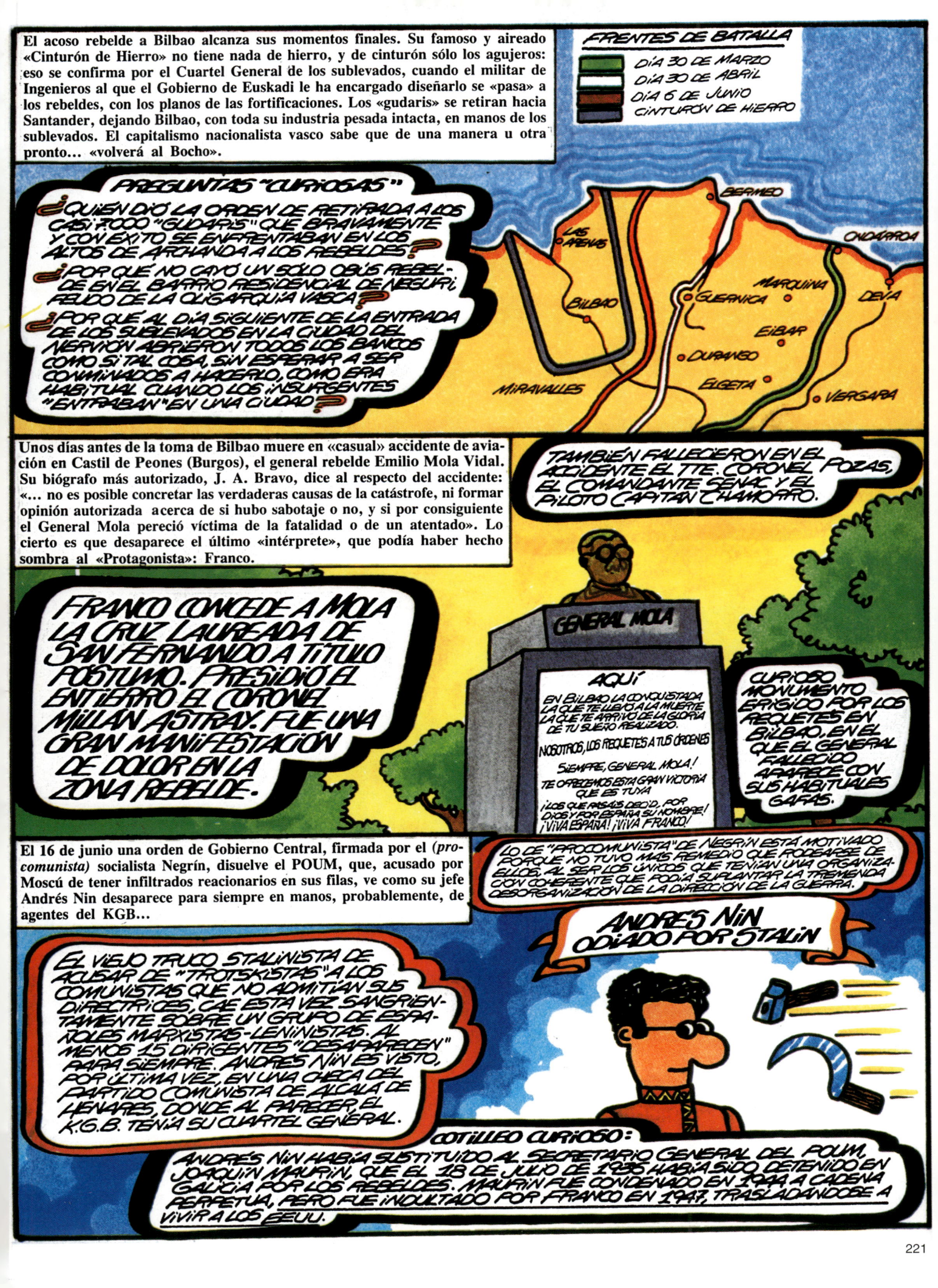

El acoso rebelde a Bilbao alcanza sus momentos finales. Su famoso y aireado «Cinturón de Hierro» no tiene nada de hierro, y de cinturón sólo los agujeros: eso se confirma por el Cuartel General de los sublevados, cuando el militar de Ingenieros al que el Gobierno de Euskadi le ha encargado diseñarlo se «pasa» a los rebeldes, con los planos de las fortificaciones. Los «gudaris» se retiran hacia Santander, dejando Bilbao, con toda su industria pesada intacta, en manos de los sublevados. El capitalismo nacionalista vasco sabe que de una manera u otra pronto… «volverá al Bocho».

FRENTES DE BATALLA
- DÍA 30 DE MARZO
- DÍA 30 DE ABRIL
- DÍA 6 DE JUNIO
- CINTURÓN DE HIERRO

PREGUNTAS "CURIOSAS"

¿Quién dio la orden de retirada a los casi 7.000 "gudaris" que bravamente y con éxito se enfrentaban en los altos de Archanda a los rebeldes?

¿Por qué no cayó un solo obús rebelde en el barrio residencial de Neguri, feudo de la oligarquía vasca?

¿Por qué al día siguiente de la entrada de los sublevados en la ciudad del Nervión abrieron todos los bancos como si tal cosa, sin esperar a ser conminados a hacerlo, como era habitual cuando los insurgentes "entraban" en una ciudad?

Unos días antes de la toma de Bilbao muere en «casual» accidente de aviación en Castil de Peones (Burgos), el general rebelde Emilio Mola Vidal. Su biógrafo más autorizado, J. A. Bravo, dice al respecto del accidente: «… no es posible concretar las verdaderas causas de la catástrofe, ni formar opinión autorizada acerca de si hubo sabotaje o no, y si por consiguiente el General Mola pereció víctima de la fatalidad o de un atentado». Lo cierto es que desaparece el último «intérprete», que podía haber hecho sombra al «Protagonista»: Franco.

TAMBIÉN FALLECIERON EN EL ACCIDENTE EL TTE. CORONEL POZAS, EL COMANDANTE SENAC Y EL PILOTO CAPITÁN CHAMORRO.

FRANCO CONCEDE A MOLA LA CRUZ LAUREADA DE SAN FERNANDO A TÍTULO PÓSTUMO. PRESIDIÓ EL ENTIERRO EL CORONEL MILLÁN ASTRAY. FUE UNA GRAN MANIFESTACIÓN DE DOLOR EN LA ZONA REBELDE.

GENERAL MOLA

AQUÍ EN BILBAO LA CONQUISTADA LA QUE TE LLEVÓ A LA MUERTE LA QUE TE ARRIBÓ A LA GLORIA DE TU SUEÑO REALIZADO.

NOSOTROS, LOS REQUETÉS A TUS ÓRDENES

SIEMPRE, GENERAL MOLA! TE OFRECEMOS ESTA GRAN VICTORIA QUE ES TUYA ¡LOS QUE PASÁIS DECID, POR DIOS Y POR ESPAÑA SU NOMBRE! ¡VIVA ESPAÑA! ¡VIVA FRANCO!

CURIOSO MONUMENTO ERIGIDO POR LOS REQUETÉS EN BILBAO, EN EL QUE EL GENERAL FALLECIDO APARECE CON SUS HABITUALES GAFAS.

El 16 de junio una orden de Gobierno Central, firmada por el (procomunista) socialista Negrín, disuelve el POUM, que, acusado por Moscú de tener infiltrados reaccionarios en sus filas, ve como su jefe Andrés Nin desaparece para siempre en manos, probablemente, de agentes del KGB…

LO DE "PROCOMUNISTA" DE NEGRÍN ESTÁ MOTIVADO PORQUE NO TUVO MÁS REMEDIO QUE PLEGARSE A ELLOS, AL SER LOS ÚNICOS QUE TENÍAN UNA ORGANIZACIÓN COHERENTE QUE PODÍA SUPLANTAR LA TREMENDA DESORGANIZACIÓN DE LA DIRECCIÓN DE LA GUERRA.

ANDRÉS NIN ODIADO POR STALIN

EL VIEJO TRUCO STALINISTA DE ACUSAR DE "TROTSKISTAS" A LOS COMUNISTAS QUE NO ADMITÍAN SUS DIRECTRICES, CAE ESTA VEZ SANGRIENTAMENTE SOBRE UN GRUPO DE ESPAÑOLES MARXISTAS-LENINISTAS. AL MENOS 15 DIRIGENTES "DESAPARECEN" PARA SIEMPRE. ANDRÉS NIN ES VISTO, POR ÚLTIMA VEZ, EN UNA CHECA DEL PARTIDO COMUNISTA DE ALCALÁ DE HENARES, DONDE AL PARECER EL K.G.B. TENÍA SU CUARTEL GENERAL.

COTILLEO CURIOSO: ANDRÉS NIN HABÍA SUSTITUIDO AL SECRETARIO GENERAL DEL POUM, JOAQUÍN MAURÍN, QUE EL 18 DE JULIO DE 1936 HABÍA SIDO DETENIDO EN GALICIA POR LOS REBELDES. MAURÍN FUE CONDENADO EN 1944 A CADENA PERPETUA, PERO FUE INDULTADO POR FRANCO EN 1947, TRASLADÁNDOSE A VIVIR A LOS EEUU.

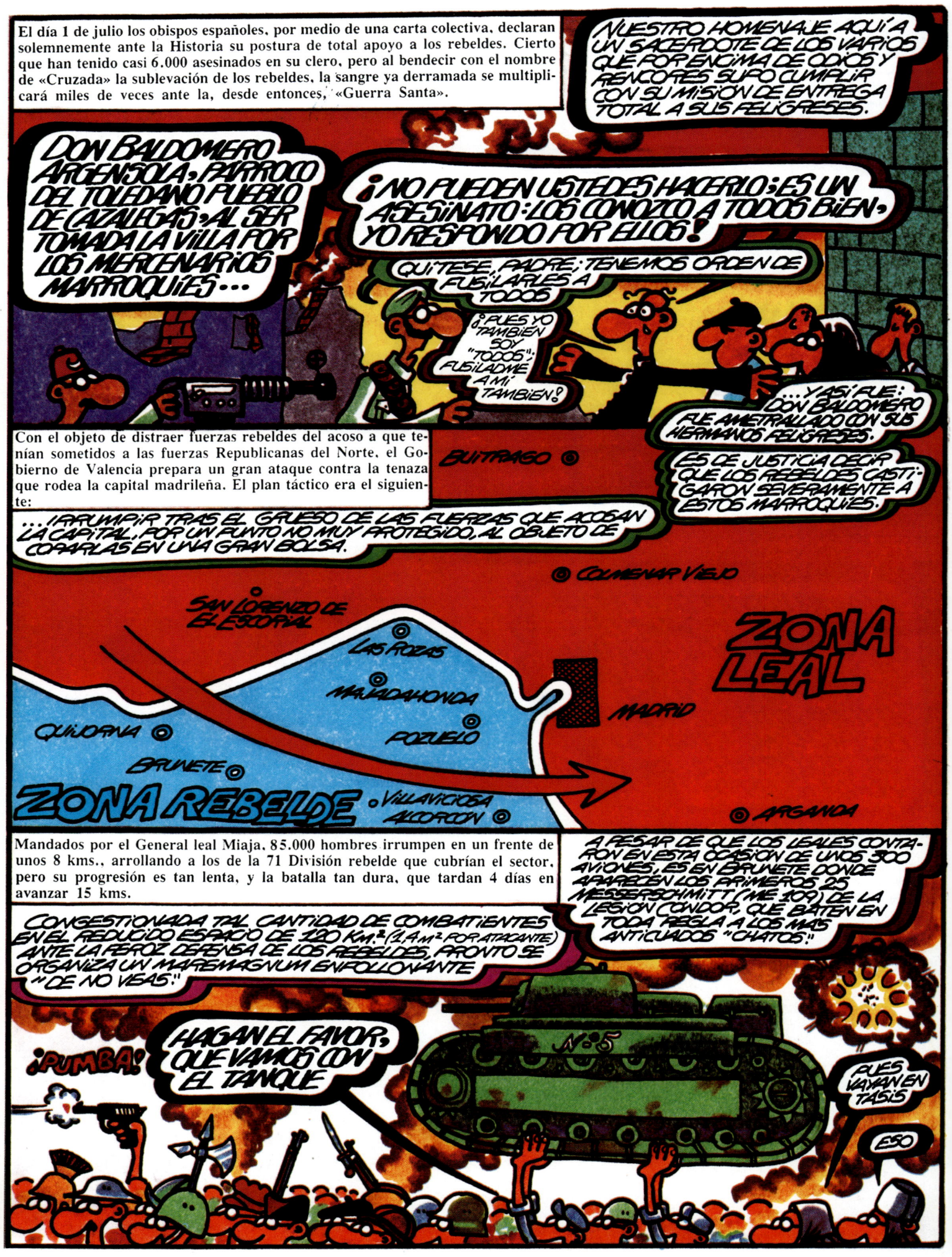

El día 1 de julio los obispos españoles, por medio de una carta colectiva, declaran solemnemente ante la Historia su postura de total apoyo a los rebeldes. Cierto que han tenido casi 6.000 asesinados en su clero, pero al bendecir con el nombre de «Cruzada» la sublevación de los rebeldes, la sangre ya derramada se multiplicará miles de veces ante la, desde entonces, «Guerra Santa».

NUESTRO HOMENAJE AQUÍ A UN SACERDOTE DE LOS VARIOS QUE POR ENCIMA DE ODIOS Y RENCORES SUPO CUMPLIR CON SU MISIÓN DE ENTREGA TOTAL A SUS FELIGRESES.

DON BALDOMERO ARGENSOLA, PÁRROCO DEL TOLEDANO PUEBLO DE CAZALEGAS, AL SER TOMADA LA VILLA POR LOS MERCENARIOS MARROQUÍES...

¡NO PUEDEN USTEDES HACERLO; ES UN ASESINATO; LOS CONOZCO A TODOS BIEN, YO RESPONDO POR ELLOS!

QUÍTESE, PADRE; TENEMOS ORDEN DE FUSILARLES A TODOS

¿PUES YO TAMBIÉN SOY "TODOS", FUSILADME A MÍ TAMBIÉN?

...Y ASÍ FUE: DON BALDOMERO FUE AMETRALLADO CON SUS HERMANOS FELIGRESES.

ES DE JUSTICIA DECIR QUE LOS REBELDES CASTIGARON SEVERAMENTE A ESTOS MARROQUÍES.

Con el objeto de distraer fuerzas rebeldes del acoso a que tenían sometidos a las fuerzas Republicanas del Norte, el Gobierno de Valencia prepara un gran ataque contra la tenaza que rodea la capital madrileña. El plan táctico era el siguiente:

...IRRUMPIR TRAS EL GRUESO DE LAS FUERZAS QUE ACOSAN LA CAPITAL, POR UN PUNTO NO MUY PROTEGIDO, AL OBJETO DE COPARLAS EN UNA GRAN BOLSA.

BUITRAGO

COLMENAR VIEJO

SAN LORENZO DE EL ESCORIAL

LAS ROZAS

MAJADAHONDA

QUIJORNA

POZUELO

MADRID

ZONA LEAL

BRUNETE

VILLAVICIOSA

ALCORCÓN

ARGANDA

ZONA REBELDE

Mandados por el General leal Miaja, 85.000 hombres irrumpen en un frente de unos 8 kms., arrollando a los de la 71 División rebelde que cubrían el sector, pero su progresión es tan lenta, y la batalla tan dura, que tardan 4 días en avanzar 15 kms.

A PESAR DE QUE LOS LEALES CONTARON EN ESTA OCASIÓN DE UNOS 300 AVIONES, ES EN BRUNETE DONDE APARECEN LOS PRIMEROS 25 MESSERSCHMITT (ME 109) DE LA LEGIÓN CÓNDOR, QUE BATEN EN TODA REGLA A LOS MÁS ANTICUADOS "CHATOS".

CONGESTIONADA TAL CANTIDAD DE COMBATIENTES EN EL REDUCIDO ESPACIO DE 120 KM² (1,4 M² POR ATACANTE) ANTE LA FEROZ DEFENSA DE LOS REBELDES, PRONTO SE ORGANIZA UN MAREMAGNUM ENFOLLONANTE "DE NO VEAS".

¡PUMBA!

HAGAN EL FAVOR, QUE VAMOS CON EL TANQUE

PUES VAYAN EN TAXIS

ESO

Rápidamente los rebeldes trasladan desde el Norte, a 40.000 hombres, que se enfrentan a los republicanos bajo un sol abrasador (y sin agua) en furiosos ataques cuerpo a cuerpo. A punto están los republicanos de conquistar el Cuartel General del rebelde General Carlista Varela, instalado en Boadilla del Monte, pero les faltan refuerzos para cubrir las cuantiosas bajas; el ataque se detiene.

UN GRUPO DE SEÑORITAS DE LA "BUENA SOCIEDAD" SEVILLANA, QUE COMO ENFERMERAS SE ENCONTRABAN CON LOS REBELDES EN BRUNETE, SON CAPTURADAS POR LOS ATACANTES. ENTREVISTADAS POR LOS PERIODISTAS MADRILEÑOS, TRANQUILIZAN A SUS FAMILIAS, MANIFESTANDO EL BUEN TRATO QUE LES DAN SUS CAPTORES...

Y USTED ¿CÓMO SE LLAMA?

MARÍA DEL ROCÍO SÁNCHEZ DE LA GÁNDARA FERNÁNDEZ DE CÓRDOBA Y SANTA CRUZ DE MALDONADO LÓPEZ DE CHICHERI Y SAAVEDRA DE RUEDA DE LOS TEJARES ATENILLAS NÁJERA Y PONS ALMENARA SANTORCAZ DE SANFELICES...

(¡ESTUPENDO! HOY NO HAY SECCIÓN DEPORTIVA, ME TEMO)

A LOS POCOS DÍAS SERÁN CANJEADAS Y VOLVERÁN A SEVILLA.

YOU PUT YOUR RIGHT FOOT IN, YOU TAKE YOUR RIGHT FOOT OUT AND YOU SHAKE IT ALL ABOUT, YOU DO THE HOOKIE-COOKIE, AND YOU TURN AROUND... (*)

BAJO UNA ARRASADA ENCINA, EL BRIGADISTA INGLÉS COMANDANTE NATHAM, MORTALMENTE HERIDO POR UNA BOMBA, PIDE A SUS HOMBRES QUE CANTEN VIEJAS CANCIONES INGLESAS (*) PARA AYUDARLE A MORIR...

Los republicanos han logrado retrasar el avance rebelde en el Norte casi mes y medio, pero su conquista territorial es nimia: apenas 150 km²; 30.000 muertos y 40.000 heridos en ambos bandos, es el auténtico balance de la durísima batalla de Brunete.

La aviación republicana, exasperada por su impotencia ante la superioridad numérica de los sublevados, ataca un convoy de barcos mercantes que, protegidos por el acorazado alemán «Deutschland», intentan llevar a los rebeldes gran cantidad de armas de todas clases, incluso aviones desmontados, en plan «Tente-matamuch».

LOS MECÁNICOS ALEMANES ERAN CAPACES DE MONTAR UN COMPLICADO "HEINKEL 111" EMBALADO EN 14 VOLUMINOSAS CAJAS, EN EL TIEMPO RECORD DE 4 HORAS 6 MINUTOS.

...Y ASÍ LO HICIERON CIENTOS DE VECES EN EL SEVILLANO AERÓDROMO DE TABLADA, A DONDE LLEGABAN LAS CAJAS TRAS SER DESEMBARCADAS EN CÁDIZ.

MALDITEN MANZANILLEN FINEN; MALDITEN BORRACHEN; MALDITEN RECORDS!

¡HICKS HITLER!

BUENO, LO HICIERON CASI TODAS LAS VECES.

Una de las bombas del ataque cae sobre el acorazado alemán, causando varios heridos y muertos en su tripulación. Sin encomendarse a Franco ni a Hitler («a Dios ni al Diablo»), los marinos nazis, cobardemente, bombardean con sus terribles cañones la indefensa Almería republicana, causando muchas víctimas en la población civil y daños materiales en gran cantidad...

GUERNICA... ALMERÍA... EL MUNDO EMPIEZA A CONOCER LO QUE SERÁ EL SALVAJISMO NAZI...

BOUMENPF BOUMENPF

DEUTSCHLAND

19 MUERTOS, 255 HERIDOS Y 35 EDIFICIOS DESTRUIDOS ES EL BALANCE DE ESTA SALVAJADA, QUE NO HONRA, PRECISAMENTE, A LA MARINA ALEMANA.

PRÓXIMO CAPÍTULO: ¡HEMOS PASAO! (CÓMO LO HICIERON)

... Y MÁS POPURRI EN PLAN POSTRE

CASCO ITALIANO - FALANGERO

CASCO FRANCHUTE, MODELO "ADRIAN"

(ZARCILLO)

MODELO SOVIÉTICO, ASAZ BOLCHEVIQUE

ESTE ERA EL REGLAMENTARIO EN 1936, DEL EJÉRCITO ESPAÑOL.

MOSQUETÓN "MAUSER" CHECO (7.92 m.m.)

BAYONETA CHECA

FUSIL "LEE-MEDFORD" INGLÉS (7.62 m.m.)

BAYONETA ESPAÑOLA DE REGLAMENTO (1934)

PESTAÑAS POSTIZAS

SOVIÉTICA "MOUSIN-NAGA"

MODELO "SAN ETIENNE" (8 m.m.)

CUCHILLO-BAYONETA POLACA

CUCHILLO-BAYONETA ESPAÑOL DE 1893

MAUSER AUSTRIACO "MALINCHER" (8 m.m.)

FUSIL "MAUSER" ESPAÑOL (1893), CALIBRE 7 m.m., 5 TIROS, 2 Kms. DE ALCANCE Y 3.95 KGS DE PESO. EL GENUINO "CHOPO" TAN RECORDADO POR MUCHOS HOMBROS.

OBSERVEN EL FOLLÓN CALIBRÁCEO DE LOS FUSILES.. ¿SE IMAGINAN EL FOLLÓN INTENDENCIO-BALÍSTICO DE LA GUERRA CIVIL?

Capítulo XII

"¡HEMOS PASAO!"

HE AQUÍ LA, A NUESTRO JUICIO, MÁS HORRIBLE FOTOGRAFÍA DE TODA LA GUERRA CIVIL...

El avance arrollador de los rebeldes en el Norte se inicia el 14 de agosto de 1937, cuando las fuerzas desplegadas en la batalla de Brunete vuelven al frente cantábrico, una vez estabilizada la guerra en el Centro.

TOMAR SANTANDER

60.000 hombres al mando de los generales sublevados, empujan a los restos del ejército de Euskadi que, en retirada desde Bilbao, converjen sobre Santander. Algunos batallones de «gudaris» se niegan a combatir fuera de Euskalerria; otros, de corazón más abierto y fraterno se dejan matar valientemente, defendiendo la libertad de sus hermanos de la península.

Empleando como punta de lanza el C.T.V. italiano, el sustituto de Mola en el Norte, general rebelde Dávila, toma Santander. Un tropel de fugitivos intenta salvarse por mar de la temida represión de los franquistas. Vano intento: sólo unos pocos amparados en la «Unión Jack» de un destructor británico, lograrán su empeño. Otro grupo conseguirá llegar a Francia tras una odisea épica.

EN UN BOTE DE REMOS, 19 SIGNIFICADOS REPUBLICANOS, LOGRAN ARRIBAR A BAYONA, TRAS 4 DÍAS DE UNA HORRIBLE GALERNA, SIN AGUA NI COMIDA. LAS AUTORIDADES GABACHAS LES TENDRÁN 35 HORAS ENCARCELADOS, SIN DARLES NI ALIMENTOS NI MANTAS, ACUSÁNDOLES DE CONTRABANDISTAS...

¡AL FIN, FRANCIA!
¿CÓMO LO SABES?
ELEMENTAL, EL FARO ROSA.

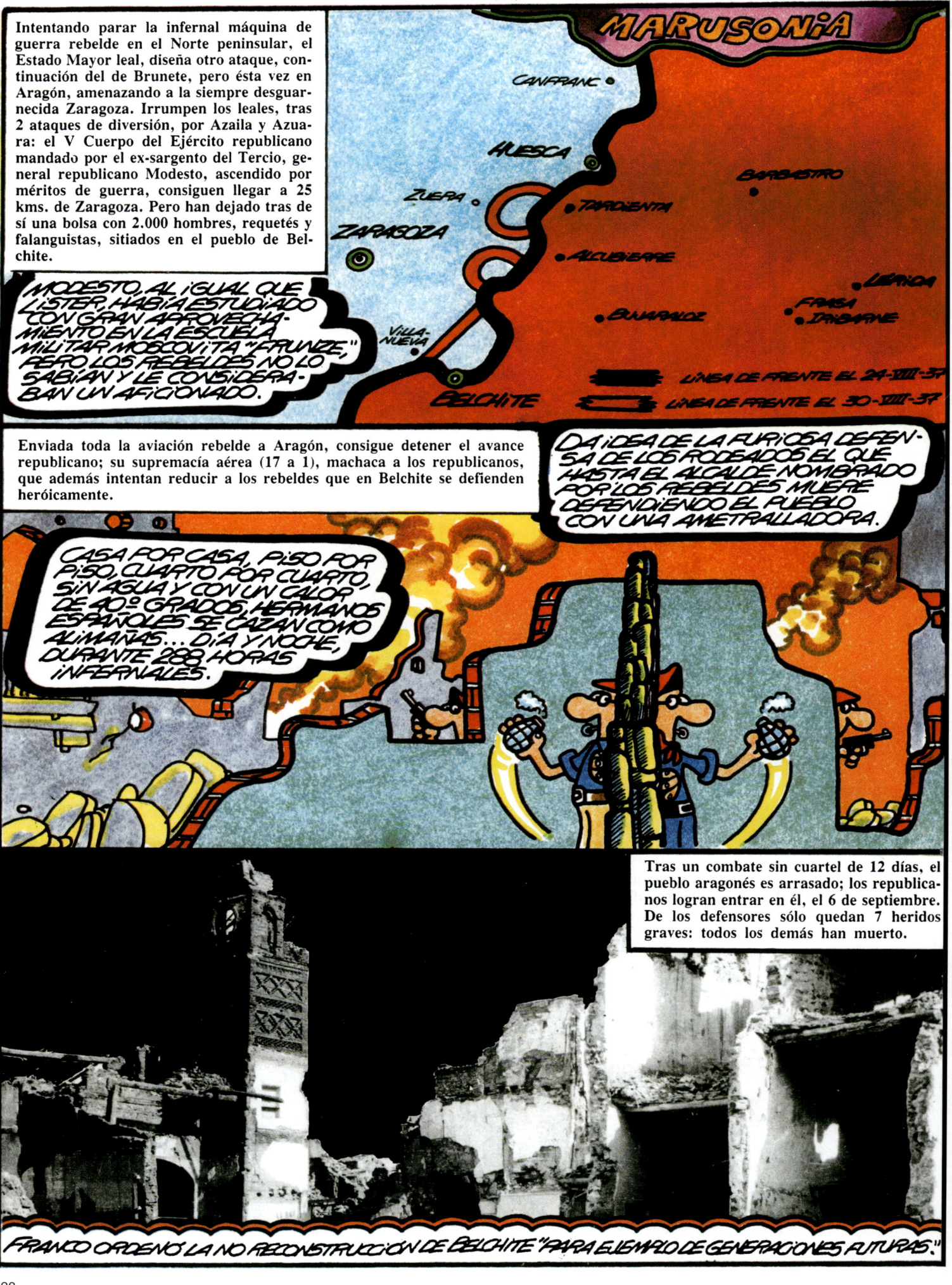

Intentando parar la infernal máquina de guerra rebelde en el Norte peninsular, el Estado Mayor leal, diseña otro ataque, continuación del de Brunete, pero ésta vez en Aragón, amenazando a la siempre desguarnecida Zaragoza. Irrumpen los leales, tras 2 ataques de diversión, por Azaila y Azuara: el V Cuerpo del Ejército republicano mandado por el ex-sargento del Tercio, general republicano Modesto, ascendido por méritos de guerra, consiguen llegar a 25 kms. de Zaragoza. Pero han dejado tras de sí una bolsa con 2.000 hombres, requetés y falangistas, sitiados en el pueblo de Belchite.

MODESTO, AL IGUAL QUE LISTER, HABÍA ESTUDIADO CON GRAN APROVECHAMIENTO EN LA ESCUELA MILITAR MOSCOVITA "FRUNZE", PERO LOS REBELDES NO LO SABÍAN Y LE CONSIDERABAN UN AFICIONADO.

MARUSONIA

- CANFRANC
- HUESCA
- ZUERA
- TARDIENTA
- BARBASTRO
- ZARAGOZA
- ALCUBIERRE
- LÉRIDA
- BUJARALOZ
- FRAGA
- TORREGARNE
- VILLANUEVA
- BELCHITE

LÍNEA DE FRENTE EL 24-VIII-37
LÍNEA DE FRENTE EL 30-VIII-37

Enviada toda la aviación rebelde a Aragón, consigue detener el avance republicano; su supremacía aérea (17 a 1), machaca a los republicanos, que además intentan reducir a los rebeldes que en Belchite se defienden heróicamente.

DA IDEA DE LA FURIOSA DEFENSA DE LOS RODEADOS EL QUE HASTA EL ALCALDE NOMBRADO POR LOS REBELDES MUERE DEFENDIENDO EL PUEBLO CON UNA AMETRALLADORA.

CASA POR CASA, PISO POR PISO, CUARTO POR CUARTO, SIN AGUA Y CON UN CALOR DE 40º GRADOS, HERMANOS ESPAÑOLES SE CAZAN COMO ALIMAÑAS... DÍA Y NOCHE, DURANTE 288 HORAS INFERNALES.

Tras un combate sin cuartel de 12 días, el pueblo aragonés es arrasado; los republicanos logran entrar en él, el 6 de septiembre. De los defensores sólo quedan 7 heridos graves: todos los demás han muerto.

FRANCO ORDENÓ LA NO RECONSTRUCCIÓN DE BELCHITE "PARA EJEMPLO DE GENERACIONES FUTURAS."

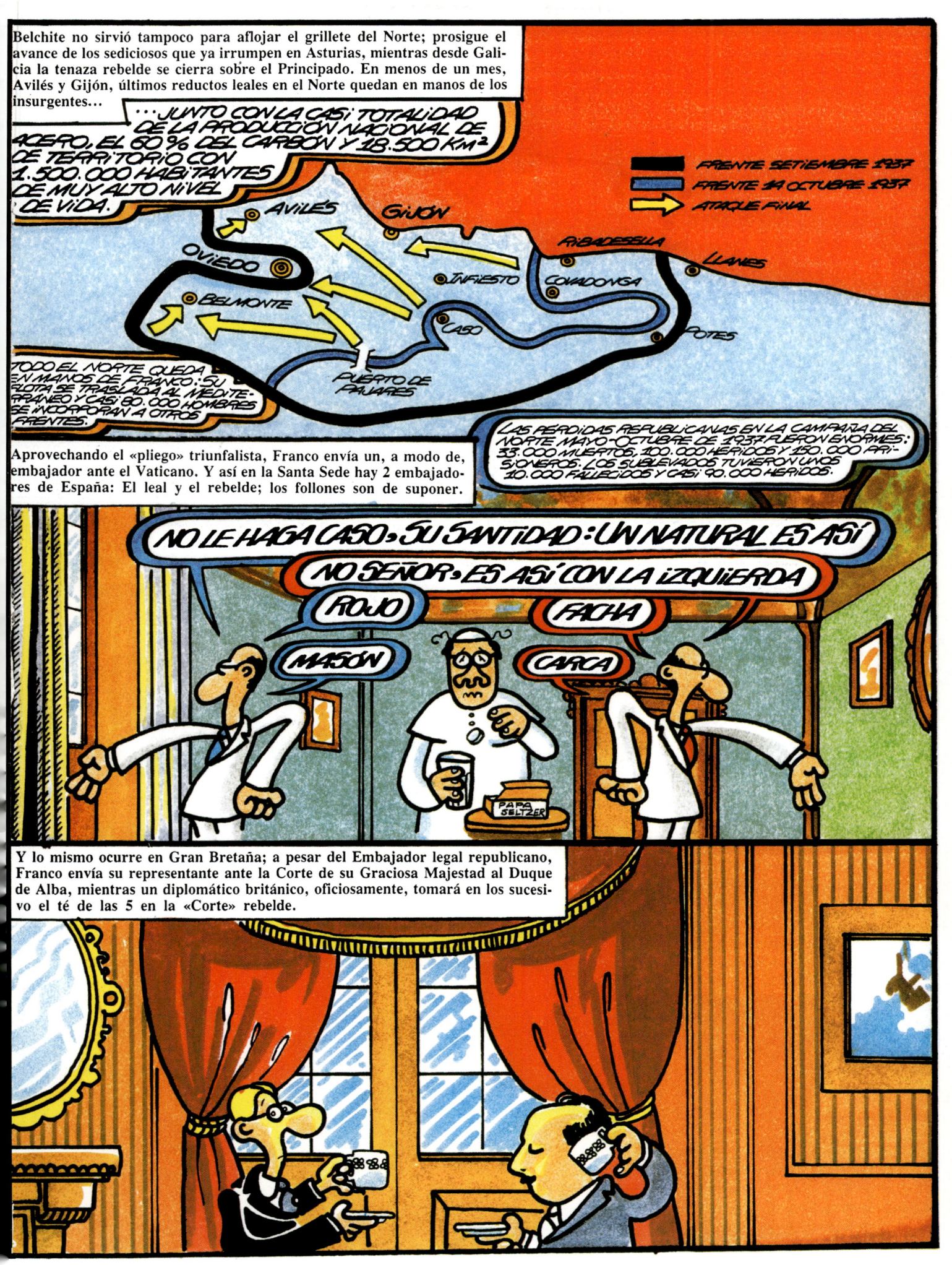

Belchite no sirvió tampoco para aflojar el grillete del Norte; prosigue el avance de los sediciosos que ya irrumpen en Asturias, mientras desde Galicia la tenaza rebelde se cierra sobre el Principado. En menos de un mes, Avilés y Gijón, últimos reductos leales en el Norte quedan en manos de los insurgentes...

...JUNTO CON LA CASI TOTALIDAD DE LA PRODUCCIÓN NACIONAL DE ACERO, EL 60% DEL CARBÓN Y 18.500 KM² DE TERRITORIO CON 1.500.000 HABITANTES DE MUY ALTO NIVEL DE VIDA.

▬ FRENTE SETIEMBRE 1937
▬ FRENTE 14 OCTUBRE 1937
➔ ATAQUE FINAL

AVILÉS · GIJÓN · RIBADESELLA · LLANES · OVIEDO · INFIESTO · COVADONGA · BELMONTE · CASO · POTES · PUERTO DE PAJARES

TODO EL NORTE QUEDA EN MANOS DE FRANCO: SU FLOTA SE TRASLADA AL MEDITERRÁNEO Y CASI 60.000 HOMBRES SE INCORPORAN A OTROS FRENTES.

LAS PÉRDIDAS REPUBLICANAS EN LA CAMPAÑA DEL NORTE MAYO-OCTUBRE DE 1937 FUERON ENORMES: 33.000 MUERTOS, 100.000 HERIDOS Y 150.000 PRISIONEROS. LOS SUBLEVADOS TUVIERON UNOS 10.000 FALLECIDOS Y CASI 90.000 HERIDOS.

Aprovechando el «pliego» triunfalista, Franco envía un, a modo de, embajador ante el Vaticano. Y así en la Santa Sede hay 2 embajadores de España: El leal y el rebelde; los follones son de suponer.

NO LE HAGA CASO, SU SANTIDAD: UN NATURAL ES ASÍ
NO SEÑOR, ES ASÍ CON LA IZQUIERDA
ROJO · FACHA
MASÓN · CARCA

Y lo mismo ocurre en Gran Bretaña; a pesar del Embajador legal republicano, Franco envía su representante ante la Corte de su Graciosa Majestad al Duque de Alba, mientras un diplomático británico, oficiosamente, tomará en los sucesivo el té de las 5 en la «Corte» rebelde.

En el bando de la República, tras árduas negociaciones, un año y días tras el inicio de la rebelión, comunista y socialistas, logran concretar un Programa de Acción Conjunta... («a buenas horas mangas rojas»). Simultáneamente en Valencia las Cortes republicanas se reúnen por primera vez desde el inicio del conflicto: faltan muchísimos diputados; una guerra civil es siempre una guerra civil.

¡FIJENSE QUE TRISTEZA EN LOS DIPUTADICOS ROSTROS DE LOS ASISTENTES AL VALENCIANO PLENO...

Acuerdan por mayoría el traslado del Gobierno leal a Barcelona, más segura que Valencia: de la capital del Turia sale de estampida la Administración republicana fulgurantemente.

YA PODRÍAS PONERNOS EL SELLO DE "MUY URGENTE"

MEJOR EL DE "MUY (COF) AMBURTIADO (GAFS)"

CAFELITO MENSUAL, TÍOS

ASQUEROSO, OPORTUNISTA

Raimundo Fernández Cuesta, canjeado prisionero de la Falange (etc., etc.) es el Secretario General del nuevo partido único que celebra su primer Consejo Nacional en Burgos, presidido por el Jefe Nacional, Francisco Franco. Es la primera vez que el dictador luce boina roja sobre su ya declarada y prematura calvicie...

Desesperadamente, Indalecio Prieto intenta que un éxito militar eleve la moral decaída de los combatientes republicanos. Teruel es el objetivo del ataque. Formando una cuña en el casi lineal frente del Nordeste peninsular, Don Inda considera practicable su conquista. Prepara el asalto con todo lujo de detalles…

MAPA DE OPERACIONES ESTADO MAYOR BATALLA DE TERUEL

MALOS / BUENOS / TERUEL

…ENTONCES, PARA PILLARLES POR LA RETAGUARDIA, LANZAREMOS EN ESTE PUNTO 600 COMANDOS EN PARACAÍDAS.

PERDONE, SR. MINISTRO; PERO NO TENEMOS UNIDADES DE PARACAIDISTAS…

BUENO, PUES HABRÁ CERCA UNA ESTACIÓN DE METRO.

LA MÁS CERCANA, PORTAZGO.

…A UNOS 320 KMS.

…Y EL VESPINO FUERA DE PUNTO.

NADA, QUE NO HAY MANERA.

A las órdenes del Coronel Rojo, el nuevo ejército de la República ya totalmente convencional, lanza una molona masa de combatientes dotados de gran cantidad de moderno armamento, recién recibido por el bando leal. En 24 horas logran aislar la «Ciudad de los Amantes», en 4 días el cerco se estrecha hasta el perímetro urbano, donde el Coronel Rey d'Harcourt, al mando de una reducida guarnición, consigue hacerse fuerte en idóneos y sólidos edificios.

LOS SITIADOS, UN TOTAL DE UNOS 4.000, SE ATRINCHERARAN EN EL SEMINARIO, EN EL HOSPITAL DE SANTA CLARA Y EN EL GOBIERNO CIVIL, VIEJOS Y FUERTES EDIFICIOS.

BUEN ESTRATEGA, REY D'HARCOURT MONTA SUS ESCASAS AMETRALLADORAS EN ASTUTA DISPOSICIÓN, ENFILANDO A TODO AQUEL QUE INTENTE ACERCARSE A LOS EDIFICIOS. LOS CAÑONES REPUBLICANOS, DESDE EL CERRO DE LA MUELA, QUE DOMINA LA CIUDAD, DISPARAN GRAN CANTIDAD DE OBUSES, PERO LOS EDIFICIOS SON SÓLIDOS Y RESISTEN BIEN EL BOMBARDEO.

EL FALANGISTA DIOMEDES SAN ESTEBAN, CERCADO EN EL SEMINARIO, INTENTARÁ CONCILIAR EL SUEÑO TRAS 20 HORAS DE LUCHA: YA EN EL JERGÓN, SE DA CUENTA DE QUE VARIAS ENORMES RATAS SE DISPUTAN EL LECHO… LAS AHUYENTA COMO PUEDE…

¡NON FUYADES, COBARDES E VILES CREATURAS, QUE SÓLO ES UN JEFE DE ESCUADRA EL QUE OS ACOMETE!

¡EN EL MOMENTO EN QUE SE INCORPORA DEL CAMASTRO, UN OBÚS ATRAVIESA LA HABITACIÓN, Y LA ALMOHADA DONDE DIOMEDES APOYABA, SEGUNDOS ANTES, LA CABEZA! LAS RATAS LE SALVARON LA VIDA. NUNCA VOLVIÓ A PERSEGUIRLAS.

En ese momento reacciona Franco, los ejércitos de Galicia y Castilla, un total 50.000 hombres al mando respectivo de Aranda y Varela, inician a su vez el cerco de los sitiadores republicanos de Teruel…

VARELA / ARANDA / TERUEL

LAS TROPAS DE LISTER OPONEN UNA FEROZ RESISTENCIA A SER COPADAS. EL MILICIANO BENITO MANCHÓN, HERIDO GRAVEMENTE EN AMBAS PIERNAS, OBLIGA A SUS COMPAÑEROS A REPLEGARSE, APUNTÁNDOLES CON UNA AMETRALLADORA, ANTE SU NEGATIVA A DEJARLE SOLO…

TA-TA-TA-TA-TA-TA-T

…LUEGO, AGUANTARA EL ATAQUE DE LOS REBELDES DURANTE VARIAS HORAS. UN CAÑONAZO SILENCIA A LA AMETRALLADORA. CUANDO EL ENEMIGO LLEGA A LA POSICIÓN, BENITO LES DICE: "YA PODRÉIS, CON CAÑONES" Y EXPIRA DESTROZADO POR LA EXPLOSIÓN.

Los leales se ven obligados a iniciar el abandono de su cerco, pero durante una semana se desencadena un horrible temporal de nieve con temperaturas de −20°. Se paralizan los combates, pero el Coronel Rey d'Harcourt, se ve obligado a rendirse a los leales, que entran en la ciudad turolense el 7 de enero.

> REY D'HARCOURT HIZO LO QUE TIENE QUE HACER UN MILITAR: RESISTIR HASTA MÁS ALLÁ DE SUS FUERZAS. PERO EN EL ENCRESPADO BANDO REBELDE, SU ACCIÓN DE RENDIRSE FUE CONSIDERADA UNA COBARDÍA E, INCLUSO, UNA TRAICIÓN. PRISIONERO DE LOS REPUBLICANOS, JUNTO CON EL OBISPO DE TERUEL, ACOMPAÑÓ A LOS ANARQUISTAS EN LA RETIRADA DESDE CATALUÑA A FRANCIA. SALVAJEMENTE Y SIN VENIR A CUENTO, AMBOS FUERON FUSILADOS POR SUS GUARDIANES CERCA DE FIGUERAS.

> ESTO...(GLABS)(AJUM)... SCIELENCIA (CARRASPL).... QUE TERUEL.... (EJEM)...

> ¿QUÉ?

> ♪...SUS MUJERES TODAS TIENEN DE LAS ROSAS EL COLOOOR♪

El temporal de nieve y frío se recrudece 10 días más, en el transcurso de los cuales los republicanos no logran ser abastecidos convenientemente por su Intendencia, debido a las aludidas dificultades climáticas.

Mejor suerte corren los rebeldes al tener expedita de nieve y hielo la carretera de Zaragoza por la que les llegan toda clase de pertrechos. Y así, cuando dan el ataque final, cercan a los republicanos que se ven obligados a abandonar la ciudad: El sueño optimista del pesimista Don Inda ha terminado.

← TERUEL

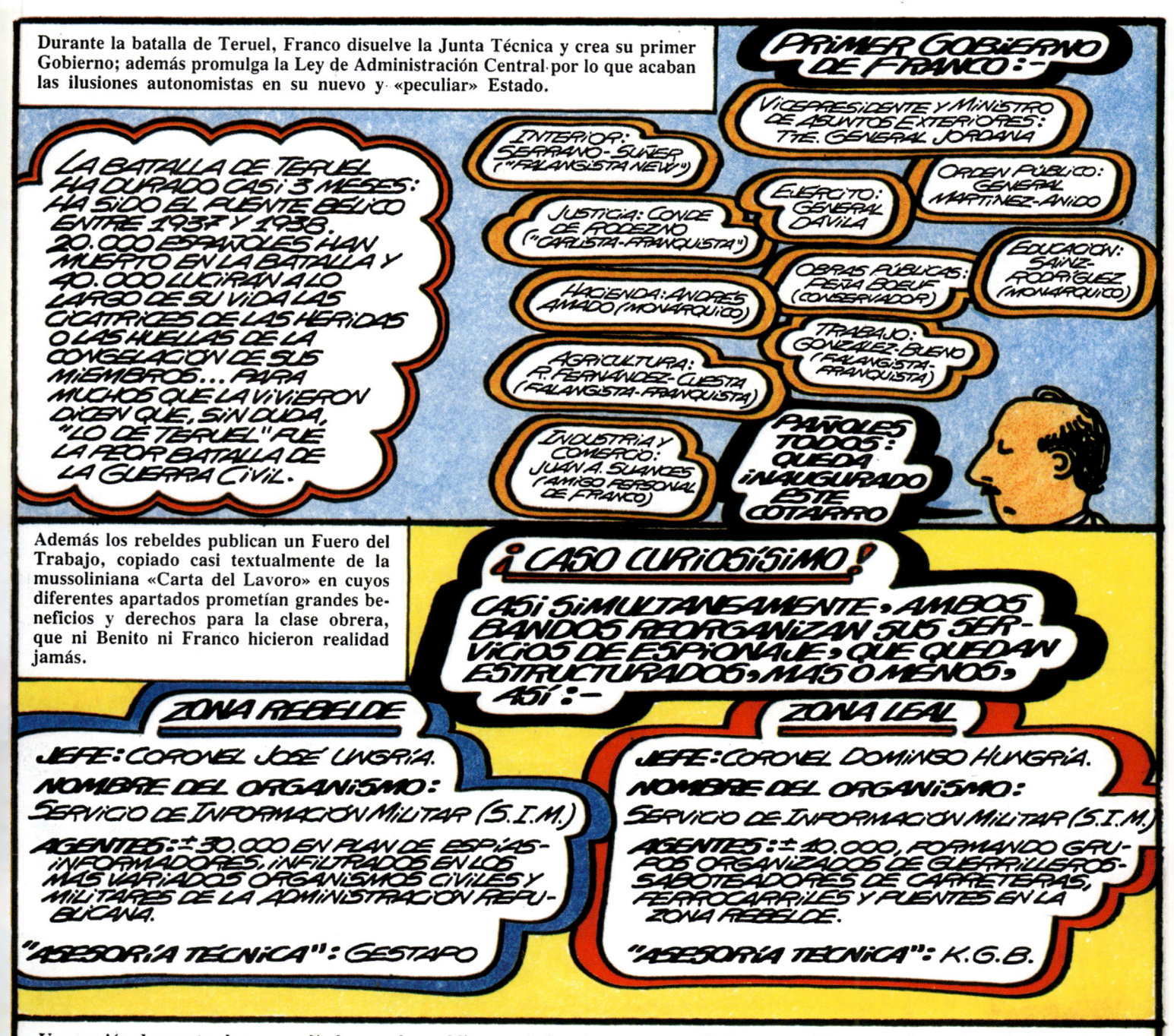

Durante la batalla de Teruel, Franco disuelve la Junta Técnica y crea su primer Gobierno; además promulga la Ley de Administración Central por lo que acaban las ilusiones autonomistas en su nuevo y «peculiar» Estado.

PRIMER GOBIERNO DE FRANCO:

- VICEPRESIDENTE Y MINISTRO DE ASUNTOS EXTERIORES: TTE. GENERAL JORDANA
- INTERIOR: SERRANO-SUÑER ("FALANGISTA NEW")
- ORDEN PÚBLICO: GENERAL MARTÍNEZ-ANIDO
- JUSTICIA: CONDE DE RODEZNO ("CARLISTA-FRANQUISTA")
- EJÉRCITO: GENERAL DÁVILA
- EDUCACIÓN: SAINZ-RODRÍGUEZ (MONÁRQUICO)
- HACIENDA: ANDRÉS AMADO (MONÁRQUICO)
- OBRAS PÚBLICAS: PEÑA BOEUF (CONSERVADOR)
- AGRICULTURA: R. FERNÁNDEZ-CUESTA (FALANGISTA-FRANQUISTA)
- TRABAJO: GONZÁLEZ-BUENO (FALANGISTA-FRANQUISTA)
- INDUSTRIA Y COMERCIO: JUAN A. SUANCES (AMIGO PERSONAL DE FRANCO)

LA BATALLA DE TERUEL HA DURADO CASI 3 MESES: HA SIDO EL PUENTE BÉLICO ENTRE 1937 Y 1938. 20.000 ESPAÑOLES HAN MUERTO EN LA BATALLA Y 40.000 LUCIRÁN A LO LARGO DE SU VIDA LAS CICATRICES DE LAS HERIDAS O LAS HUELLAS DE LA CONGELACIÓN DE SUS MIEMBROS... PARA MUCHOS QUE LA VIVIERON DICEN QUE, SIN DUDA, "LO DE TERUEL" FUE LA PEOR BATALLA DE LA GUERRA CIVIL.

PAÑOLES TODOS: QUEDA INAUGURADO ESTE COTARRO

Además los rebeldes publican un Fuero del Trabajo, copiado casi textualmente de la mussoliniana «Carta del Lavoro» en cuyos diferentes apartados prometían grandes beneficios y derechos para la clase obrera, que ni Benito ni Franco hicieron realidad jamás.

¡CASO CURIOSÍSIMO! CASI SIMULTÁNEAMENTE, AMBOS BANDOS REORGANIZAN SUS SERVICIOS DE ESPIONAJE, QUE QUEDAN ESTRUCTURADOS, MÁS O MENOS, ASÍ:

ZONA REBELDE
- JEFE: CORONEL JOSÉ UNGRÍA.
- NOMBRE DEL ORGANISMO: SERVICIO DE INFORMACIÓN MILITAR (S.I.M.)
- AGENTES: ± 30.000 EN PLAN DE ESPÍAS-INFORMADORES, INFILTRADOS EN LOS MÁS VARIADOS ORGANISMOS CIVILES Y MILITARES DE LA ADMINISTRACIÓN REPUBLICANA.
- "ASESORÍA TÉCNICA": GESTAPO

ZONA LEAL
- JEFE: CORONEL DOMINGO HUNGRÍA.
- NOMBRE DEL ORGANISMO: SERVICIO DE INFORMACIÓN MILITAR (S.I.M.)
- AGENTES: ± 10.000, FORMANDO GRUPOS ORGANIZADOS DE GUERRILLEROS-SABOTEADORES DE CARRETERAS, FERROCARRILES Y PUENTES EN LA ZONA REBELDE.
- "ASESORÍA TÉCNICA": K.G.B.

Una acción de suerte eleva un pelín la moral republicana: el gigantesco crucero «Baleares» recién estrenado por los rebeldes y dotado del más sofisticado armamento naval de la época, instalado en sus 10 millones de kilos de peso, es hundido por dos torpedos republicanos en la noche del 5 al 6 de marzo de 1938 a la altura de Cartagena, cuando escoltaba, junto con su gemelo «Canarias» y el antiguo, pero potente «Almirante Cervera», un convoy rebelde desde el Norte a Palma de Mallorca.

DE LOS 1.223 TRIPULANTES DEL "BALEARES", PERECIERON 788 Y FUERON RESCATADOS 435. LOS SUPERVIVIENTES RELATARON QUE UN GRUPO DE FALANGISTAS "FLECHAS NAVALES" QUE VIAJABAN EN EL CRUCERO EN VIAJE DE PRÁCTICAS, SE HUNDIERON CON EL BARCO, FORMADOS EN CUBIERTA, CANTANDO EL "CARA AL SOL".

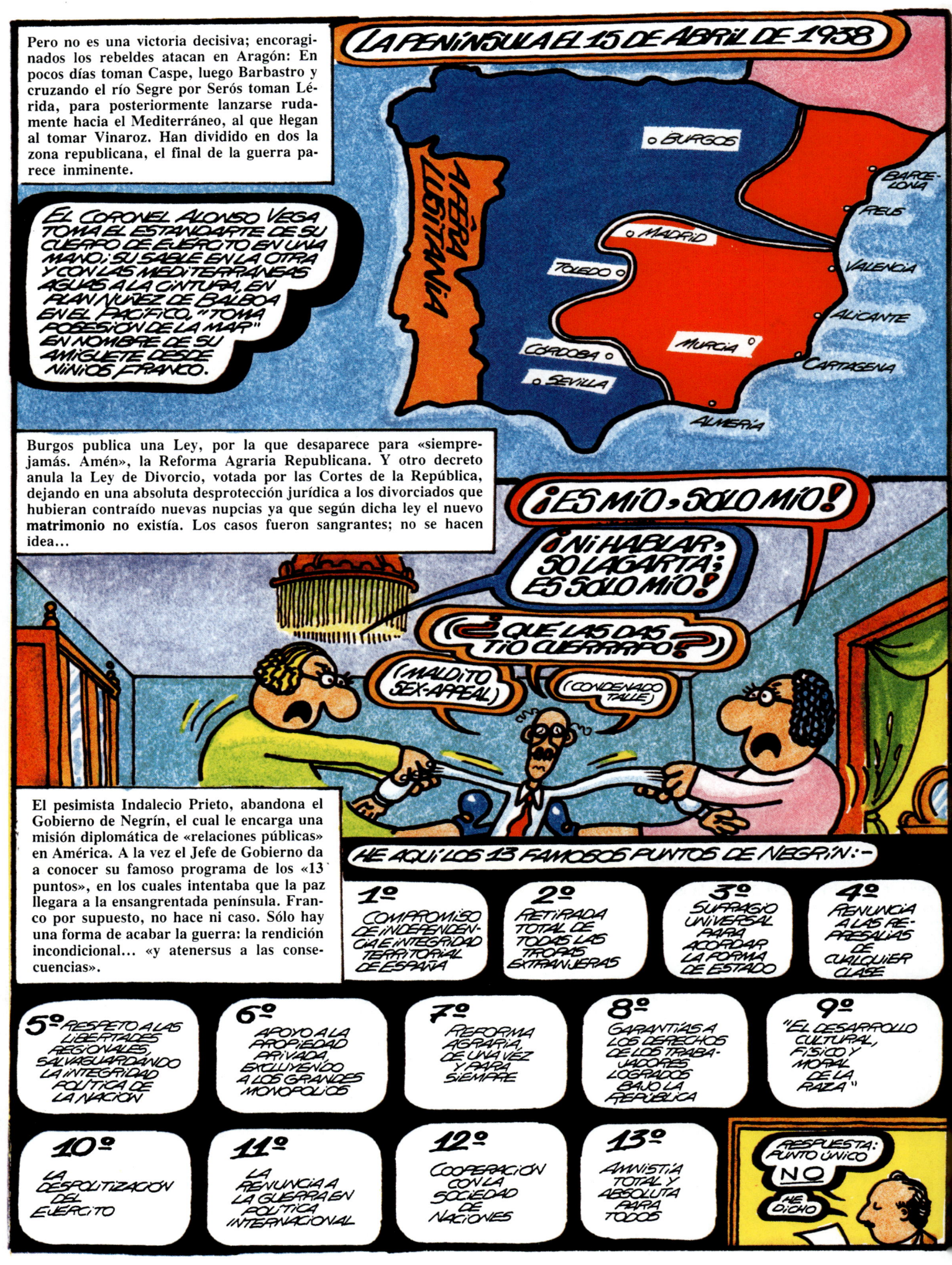

Pero no es una victoria decisiva; encoraginados los rebeldes atacan en Aragón: En pocos días toman Caspe, luego Barbastro y cruzando el río Segre por Serós toman Lérida, para posteriormente lanzarse rudamente hacia el Mediterráneo, al que llegan al tomar Vinaroz. Han dividido en dos la zona republicana, el final de la guerra parece inminente.

LA PENÍNSULA EL 15 DE ABRIL DE 1938

EL CORONEL ALONSO VEGA TOMA EL ESTANDARTE DE SU CUERPO DE EJÉRCITO EN UNA MANO; SU SABLE EN LA OTRA Y CON LAS MEDITERRÁNEAS AGUAS A LA CINTURA, EN PLAN NÚÑEZ DE BALBOA EN EL PACÍFICO, "TOMA POSESIÓN DE LA MAR" EN NOMBRE DE SU AMIGUETE DESDE NIÑITOS, FRANCO.

Burgos publica una Ley, por la que desaparece para «siemprejamás. Amén», la Reforma Agraria Republicana. Y otro decreto anula la Ley de Divorcio, votada por las Cortes de la República, dejando en una absoluta desprotección jurídica a los divorciados que hubieran contraído nuevas nupcias ya que según dicha ley el nuevo **matrimonio no existía**. Los casos fueron sangrantes; no se hacen idea…

¡ES MÍO, SÓLO MÍO!
¡NI HABLAR, SO LAGARTA; ES SÓLO MÍO!
¿QUE LAS DOS, TÍO GUERRAPO?
(MALDITO SEX-APPEAL)
(CONDENADO TALLE)

El pesimista Indalecio Prieto, abandona el Gobierno de Negrín, el cual le encarga una misión diplomática de «relaciones públicas» en América. A la vez el Jefe de Gobierno da a conocer su famoso programa de los «13 puntos», en los cuales intentaba que la paz llegara a la ensangrentada península. Franco por supuesto, no hace ni caso. Sólo hay una forma de acabar la guerra: la rendición incondicional… «y atenerse a las consecuencias».

HE AQUÍ LOS 13 FAMOSOS PUNTOS DE NEGRÍN:

1º COMPROMISO DE INDEPENDENCIA E INTEGRIDAD TERRITORIAL DE ESPAÑA
2º RETIRADA TOTAL DE TODAS LAS TROPAS EXTRANJERAS
3º SUFRAGIO UNIVERSAL PARA ACORDAR LA FORMA DE ESTADO
4º RENUNCIA A LAS REPRESALIAS DE CUALQUIER CLASE
5º RESPETO A LAS LIBERTADES REGIONALES, SALVAGUARDANDO LA INTEGRIDAD POLÍTICA DE LA NACIÓN
6º APOYO A LA PROPIEDAD PRIVADA EXCLUYENDO A LOS GRANDES MONOPOLIOS
7º REFORMA AGRARIA DE UNA VEZ Y PARA SIEMPRE
8º GARANTÍAS A LOS DERECHOS DE LOS TRABAJADORES LOGRADOS BAJO LA REPÚBLICA
9º "EL DESARROLLO CULTURAL, FÍSICO Y MORAL DE LA RAZA"
10º LA DESPOLITIZACIÓN DEL EJÉRCITO
11º LA RENUNCIA A LA GUERRA EN POLÍTICA INTERNACIONAL
12º COOPERACIÓN CON LA SOCIEDAD DE NACIONES
13º AMNISTÍA TOTAL Y ABSOLUTA PARA TODOS

RESPUESTA: PUNTO ÚNICO: NO. HE DICHO.

Y para ejemplo de lo que el Nuevo Estado franquista va a ser para los «españoles todos» un burgalés decreto restablece la Compañía de Jesús. Días después el Gobierno luso-fascista de Salazar, reconoce oficialmente al Régimen rebelde y envía un grupo de voluntarios portugueses que, con el nombre de «Viriatos» se ponen a las órdenes del ferrolano dictador, como ya dijimos anteriormente.

BOAS TAIRDES, NOBLES ANCIANAS ¿O CAMINHO PRA PAVOROSO FRENTE?

ESTE DEBE SER EL "PITUFO TONTOLHAIGO"

HEROICO PARECE

PASSAO DE PUNKY, VELAY

Los rebeldes prosiguen su avance por la costa mediterránea hacia el sur; toman Castellón de la Plana a sólo 67 kms. de Valencia, el peligro de los cientos de miles de refugiados republicanos es inminente; una vez más el Estado Mayor Central leal diseña otra operación militar con que dispersar el esfuerzo rebelde. Consistirá esta vez cortar la punta de lanza de los sublevados que une el Norte con el Mediterráneo.

CURIOSIDAD: BILLETES DE LOTERÍA DE AMBAS ZONAS, DE SORTEOS EFECTUADOS EN PLENA GUERRA CIVIL.

Y así el 25 de julio, bajo el patrocinio bélico del apóstol Santiago, se inicia la más larga (114 días) y muy cruenta (40.000 muertos y 100.000 heridos), batalla de toda la guerra civil. Por Mequinenza y Cherta los republicanos, movilizando sus últimas reservas, irrumpen en el territorio rebelde, atravesando el caudaloso Ebro, bajo un infierno de fuego, consiguiendo tender un puente por el que se «cuelan» 25.000 combatientes leales.

ME SE YO DE UN SARGENTO QUE LE VA A PERDER EL "SWING"

El esfuerzo final de la República es desesperado; su ejército funciona sorprendentemente bien, a pesar de que se ha visto obligada a llamar a filas a los quintos de 1941, que con sus 17 años y en número aproximado de 18.000, formarán la legendaria «Quinta del Biberón» de la que los pocos supervivientes de «lo del Ebro», fueron «recompensados» por Franco en 1939 con: ¡5 años más de «mili»!

EN NOMBRE DE ELLOS, QUE PERDIERON TODA SU JUVENTUD MARCANDO EL PASO OBLIGATORIAMENTE: — ¡GRACIAS, FRANCO!

GUARDIAS QUE SE HA CHUPADO MANOLITO "EL PUPAS ENOLMES"

¿Y LAS COCINAS?

ESAS LAS TENGO APUNTADAS EN EL MURO EXTERIOR DEL CUARTEL.

JOPÉ

Es incomprensible, y los estrategas militares no han logrado dar una explicación lógica y razonable, de cómo el débil puente de barcas tendido por los republicanos en Mequinenza pudo resistir más de 500 bombardeos aéreos durante los 3 meses y pico de la batalla ¡sin que una sola bomba hiciera en él blanco!

Curiosamente se da un hecho singular en esta batalla de salto y retroceso de ambos contendientes: Agotados y exhaustos los combatientes de ambos bandos llegan al acuerdo tácito de no combatir de noche, empleando los centinelas leales y rebeldes su tiempo de vigilancia en gritonas partidas de ajedrez, con el consiguiente «globo» de los que intentaban conciliar el sueño...

¡¿CABALLO DE REINA 7D?!

¡¡¡LA MADRE QUE TE PARIÓ!!!

(¡CIELOS, EL ORFEÓN DE FUSILEROS LOCOS!)

Otra curiosidad: en el Ebro se enfrentan el bando rebelde, mandado por militares profesionales, y los leales bajo las órdenes de militares «amateurs» llegados a la cima del escalafón bélico republicano por su capacidad y predisposición en el arte guerrero; Cipriano Mera, «El Campesino»; Etelvino Vega y singularmente el joven estudiante de 22 años, Tagüeña, que mandaba el XVº Cuerpo del Ejército republicano en el Ebro, son la muestra íbera al mundo de la capacidad de adaptación bélica de un antiguo pueblo acostumbrado a guerrear.

"EL CAMPESINO"

MODESTO — TAGÜEÑA — LISTER — MERA

Pero en el Ebro se «nota mucho» la gran ayuda italo-alemana a los rebeldes, en comparación de las escasas ayudas internacionales que los leales recibieron. Superioridad tan grande que acabó por inclinar la balanza del lado rebelde. Un ejemplo: cuando la batalla llega a su fin (con la frontera francesa cerrada a los envíos rusos de material con destino a la República), la superioridad rebelde en aviación era de 50 aviones a 1, en artillería de 122 a 1 y en tanques de 180 a 1...

RRR ¿TIENES CLASES? NO CIELOS

Cotilleo: Durante la batalla del Ebro, parece ser que hubo conversaciones secretas en Ginebra entre leales y rebeldes, pero no llegaron a ningún acuerdo. Además, a causa de la invasión nazi de Checoslovaquia, el mundo esperaba en aquellos momentos el estallido de la guerra mundial, cuyo «ensayo general con todo» se llevaba a cabo en las agotadas tierras de la vieja España...

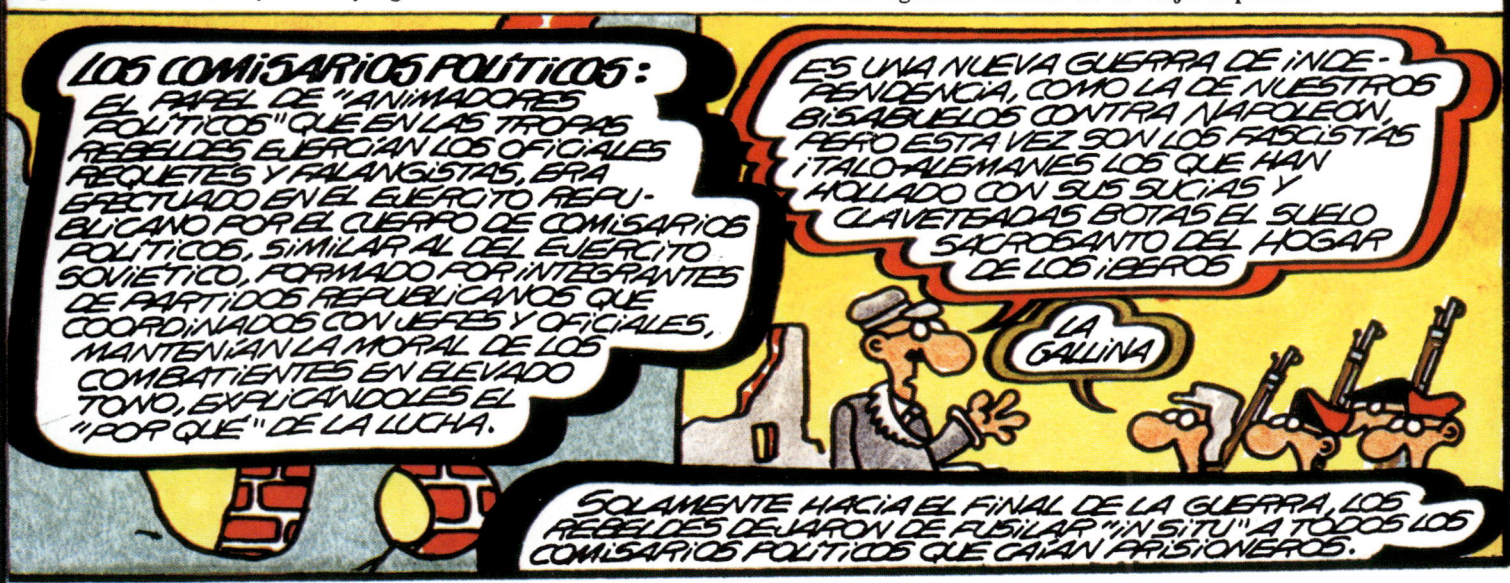

LOS COMISARIOS POLÍTICOS: EL PAPEL DE "ANIMADORES POLÍTICOS" QUE EN LAS TROPAS REBELDES EJERCÍAN LOS OFICIALES REQUETÉS Y FALANGISTAS, ERA EFECTUADO EN EL EJÉRCITO REPUBLICANO POR EL CUERPO DE COMISARIOS POLÍTICOS, SIMILAR AL DEL EJÉRCITO SOVIÉTICO, FORMADO POR INTEGRANTES DE PARTIDOS REPUBLICANOS QUE COORDINADOS CON JEFES Y OFICIALES, MANTENÍAN LA MORAL DE LOS COMBATIENTES EN ELEVADO TONO, EXPLICÁNDOLES EL "POR QUÉ" DE LA LUCHA.

ES UNA NUEVA GUERRA DE INDEPENDENCIA, COMO LA DE NUESTROS BISABUELOS CONTRA NAPOLEÓN, PERO ESTA VEZ SON LOS FASCISTAS ITALO-ALEMANES LOS QUE HAN HOLLADO CON SUS SUCIAS Y CLAVETEADAS BOTAS EL SUELO SACROSANTO DEL HOGAR DE LOS ÍBEROS.

LA GALLINA

SOLAMENTE HACIA EL FINAL DE LA GUERRA, LOS REBELDES DEJARON DE FUSILAR "IN SITU" A TODOS LOS COMISARIOS POLÍTICOS QUE CAÍAN PRISIONEROS.

Negrín aprovecha la momentánea distensión internacional que supone la firma del Pacto de Munich, entre Hitler y las democracias, para anunciar que la República, unilateralmente, va a retirar de sus filas todos los voluntarios extranjeros: así teóricamente, obligaba a los rebeldes a hacer lo propio, pero nada; a pesar de que los diezmados restos de las Brigadas Internacionales desfilan en Barcelona, despidiéndose entre emocionadas lágrimas del pueblo español, Franco mantuvo, hasta el final de la guerra unos 25.000 «voluntarios» italo-alemanes...

LOS ITALIANOS, ESO SÍ, "CAMUFLADOS" ENTRE LAS TROPAS ABORÍGENES.

EJERCICIO DE AGUDEZA VISUAL: AVERIGUAR, EN ESTE CAMPAMENTO REBELDE MONTADO EN LAS AFUERAS DE LÉRIDA, CUÁL ES LA TIENDA DE CAMPAÑA OCUPADA POR LOS 15 ITALIANOS INTEGRADOS EN UN REGIMIENTO DE ESPAÑOLES.

CHI BELLA COSA... LA GIORNATTA SOLE... PLAIA SERENAAA...

En un aún no explicado accidente de aviación, parece el hermano «ovejo-negro» de Franco, Ramón, a bordo de un hidroavión rebelde, frente a Palma de Mallorca. A las órdenes de su brother-Caudillo desde casi el inicio de la guerra civil, el antiguo revolucionario deja, con su desaparición, otro de los interrogantes asaz enigmáticos en el devenir vital del dictador.

NOMBRADO AGREGADO MILITAR EN LA EMBAJADA DE ESPAÑA EN WASHINGTON, RAMÓN, INICIADA LA GUERRA CIVIL, SE PONE EN EL BANDO DE SU HERMANO... COMO UNO DE LOS MÁS DECIDIDOS REVOLUCIONARIOS LLEGÓ A DAR ESE, NUNCA MEJOR DICHO, BANDAZO?

NUNCA LO SABREMOS, OIGA.

HAY DOS VERSIONES CONTRADICTORIAS; MEJOR DICHO, HAY TRES. A SABER:
A) EL HIDROAVIÓN DE RAMÓN FUE DERRIBADO POR AVIONES REPUBLICANOS.
B) SE AVERIÓ EN LA ESPESA NIEBLA Y CAYÓ AL MAR.
Y C) LA QUE USTEDES SE IMAGINAN, PERO QUE NOSOTROS, SINCERAMENTE, NO CREEMOS PROBABLE.

¡CRAJK! *AYVÉ*

1938 se acaba con la ruptura del frente republicano en Cataluña, por Balaguer, Mequinenza y Mora de Ebro; 1939 ve en sus primeros y enerales días como van cayendo, sucesivamente Tortosa, Tarragona... Reus...

MARIQUITUSONIA

FRENTES DE BATASHA
- 23 DE DICIEMBRE 1938
- 17 DE ENERO 1939
- 22 DE ENERO 1939
- 7 DE FEBRERO 1939

EJE DEL ATAQUE

Con rara astucia, el Dictador publica la Ley de Responsabilidades Políticas; según ella las represalias serán tan arbitrarias, debido a lo ambiguo de su texto, que en el Ejército Republicano de Cataluña se produce una auténtica desbandada para lograr pasar la frontera, sólo paliada por el heroísmo de unos pocos que, pegándose al terreno, se dejan matar para que muchos vivan. Barcelona, inexplicablemente, se rinde sin combate...

En la casi fronteriza Figueras, las Cortes Republicanas hacen su última reunión en suelo patrio. A pie los últimos kilómetros, el Gobierno leal pasa la frontera. Francia y Gran Bretaña reconocen al Gobierno de Burgos... Negrín vuelve a Madrid desde Francia para seguir la lucha; a toda costa intenta que la lucha se prolongue hasta enlazar con la inminente guerra mundial, sabe que puede ser cosa de días...

PERO SÓLO LE APOYAN LOS COMUNISTAS; ANARQUISTAS Y SOCIALISTAS, MUY CANSADOS, ESTÁN DESMORALIZADOS.

LAS POTENCIAS DEMOCRÁTICAS SEGUIRÁN RETROCEDIENDO ANTE LOS GOLFANTES DESCAROS DE NAZIS Y FASCISTAS; TARDARÁN AÚN UNOS MESES EN PLANTAR CARA A HITLER... NEGRÍN NO LOGRARÁ EL ÚLTIMO RECURSO: INTERNACIONALIZAR LA GUERRA ESPAÑOLA PARA CONVERTIRLA EN GUERRA MUNDIAL.

¡HEIL YO!

¡JOPE!

LOCA ESTÁ, LEY

Azaña, destrozado física y moralmente, dimite como Presidente de la República española; ya no volverá jamás a pasear por su Guadarrama. Odiado y amado por sus compatriotas exacerbadamente, Manuel Azaña es sin duda, *el otro lado de la balanza ibérica do se ha instalado Franco*, pero con una diferencia: Don Manuel Azaña fue capaz de pronunciar en plena guerra, públicamente, tres palabras seguidas «Paz, piedad y perdón» desconocidas en la retórica de Franco a lo largo de su dilatada vida.

«... si alguna vez sienten que les hierve la sangre iracunda y otra vez el genio español vuelva a enfurecerse con la intolerancia y con el odio y con el apetito de destrucción, que piensen en los muertos y que escuchen su lección: la de esos hombres, que han caído embravecidos en la batalla luchando magnánimamente por un ideal grandioso y que ahora, abrigados en la tierra materna, ya no tienen odio, ya no tienen rencor, y nos envían, con los destellos de su luz, tranquila y remota como la de una estrella, el mensaje de la patria eterna que dice a todos sus hijos: Paz, Piedad y Perdón.»

MONTAUBAN

Manolo, el camarero anarquista, se ha quedado en Barcelona. Se ha afeitado la barba. Encorbatado y con un raído traje cruzado azul marino se ha cambiado de barrio; vive en casa de una hermana en la calle Sants. Sale poco a la calle. Abrumado por las noticias que oye en la radio teme lo peor para él y los suyos. Una mañana llaman a la puerta del piso; 5 falangistas con camisas azules muy, muy nuevas se lo llevan. Uno de ellos es el hijo del dueño del puesto de periódicos de la plaza de Cataluña, donde Manolo compraba el periódico todos los días...

Antonio, el ejecutivo de la multinacional de electrónica, ha llegado a Barcelona junto con Dionisio Ridruejo y otros falangistas, al cargo de 2 camiones cargados con 10 toneladas de octavillas en las que la Falange informa a los catalanes que «...(ella) será en la Nueva España, la principal valedora de la lengua, costumbres y tradiciones catalanas...»; mientras los camiones esperan en las Atarazanas el octavillero reparto, Ridruejo y los suyos son abordados en el restaurante «El Túnel» por un capitán del ejército, que oficialmente, requisa el contenido de los camiones. Será quemado.

"VALIENTES" FALANGISTAS DE ÚLTIMA HORA LLEGARÁN A MONTAR VERBENEROS PUESTOS DE "TIRO A LA BARRETINA" EN EL BARRIO ARISTOCRÁTICO DE BONANOVA.

OTROS INUNDABAN BARCELONA CON PINTADAS ESTÚPIDAS, COMO: "HABLA LA LENGUA DEL IMPERIO"

Antonio lleva 2 días sin dormir; ha recorrido todos los puntos de concentración de cautivos republicanos. Apoyado en un bastón, cojeando visiblemente, a causa de sus heridas en combate, se dirige como último recurso al Recinto de la Feria de Montjuic; recorre todos y cada uno de los pabellones; más de 20.000 detenidos se arraciman en ellos...

PABELLÓN REINA VICTORIA EUGENIA

En uno de los pabellones, entre la multitud de cautivos, al fondo, apoyado en la pared, su amigo Manolo encorbatado y con un raído traje cruzado azul marino, le mira. Antonio «organiza» un follón: acude a las voces del falangista (1) uno de los militares a cargo de los detenidos. Antonio demuestra…«la estúpida equivocación cometida con D. Manuel R.»; increpa al oficial sobre el número de heridas sufridas en combate, Antonio gana al Capitán por 5 a 0: empleando los argumentos de la época «él tiene más razón» que el ileso oficial…

…Y ASÍ, ANTONIO Y MANOLO SALEN DEL "CAMPO DE CONCENTRACIÓN", NO SIN QUE EL FALANGISTA FIRME UN PAPEL DONDE SE HACE RESPONSABLE DEL "PRESO"

(1) MOTEJADO POR SUS AMIGOS COMO "DON OPE" (ONDAS POPULARES ESPAÑOLAS), POR LA POTENCIA DE SU VOZ.

NO CORRAS, NO HAY PRISA… Y ME DUELE LA CADERA

¿CUÁNDO TE DIERON?

¿ESTÁ BIEN MADRID? HACE 8 MESES; NOS CORRISTEIS A MODO EN EL PUENTE DE LOS FRANCESES

HACE 6 MESES YO ESTABA EN TERUEL…

FUE HORRIBLE AQUELLO ¿NO?

LO PEOR, CHICO, LO PEOR

Antonio y Manolo han llegado al monumento a Colón; en un pequeño maletín que lleva el anarquista contiene 2 kgs. de chocolate, un cepillo de dientes y una edición juvenil de D. Quijote de la Mancha. En la escalerilla del barco belga «Oostende», Manolo revisa, por última vez, su documentación falsa de ejecutivo de una importante multinacional de electrónica; luego se abrazan. Volverán a verse 15 años después, plagados de canas, sanos y salvos.

AEROPUERTO DE BARAJAS

PUERTA 2

¡¡MANOLO!! ¡¡ANTONIO!!

EL HIJO DE ANTONIO, CON ONCE AÑOS, NO ENTENDERÁ ENTONCES POR QUÉ AMBOS HOMBRES SE ABRAZAN Y LLORAN EN SILENCIO UNOS MINUTOS MIENTRAS TODOS LES MIRAN.

Manolo vagará por el mundo haciendo de todo durante un par de años. Se alistará en el ejército canadiense y como fotógrafo desembarcará en Normandía con los aliados. Una foto suya ocupará, por primera vez en la historia, un espacio en la 1.ª página del «TIMES» londinense: Winston Churchill con sempiterno puro, abrigo negro y casco reglamentario británico, inclinado en una playa normanda, ofrece uno de sus cigarros a un herido canadiense.

…TAMBIÉN ESTUVE EN MONTE CASSINO EN EL SERVICIO DE PRENSA DE LOS POLACOS… EN LAS ARDENAS ME COGIERON PRISIONERO ¡DURANTE 30 MINUTOS! ESTUVE A PUNTO DE IR A TOKIO A LA FIRMA DEL ARMISTICIO ENTRE JAPÓN Y ESTADOS UNIDOS, PERO POR MIS ANTECEDENTES AQUÍ ME VETÓ EL PENTÁGONO.

Y AHORA ¿QUÉ HACES?

LA SOCIEDAD ESPAÑOLA DE RADIODIFUSIÓN, PRESENTA… "DOS HOMBRES BUENOS"

TENGO UNA AGENCIA DE PRENSA EN BOGOTÁ, ME CASÉ ALLÍ Y TENGO 4 HIJOS

Y TENEMOS NOSOTROS

¡QUÉ CARRERA!

Negrín vuela a Valencia. Deja en Madrid la consigna de «Resistir», apoyada por los combativos comunistas. Pero Casado, Comandante en Jefe del Ejército del Centro republicano, nada más partir el Presidente, rompe el nombramiento de General que le ha conferido el Jefe de Gobierno y, como Coronel, grado que tenía el 18 de julio de 1936, da un mini-golpe de estado; crea un Consejo Nacional que no reconoce al gobierno legal republicano y, ayudado por anarquistas y socialistas, elimina a los comunistas por la fuerza de las armas...

JULIAN BESTEIRO COMUNICA A LOS MADRILEÑOS LA CREACIÓN DEL CONSEJO NACIONAL POR LOS MICRÓFONOS DE LA RADIO.

Casado inicia conversaciones de paz con los rebeldes. Es inútil, Franco no quiere componendas; la rendición tiene que ser total... si antes de 8 horas no se entrega la aviación republicana, los sublevados iniciarán un ataque masivo en todos los frentes... Casado huye a Alicante, en Madrid se queda, representado a la República un modelo de ser humano, Julián Besteiro, el catedrático socialista que durante toda la guerra civil, horrorizado, no intervino en ella. «Los madrileños me hicieron diputado con sus votos y no les abandonaré»... el día 28 de marzo, los rebeldes entran en Madrid...

ANARQUISTA MUY DESPISTADO

Una oleada de fugitivos se amontonan en los puertos levantinos intentando huir; pocos lo consiguen, ya que el día 30, Valencia y Alicante ya son de las tropas de Franco, como el 31 lo serán Albacete, Murcia, Cartagena y Almería... toda España. Los rebeldes han vencido, la pesadilla ¿ha acabado?... no, no habrá «Paz, piedad y perdón», la angustia y el horror durará mucho tiempo...

PA...PÁ